新媒体·传播·文化

新闻与传播学科理论与实践论文集

杭孝平　主编
金　韶　执行主编

中国国际广播出版社

图书在版编目（CIP）数据

新媒体·传播·文化：新闻与传播学科理论与实践论文集 / 杭孝平主编. —北京：中国国际广播出版社，2021.12
ISBN 978-7-5078-5052-9

Ⅰ.①新… Ⅱ.①杭… Ⅲ.①新闻学－文集②传播学－文集 Ⅳ.①G210-53②G206-53

中国版本图书馆CIP数据核字（2021）第233545号

新媒体·传播·文化：新闻与传播学科理论与实践论文集

主　　编	杭孝平
执行主编	金　韶
责任编辑	张晓梅
校　　对	张　娜
版式设计	邢秀娟
封面设计	赵冰波
出版发行	中国国际广播出版社有限公司［010-89508207（传真）］
社　　址	北京市丰台区榴乡路88号石榴中心2号楼1701 邮编：100079
印　　刷	环球东方（北京）印务有限公司
开　　本	787×1092　1/16
字　　数	270千字
印　　张	15
版　　次	2022 年 7 月　北京第一版
印　　次	2022 年 7 月　第一次印刷
定　　价	56.00 元

编委会名单

序

本论文集是北京联合大学新闻与传播专业学科的首部论文集，主要由北京联合大学应用文理学院新闻与传播系的研究生导师带领2020级和2021级全体研究生写作和汇编而成。本论文集的主旨在于展现新闻与传播专业学科建设三年来的研究成果，提高研究生师生团队的科研水平，并形成系列论文集，推动新闻与传播专业学科的持续发展。

新闻与传播专业的学科建设和研究方向，聚焦网络新媒体、城市文化、影像创作等方向，重点培养具有较高网络媒介素养、新媒体传播技能和精通城市文化的专业型高级人才。因此，本论文集以“新媒体、传播、文化”为主题，主要包括短视频与直播、网络媒介素养、新媒体传播和策略、影视文化传播、媒介文化与社会等五大专题部分，希望形成的研究成果能对各高校新闻与传播专业的教学和科研提供参考和帮助。

本论文集的出版，得到北京联合大学应用文理学院的相关领导、新闻与传播系领导们的大力支持，在学科带头人杭孝平教授的带领下，由新闻与传播系的研究生导师、任课老师和研究生们共同写作和汇编而成。在论文集的形成过程中，主编杭孝平教授、执行主编金韶副教授、副主编刘丽老师和张春华老师，以及其他研究生导师，投入大量精力进行反复修改和完善，新闻与传播系的其他老师也热心参与和帮助，在此一并表示感谢。

本论文集的出版，得到北京联合大学专业硕士研究生教育建设经费的资助。

北京联合大学应用文理学院新闻与传播系

2021年12月18日于北京

目 录

短视频与直播

网络媒介素养

新媒体传播和策略

影视文化传播

媒介文化与社会

短视频与直播

媒介融合背景下新闻短视频传播现状探究

——以中央广播电视总台新闻短视频为例

鲍宇涵*

【摘要】互联网，特别是移动互联网技术的发展，给我们的日常生活带来了翻天覆地的改变，传媒行业也不例外。短视频与新闻业的融合发展也成为当下传媒行业的重要发展趋势，可以说短视频是现今媒体的“兵家必争之地”，包括《人民日报》、新华社、中央广播电视总台（简称“总台”）在内的多家主流媒体对新闻短视频都进行了不同程度的探索。本文将以总台央视作为案例，研究总台央视在新闻短视频领域的探索；同时将分析新闻短视频的起源、发展、特征及主流媒体在短视频领域的主要举动，通过分析总台央视的新闻短视频作品，探究总台央视在短视频传播方面的特征；最后提出总台央视在短视频领域的一些困境及对应的优化方案。

【关键词】短视频　总台央视　新闻短视频　媒介融合

一、新闻短视频的起源与发展现状

新闻短视频是短视频的一种，是随着移动互联网技术发展而兴起的新闻报道形式。由于出现时间较短，国内对新闻短视频的概念尚未有一个统一的定论。一般而言，新闻短视频是时长不超过5分钟，可以利用手机等移动智能终端拍摄、剪辑、

* 鲍宇涵，北京联合大学应用文理学院新闻与传播系2020级硕士研究生；主要研究方向：城市形象策划与塑造。

播放，通常搭配字幕、音乐等元素，并通过社交媒体平台进行传播的新兴新闻报道形式。

因此，短视频与新闻业的结合也成为当下新闻产业的一个重要发展趋势。由于短视频相对于传统视频来说制作成本低、技术门槛低，因此国内最先涉足短视频传播的是自媒体，但随着短视频的走红，越来越多的主流媒体开始纷纷开设短视频账号。

在国内，最早将移动短视频应用于新闻领域并进行产品开发的是新华社，2014年11月新华社推出了“新华15秒”这一短视频新闻APP（应用程序）[①]。随后各大主流媒体开始了对新闻短视频的探索，先后有浙江日报报业集团推出“浙新闻”、新京报推出“我们视频”、上海广播电视台推出“看看新闻”、澎湃新闻推出“澎湃视频”等。

发展至今，主流媒体在新闻短视频领域的布局大致可以分为两大类型：第一种是自建新闻短视频平台，这种情况下媒体往往要耗费大量的人力、物力、财力资源搭建平台，还要想办法为平台引流，但自建新闻短视频平台的优势是没有其他媒体的竞争和分流。这其中的代表有新华社推出的“新华15秒”、《人民日报》推出的“人民日报+”、中央广播电视总台推出的“央视频”等。第二种是在社交媒体平台上建立官方短视频账号，这种方式对于资金、资源的要求少，还能利用社交媒体的流量优势，但缺点是与该平台上其他入驻媒体之间会有激烈的竞争。例如，总台入驻了微博、抖音、快手等短视频社交媒体平台，仅在抖音平台上，总台的不同栏目、频道共开设了近20个账户，其中的竞争是非常明显的。

（一）央视新闻短视频发展概况

2019年起，总台央视大力发展新闻短视频业务。作为一家各项实力都很雄厚的新闻机构，总台央视在新闻短视频方面的布局既有自建的短视频平台，也有在其他主流社交平台上开设的官方短视频账号。

2019年11月，总台央视正式推出了短视频社交媒体平台“央视频”。在形式上，“央视频”以短视频为主，但也兼顾了长视频和直播。在内容上，“央视频”以总台资源作为依托，涵盖了新闻资讯、文化娱乐等多方面内容。值得注意的是，传

① 李崟崟.新闻资讯类短视频传播研究［D］.长春：东北师范大学，2019：4.

统算法分发类社交平台往往会因为算法过分侧重阅读量等因素，不可避免地导致内容呈现低俗化趋势，但是“央视频”的算法会综合浏览量、转发量、新闻内容、传播价值等多方面因素，以抵制低俗化等倾向。

同时，总台央视也相继在短视频社交媒体平台上发力。2019年8月24日，央视《新闻联播》栏目同时入驻国内两大短视频社交媒体平台——抖音、快手，建立官方短视频账号，并保持两个账号的同步更新。截至2021年8月26日，央视《新闻联播》节目的账号一共发布了555个视频，其选题分别为民生新闻239个、政策新闻13个、国际新闻66个、经济发展新闻28个、体育新闻14个、科技文化新闻16个、疫情相关新闻129个、正面人物事件宣传50个。

（二）总台“央视新闻”短视频与央视其他短视频的差异分析

除了“央视新闻”之外，总台央视的很多其他栏目也纷纷入驻短视频社交媒体平台，开设短视频账号，目前总台央视的不同频道、节目在抖音开设的账户近20个，“央视新闻”是总台央视所有短视频账号中粉丝数量和点赞数量最多的账号。与总台央视的其他短视频布局相比，总台“央视新闻”短视频具有以下特征。

第一，内容放眼全球，综合性强。其他短视频账号的内容往往聚焦于某一单一领域，但“央视新闻”短视频的内容涵盖全球要闻，综合性更强。翻阅“央视新闻”近期在抖音账号发布的内容不难发现，既有《“七连问”日本核废水排海》《印度疫情超34万例》等国际新闻，也有《央行等四部门再次约谈蚂蚁集团》《疫苗接种应尽量不等于“一刀切”》等国内新闻热点，还有《0卡0糖饮料很健康 可以放心喝？》《教育部“出招”保障学生充足睡眠》等民生话题，其内容高度和大局观意识是其他短视频账号所无法比拟的。

第二，后续事件有跟进，连续性强。由于新闻往往是不断进展、动态发生的，因此总台“央视新闻”短视频账号往往会对新闻进行跟踪报道，力求保持新闻的时效性和完整性。而其他短视频账号的视频内容往往各自独立，不会有这么强的连续性。例如，针对“日本将福岛核废水排放入海”事件，“央视新闻”先后发布了10条短视频跟踪报道此事件，既有事件进展跟进，也有国际媒体的声音，还有对事件的解读，其通过多次短视频的发布，尽可能全面报道这一事件。[①]

① 晏青，张佳欣.主流媒体短视频新闻特征与对比研究：基于“人民日报”“央视新闻”“澎湃新闻”官方微博视频内容分析［J］.中国出版，2019（24）：9-14.

二、总台央视新闻短视频传播特征分析

（一）传播主体：从“严肃的传播者”向“亲切的引导者”转变

主流媒体为了打造自身的权威性，在传统媒体时代往往会把自己塑造成为一个严肃、专业的“传播者”。以“新闻联播”为例，每天固定的时间、正式的着装、统一的开场白、不苟言笑的播报风格，“新闻联播”一直以来给人以厚重的印象，这样的传播主体身份塑造与总台央视所承担的社会责任有关。总台央视不仅仅是为了向大众传播新闻，更是社会主义传播体系构建和社会主义精神文明建设的主力军，这也就决定了总台央视的形象必须是理性、严肃的，但也拉大了与广大观众之间的距离。移动互联网、短视频的出现改变了主流媒体过去“高高在上”的媒体格局。大量观众转移到短视频社交网络平台之中，传统媒体和新媒体之间的竞争忽然加剧。总台央视想要保持自己领导者的地位，其根本还是在于吸引用户、留住用户，因此从过去“高高在上的发言人”转变为“亲切的引导者”让总台央视更有人情味，也拉近了央视与观众之间的距离。

（二）传播语态：从“高居庙堂”向“江湖语态”转变

短视频最早来自自媒体，这也就决定了短视频在传播语态上呈现出“草根”式的“江湖语态”。在这样的背景和趋势之下，总台央视等主流媒体过去“高高在上”的姿态必然会显得格格不入。因此，总台央视在短视频的内容制作过程中，传播语态以一种更接地气、更贴近受众的形式构建。以《主播说联播》栏目为例，《主播说联播》是总台央视新闻新媒体中心于2019年7月29日正式推出的短视频栏目。《主播说联播》的内容密切关注热点，结合当天的重大事件和热点新闻，用通俗语言传递主流声音。在《主播说联播》的出镜主持人都是《新闻联播》节目的主持人，但他们一改往日一本正经播新闻的风格，更多地尝试使用网络用语来拉近与观众的距离。例如，康辉说的“荒唐得令人喷饭”，李梓萌所说的“这曲戏演得，看来是想给美国股市‘打call’啊”，都以靠近受众的语态更好地传播了主流声音。

（三）传播场景：从“固定时间段”向“随时随地”转变

过去新闻播放往往会有固定的时间段，如果是一个连续的新闻事件，那么新闻栏目就是在这一播放周期内对该事件的一个总结性报道。短视频的特点是随时可以发布，且发布的数量不受限制，这就使得过去这种“固定时间段”播放形式向“随时随地”播放转变。这种播放形式的转变对于用户而言，一是可以即时获取新闻资讯，而不需要等到固定时间段；二是短视频这种随时发布、不限数量的特征极大地丰富了新闻素材，使得用户可以获得更详细、更立体的新闻资讯；三是这种播放形式也迎合了用户碎片化阅读的习惯和特征。以“央视新闻”抖音账号为例，目前“央视新闻”每天发布的短视频数量在6~8条不等，发布时间也不固定，往往根据新闻事件的发生时间而调整短视频的发布时间。

（四）营销模式：从“财政补血”向“财政造血”转变

在高新技术发展迅速的时代，数字技术打破了精英阶级对于信息的垄断，“人人皆新闻，无处不媒体”的传播环境使得原本拥有垄断信息地位的媒体影响力大大下降，在与新媒体的交战中受众也大大流失。众多传统媒体变现途径单一，仅靠财政补贴苦苦支撑，因此积极布局新媒体，与新媒体互融共生，不仅可以解决受众流失，还可以创新营销路径，实现财政造血。传统媒体的盈利以贴片广告为主，但是在新媒体和短视频等新技术的发展之下，内容电商、用户订阅付费等新型的盈利模式正在不断涌现。此外，视频平台更应注重精准广告的投放，分析受众的消费心态和消费习惯，帮助广告商进行精准广告营销，这都为媒体开发多元化的盈利模式提供了思路。

其实，媒体之间竞争的本质是影响力和话语权的比拼，在社交媒体平台拥有越来越多用户的背景下，传统媒体如果能将自身原有优势发挥到社交媒体平台上，其实是对自身优势的一种扩大，盈利自然也就不再是问题。

（五）传播内容：兼顾“情感传递”与“权威发布”

从新闻短视频的内容来看，目前总台央视制作的新闻短视频既有权威信息的发布，也有典型人物的刻画与情感传递。以2020年的新冠肺炎疫情为例，面对新冠肺炎疫情，总台央视制作了大量新闻短视频，充分发挥了自身媒体的公信力。在新闻短视频的内容方面，既有疫情相关的新闻发布会、专家答疑、新冠肺炎知识科普等权威信息，也有大量新冠肺炎疫情一线进展、真人事迹、英雄讴歌等具有故事性、贴近民众心理的新闻报道。例如，央视《新闻联播》节目的抖音号发布《一“宅”二“戴”三“洗”》《主播刚强教你如何做好自我防护》，《汶川感恩您，武汉要雄起》讲述12位来自四川汶川的村民驾车36小时、运送100吨新鲜蔬菜驰援武汉的故事；在西瓜短视频中，总台央视发布的《疫情期间商场如何做好防护》同步更新国务院新闻办公室在武汉举办的新闻发布会片段，回答群众如何做好商场防护的问题；在皮皮虾短视频中，总台“央视网”新闻账号发布的《疫情之下的高考，准备好了吗？》用几个关键词梳理了“特殊”高考各地的准备情况。在传播内容上，权威和情感兼顾的内容策划更容易赢得用户的信赖，引发用户的共鸣。

三、总台央视新闻短视频存在的困境及优化策略

（一）总台央视新闻短视频存在的困境

在短视频飞速发展、各大主流媒体纷纷布局新闻短视频领域的同时，短视频作为一种新兴事物还是存在不少问题与困境，包括总台央视在内的主流媒体也无法完全避免。

1.传播形式单一，同质化严重

目前，总台央视在社交平台上发布的新闻短视频大多是截取已经发布的新闻，加上字幕、音效后向受众推送，这样的传播形式和内容都比较单一，无法达到良好的传播效果。[①]同质化是信息爆炸时代所有媒体都要面临的问题，总台央视也不例外。新闻短视频是一种短平快的新闻产出形式，因此也决定了媒体与媒体之间产出新闻的速度越来越快，媒体没有时间精雕细琢新闻的独特视角或观点。以总台央视为例，总台央视同时在快手及抖音两大短视频社交平台上建立官方账号，每天发布的内容也是相同的。快手用户集中在三、四线城市及广大农村地区，而抖音用户以

① 匡文波，杨梦圆.媒介融合背景下主流媒体移动短视频传播策略研究：以“央视新闻”抖音号短视频传播为例［J］.新闻论坛，2019（6）：23-25.

一、二线城市的年轻群体为主。针对这两部分有着明显差异的人群，总台央视在新闻短视频的传播内容上并没有明显的区分。此外，新华社、《人民日报》、澎湃新闻等媒体在同一事件的报道中也没有太大的区别，内容同质化严重。

2.传播内容难以兼顾严肃与娱乐

在主流媒体进入短视频领域之前，短视频基本上是普通用户用来消遣、娱乐的方式，因此当时的短视频内容呈现出明显的娱乐化、猎奇化。在总台央视等主流媒体进入短视频领域之后，对短视频的传播价值进行了矫正，呈现出专业化、理性化的趋势，但也在无形中拔高了用户理解短视频的门槛，特别是一些传递官方信息的短视频，过于专业、枯燥，用户无法理解便会流失。例如，在抖音短视频中，《进博会来了》只是将官方的信息和领导人的讲话传达出来，并没有将专业化的词解释得很清晰，理解难度还是没有降低。因此如何平衡严肃与娱乐之间的关系，内容既不能过度娱乐，也不应该过分说教，是总台央视在发展新闻短视频时必须解决的问题。

3.缺少短视频的运营与互动关系

新闻短视频的一大特征就是用户的参与和互动比较强。但从目前来看，总台央视还没有将这一点优势充分发挥起来，在整个新闻短视频账号的发展中，还是缺乏运营的概念。在互联网行业，运营是一个重要的概念，运营的目的是发展新用户，促活老用户，增强用户对账号的忠诚度。[①]目前总台央视在新闻短视频方面，大部分资源投入了短视频的制作方面，对短视频账号的运营不足。一方面，用户对于账号的活跃度不高，一般用户以点赞居多，但缺少留言等深度互动。例如，在快手短视频中，《看！有一种浪漫叫中国航天》网友点赞有10万多人次，而评论数只有900多个。另一方面，除了撰写评论的标题，央视账号与用户之间的互动也比较少。一般而言，积极对用户评论进行点赞、回复，可以让用户产生一种有感情的人在与他们交流的感觉，让他们觉得自己“被重视”，从而可以进一步提升用户对平台的黏性。

① 葛自发.新媒体对“积极受众”的建构与解构［J］.当代传播，2014(1)：71-73.

（二）总台央视发展新闻短视频的优化策略

1.重视短视频的质量，避免短视频同质化

正所谓“内容为王”，内容始终是新闻媒体安身立命的根本。新闻短视频是一种综合了声音、图像、文字的新闻形式，本身就应该具有一种丰富的表现力。当下短视频内容同质化其实是新闻媒体过度追求新闻发布速度的弊端。总台央视作为一家拥有强大实力和独特政治地位的媒体，有必要引领媒体行业的健康发展。所以，总台央视有必要发挥自己的专业优势和创作能力，制作更有深度、有价值、有文化的新闻短视频，从而培养观众的审美能力，引导整个短视频行业的健康发展。

2.主旋律传播亲民化，平衡娱乐与严肃

总台央视独特的政治地位和政治使命使得总台央视在宣传很多主旋律精神时，往往过于严肃、呆板，这些内容的特征是以会议精神、政策报道等抽象内容为主，而缺乏人物、情节等具象内容。但在新闻短视频的传播上，想要进一步拉近与用户之间的距离，就必须要改变这种传播特点，让自己的传播更加亲民、更加有人情味，人格化运营就是解决这一问题的一个很好思路。所谓人格化运营就是将原本抽象的东西进行“拟人化”处理，如央视推出的《主播说新闻》栏目就是拟人化运营的一个很好的尝试，主播不再是固定在电视屏幕里面的那个形象，而更像是我们的朋友和伙伴，从而更好地走进用户的心里，实现更好的传播效果。

3.打通线上线下传播通道，加强互动与运营

短视频媒体平台是一个社交平台，对于新闻媒体而言，社交不仅意味着可以收集用户的评论和反馈，更重要的是在互动的过程中与用户缔结情感。对于总台央视而言，如果官方账号不适合与用户互动，那么可以让主持人、记者承接互动的功能。[①]除了线上互动之外，媒体还可以举办线下的互动，如线下沙龙、线下访谈等，通过多形式的互动不断强化媒体与用户之间的联系，从而强化用户与媒体之间的忠诚度，进一步促进媒体更好地发声。

---

① 李欣锐.传播心理学视域下主流媒体的创新传播策略：以短视频栏目《主播说联播》为例［J］.传媒论坛，2020，3（20）：14-15.

最后，作为国内最具影响力的主流媒体，总台央视在新闻短视频领域进行了诸多探索，也呈现出了诸多创新之处。但作为一种新兴事物，总台央视在新闻短视频的发展上依旧存在很多不成熟之处，也存在较大的改进和提升空间。

国内对于短视频的研究已经比较丰富，但对于新闻短视频这一特定类型的短视频研究还不是非常多。同时，短视频的发展可以说是日新月异，目前正不断有新玩法、新规律涌现出来。新闻短视频在新闻行业依旧拥有巨大的发展潜力，也是各大主流媒体未来的重要发展方向，仍需进行深一步的探索。

慢直播与空间媒介化及其传播实践
——以《疫情24小时》为例

陈　丽*

【摘要】本文通过对《疫情24小时》慢直播进行个案研究，从空间理论的角度分析慢直播类节目如何使空间生产意义，进而展现空间媒介特性，增强传播效果。慢直播让空间展现了可沟通性，空间自我阐释的能力得到发挥；慢直播对火神山医院、雷神山医院工程建设事件的"长曝光"，让其形成媒介符号，形成传递特殊意义的虚拟空间；慢直播激发了人们的情感，为抗疫赋能，加深了网民的抗疫记忆。总的来说，这场慢直播增强了民众当时的抗疫信心，成为一段重要的"民族记忆"。

【关键词】慢直播　空间媒介化　传播实践　《疫情24小时》

2020年1月23日，为加强对感染新冠肺炎患者的救治，武汉市参照非典时期小汤山医院的模式，准备建火神山医院、雷神山医院救治新冠肺炎患者。中央广播电视总台"央视频"采用无时延的5G+技术，用4K高清画面和360度VR全景视角，全程直播两家医院的修建过程，这场《疫情24小时》慢直播吸引了几亿人次观看，他们共同见证了"中国速度"。随着疫情的发展，人们越发关注公共事件，而针对火神山医院、雷神山医院的慢直播，以全民参与、场景营造、空间展示等方式缓解了民众的焦虑情绪，增强了人们的抗疫信心。空间原本是物质的生产场所，也是一定范围内社会关系网络组织的场所。新媒介原本是搭载信息内容的载体，但如今它

*　陈丽，北京联合大学应用文理学院新闻与传播系2020级硕士研究生；主要研究方向：影视文化、空间传播。

在现实空间中的广泛渗透，改变了我们对媒介形式的认知。

一、聚焦抗疫：慢直播与空间媒介化

慢直播是近年来较新的直播样态，它没有传统的视频编辑流程，事件的直播与发生通常同步进行，目前学界对慢直播还没有一个统一的权威定义。学者张文娟认为，“所谓慢直播，指的是借助直播设备对实景进行超长时间的实时记录并原生态呈现的一种直播形态”[①]。2020年1月，武汉疫情严重，造成人们居家隔离、社交活动被限制，由此引发人们的恐慌焦虑情绪。武汉市为了将疫情肺炎救治的相关信息实时传递给外界，开启了名为《疫情24小时》的系列陪伴式慢直播。该直播是“央视频”直击“两山医院”（同后文，指代火神山医院与雷神山医院）修建全程的长时段慢直播，虽然无解说、无剪辑，但是获得了民众的一致好评，形成了强烈的社会反响。网民在直播空间聚集起来，构建了一个破除多种谣言的舆论场。

20世纪70年代前后，西方兴起了空间转向思潮，西方学者开始将空间纳入社会科学研究的维度。学者谢沁露论述空间转向到空间媒介化的发展脉络时认为，早期空间理论研究关注大众媒介生产新空间，并凸显新空间的象征性与建构性；作者指出新媒介生产出空间压缩、折叠、感知、拉伸等影响人们生活习惯的现象，以环境、景观、气候、地点等为代表的“非媒体媒介”符号，让人们形成特定的空间想象。[②]

《疫情24小时》这场针对重大抗疫工程的慢直播，让当地政府的抗疫行动和抗疫执行力展现在屏幕上，涉及了空间与人、人的情感和公共话题等多个值得研究的传播学问题。火神山医院、雷神山医院修建时，国内正处于疫情严重、加强防控阶段。两座医院的建设是武汉疫情防控最重要的举措之一，也展现了武汉迎难而上的信念。来自不同地方的人们聚集在直播间，他们观看火神山医院与雷神山医院的建设过程并通过弹幕发表评论。因此，在这场慢直播中形成了线下实体空间到线上虚拟交流空间的演变过程，展现了空间媒介化虚实渗透的意义。

---

① 张文娟.互动生成中的传播共振：以央视频“火神山”“雷神山”慢直播为例［J］.当代电视，2020（4）：16.

② 谢沁露.从空间转向到空间媒介化：媒介地理学在西方的兴起与发展［J］.现代传播（中国传媒大学学报），2018，40（2）：79.

二、现实空间媒介化：实在空间的可沟通性

在新媒介出现前，一些现象表现了空间与媒介的相互适应过程。“烽火戏诸侯”故事中，烽火台是传递战事信息的媒介；广播和电视开始普遍使用时，催生了一系列较新的媒介的铺开；早期测绘员勘测地形，以绘地图的方式呈现出来。不过，相对来说，传统空间是区隔与封闭的，空间的位置较为固定，具有结构性和功能性，绝大多数空间不具有信息传递功能，也难以作为意义的表征对象。而应对疫情修建的医院是一种位置媒介，通过大数据被纳入疫情防控管理中，从而实现了技术赋权下的在地联结。新冠肺炎疫情期间，大数据连接了人们的生活空间和创造话语的空间。“两山医院”建设下的中国速度，在慢直播的实时传播中满足了人们的空间想象。

从慢直播与公共观念对话这一层面来解读“两山医院”建设的媒介化意义，指出直播中的网民互动使建筑工地的建设成了一场抗疫实践的象征，展现了空间与人之间的沟通。学者施立伟和刘洛微认为城市是一块可擦写的板，记录了城市发展的印记，不断“被阅读（read）、重读（re-read）和被重写（re-written）”[①]。空间实践不仅是城市发展的切面，还包含了复杂的传播关系。在分析空间的可沟通性时，学者周海晏认为，“城市可沟通性的实现，需要依靠空间的公共价值表现。建筑空间生产的未来议程，聚焦于其公共价值观念”[②]。

慢直播脱离了结构性的叙事，采用了开放性的非结构化叙事，这给网民一种与空间环境产生对话的体验感，他们实时参与观看、发送弹幕，某些评论还能引发热议，展现了公共观念在现实空间中的生产。真实的建筑施工场景被带入媒介场域中，使网民加深了对城市事件和新冠肺炎疫情的认知。

这场慢直播打破了画面单一、适用于有限场景的特征，将人们聚集在一起，实现了空间的可沟通性。在直播中，当网民以不同的视角来观看同一事件的发展、经过和结果时，他们就会自发地把空间的抗疫举动象征化，形成自己对抗疫工程的认知。每个观众都是一个传播节点，他们多样性、包容性的观点共同构造了空间事件

---

① 施立伟，刘洛微. X城市：一种新的城市解读策略［J］.南方建筑，2009（1）：58.

② 周海晏.建构新媒体时代的“公民建筑” 上海无人机飞手群体“行话”中的空间可沟通性分析［J］.时代建筑，2019（2）：23.

的传播图景。在节点间，引发普遍认同的观点会得到更广范围的传播，并在此基础上形成集聚效应。

网民基于“两山医院”建筑空间内具体事物展开的深度创作，形成了人与空间对话的有趣传播现象。例如，部分网民对施工车的趣味命名在网络中引发了创新扩散效应，吸引更多网民对该建筑空间内的其他事物进行极限创作，这种创作演变为对创作对象物“偶像化”的趣味比拼，并最终在网民间形成“粉丝打call”现象。网民们纷纷为施工车创建微博超话，并把“反黑”“嗑CP”等粉圈话术带到慢直播的传播链条中，甚至有网民化身网文作家为“唯爱工程车”展开网文深度创作，叉车“叉酱”的昵称还一度跃入微博热搜榜前十榜单。有的网民甚至堪比“工程师”，精准捕捉建筑工地施工细节，他们不仅对施工进程和内容了如指掌，为刚进直播间、对直播内容不清楚的人充当解说，还随时转变为气氛活跃组，在评论区发挥聪明才智。对施工设备设施竞争化创作的接续、对24小时内坚守施工每一步的信念，都成为每个观看直播的网民心照不宣的原则，这种原则呈现了人与空间的沟通。直播间内网民的诸多行为也反作用于空间事件，他们的关注强化了抗疫工程的新奇性、变异性、反常性，进而揭示了实在空间更多的含义。“两山医院”抗疫工程的受众创作环节，扩大了事件传播的链条，对抗疫工程建设有着积极的现实意义，不仅缓解了疫情带给人们的焦虑心理，还增强了人们的信心。

三、虚拟空间媒介化：符号的意义传递

慢直播实现了现实空间与虚拟空间的勾连，让虚拟空间承担信息传播的功能。这种联通不仅指的是共同助力抗击疫情时的跨媒介合作，还指在慢直播的过程中，新技术赋予空间事物新的意义，从而让空间事物成为抗疫实践中的信息传播符号，形成虚拟的传播空间。其中最值得我们关注的是，“火神山”“雷神山”两个名字在慢直播的宣传下成为构建一种事件的符号。这两个名字来自《山海经》中可以赶走瘟神的“火神”与“雷神”形象，在新冠肺炎疫情肆虐下，它们包含了人们对击退疫情的美好祝愿。在“央视频”的宣传下，“两山医院”的名字成为像小汤山医院一样的抗疫符号，凝结了支援武汉建设者的心血，代表了民众对武汉的声援，起着抚慰人心、引导社会舆论的作用。因此，“火神山”“雷神山”在新媒介技术的曝光下，构建了人们观念上抗击疫情的一系列意义，全部病例病愈出舱后，人们观念空

间中留存的媒介符号会继续存留在人们抗击疫情的集体记忆中。

视觉符号也是一种信息传播符号，传递了慢直播技术下建筑事物被赋予的观念意义。斯图亚特·霍尔的编码与解码理论使传播中虚拟空间的媒介功能得到了很好的说明。学者刘佳薪和蒋惠蔓将此理论解释为，“编码是传播者将意义和信息转化为便于受众理解或便于媒介传输的符号，解码时受众凭借自身感知对其传播信息进行的理解”①。

视觉符号以具象和直接的方式去呈现修建的过程，让网民直面紧锣密鼓的工地背后武汉抗疫的现状。在对医院建设进行全程直播时，4个机位下的砖红色工地上遍地布满挖掘机、叉车、吊装车等工程设施，箱式板房逐渐垒起，在网民正能量情感的烘托中，它们在人们眼中成为一个个有生命力的对象。

慢直播对重大抗疫工程建设场景的实时跟踪，让网民目击了国家的抗疫举动，让网民体验了在疫情前线参与建设的抗疫在场感，因而实现了意义传递。观众沉浸在“云监工”的体验中，化身“粉丝”，对空间内的可视化工具和符号进行正面评论和积极表达，从而产生了良好的舆论空间，这种展现网民集体意识的观念空间产生了积极意义。人们对现场施工车队和自身“云监工”身份的认同，在武汉抗疫时形成了一个良好的舆论氛围，破除了诸多谣言；观众“在场”直击施工全过程，他们对空间媒介的自由解读让媒介扩大了舆论监督的效果。“两山医院”抗疫工程的建设过程以慢直播的形式被呈现在网民面前。

名字符号和视觉符号，一方面，赋予现实建筑场景更深广的抗疫意义，让建筑工地本身具有意义的象征；另一方面，在虚拟直播间中网民化身为“云监工”观察建筑工程的每一个细节，能切身感知国家坚定的抗疫信念，传递了诸多意义，让该事件形成一种象征。因此，《疫情24小时》让建筑场地和其衍生的虚拟空间都表现出了空间的媒介特性。

在这场慢直播下，一系列媒介符号形成了传播场域，成为具有生命力的抗疫符号。

四、慢直播传递情感为抗疫赋能

这场慢直播通过牵引人们的情感，为“两山医院”建设工程背后的抗疫目标赋

① 刘佳薪，蒋惠蔓.基于编码解码理论浅析美剧在中国的跨文化传播：以《致命女人》为例［J］.视听，2021（1）：47-49.

能。《疫情24小时》这场慢直播采用了最新的技术，因此能将另一空间的景象几乎毫无差别地搬到镜头前，这就是媒介技术带来的空间位移。人们能对发生在远方的事做出瞬时判断，真实感通过画面展现出来。这场云端慢直播不对现场画面进行剪辑和解说，而是通过原始画面让观众形成对事件的记忆点，实现网民的心理在场。在24小时直击两家医院建设过程的直播中，现实空间与网民的情感空间形成强大的对话互动。

建筑工地在惯常生活中只是常见场景，缺乏深刻意义，但是在国家级抗疫工程的光环下，这个空间生产了意义，传递了政府科学抗疫、坚定抗疫的决心，激起网民的情感认同。对“两山医院”抗疫工程的实时直播之所以如此受欢迎，原因之一在于它与刻意打造的精美媒体产品存在差距，这种差距让这场直播具有颗粒感、真实感，也超越了人们对传统意义上直播内容的认知，潜在地赋予了建筑工程关于人们团结一致、众志成城抗疫的情感基调，因此慢直播下的抗疫工程能够得以传递意义，实现媒介化。

开放式慢直播引导了网民情感维度上的实践，他们的积极互动共同构造了一个具有深度和广度的情感共鸣场所，进而增强了事件的传播效果。评论区针对媒介符号的讨论，容易形成共情力较强的意见领袖言论，进而引导舆论，克服民众恐慌情绪。

慢直播的真实能激起网民对事件的天然认同情感。学者张原认为，在短视频的空间实践中，短视频对现实生活的娱乐化追求，会消耗内容生产的创新性。[①]相对比之下，慢直播的优势在于，它很真实，有很强的自我说明和阐释的能力，没有花哨的剪辑，视频内容丰富客观，“慢”的差异化特质赢得了受众喜爱。慢直播近两年应用较广，2019年12月，“央视频”APP慢直播会泽黑颈鹤；同月《广州日报》慢直播“广州小蛮腰”景色；2019年两会期间，“游云南”APP慢直播大理历史街区……对“两山医院”建设工程的慢直播，回应了网民的疑问、好奇心，尤其是在不以人的意志为转移的重大公共事件下，公开透明的慢直播给了人们战胜疫情的信心。

同时，有较强体验性的慢直播形式给了我们创新运用新媒介的启示，技术的更新迭代很快，把媒介和空间内的优质内容充分结合，慢也是一种特质，成就新的传播体验。学者李淼和赖春在探讨民俗空间媒介传播时，认为新媒介可以加深空间与

① 张原.“身体”的媒介化：短视频空间实践的维度［J］.青年记者，2021(8)：30.

媒介的互融，营造多维度民俗空间体验，助力民俗传播以及探索民俗文化的新营销策略。[①]因此，创新引用新媒介并找到它与深入挖掘空间的切入点，使空间本身增强传播效力，是空间媒介化的新路径。

总结

长期以来，时间是叙述事物最重要的维度，物理空间的局限性让信息传递存在困难。但是，在对雷神山医院、火神山医院的慢直播中，慢的特性成了优势，从而增强了传播的深度和广度。第一，空间与慢直播加深互融，展现了现实空间的可沟通性。第二，慢直播充分展示事件的产生、发展、结果，对空间内容的长期曝光形成视觉符号和事件符号，形成虚拟的传播空间。第三，这场巨大工程的慢直播背后之所以具有重大意义，不能忽略它们的情感指向，情感赋能加深了网民对于抗疫的记忆，也产生了空间意义。

这场慢直播以宏大的直播选题、全新的节目方式、丰富的画面内容让建筑工程本身充满了戏剧性，但是也要辩证看待慢直播这种传播现象及其意义。人们观看实时直播、积极发言，大范围内引发了更多人对"两山医院"抗疫工程的情感认同和信仰认同，在疫情肆虐的情况下，真实的慢直播增强了人们的抗疫信心。然而，这场慢直播在引发网络热议的同时，具有一定的娱乐化倾向，这种倾向产生于对"两山医院"建设衍生出的趣味事件的消费，对它们的过度关注可能会转移人们的关注重点，进而部分地消解事件本身的严肃性，导致人们关注的内容和真相相去甚远。总的来说，这场慢直播打破了虚拟空间和现实空间的帷幕，人们通过观看实时直播了解新冠肺炎疫情、释放焦虑情绪，传递了"众志成城抗疫"的信仰。

① 李森，赖春.探析民俗空间媒介化及其传播实践［J］.新闻窗，2018(2)：64.

短视频：全民表达的基点与革新

张志伟*

【摘要】当前，短视频的发展已经从爆炸式增长转变到细水长流的发展阶段。随着Web2.0的不断发展，互联网环境也随着新技术的产生、用户社交化的使用习惯发生着变化。即使如此，短视频依然是全民表达的常态化方式，并随着各大短视频平台的火爆，渗入人们的日常生活。在业界，视频平台完善短视频业务，短视频平台升级短视频生态的整体构建，不断优化用户体验，使短视频成为平台支柱型发展的产业。在学界，通过对文献的梳理，聚焦于短视频的传播特点、应用价值及与不同行业的交叉应用研究。传统媒体把短视频当作转型的跳板；艺术领域结合短视频探索全新的创作方式；商业把短视频当作创收新业务。作为全民表达的新形态，短视频不仅是常态化表达的基点，同时也给常态化表达注入新的活力。本文通过梳理短视频爆红的原因及由于短视频的发展而产生的一些问题，探讨短视频发展的价值及未来发展的方向。

【关键词】短视频　网红经济　数据泡沫

短视频是指时长在5分钟之内在各大新媒体平台上播放的新的视频形式，网红经济给短视频注入了新的活力，诸多网络红人百花齐放，都希望在这巨大的流量池中分得一杯羹。

* 张志伟，北京联合大学应用文理学院新闻与传播系2020级硕士研究生；主要研究方向：城市形象策划与塑造。

一、短视频兴起的原因

（一）短道速滑，垂直起飞

“短道”指的是短视频内容简短，主题鲜明，视频表达生动有趣，内容信息紧凑，能够在最短的时间内抓住用户的眼球，适应了受众时间的碎片化需求；“速滑”指的是在现代移动互联网的发展背景下，人与人之间点对点的连接方式方便快捷地实现了信息及时沟通，短视频无须经过任何平台集聚审查，即可实现即时对外传播。无论是PGC（专业生产内容）生产还是UGC（用户生成内容）生产，内容传播的流程更加简洁流畅。“垂直起飞”主要指的是视频内容没有时间和空间的限制，只需要手指轻点，即刻达到传播效果，短视频也正是顺应了这种传播模式，在最短的时间内实现了爆炸性的传播效果。

（二）技术赋权，资本加持

南有抖音，北有快手，这两大短视频平台基于大数据技术和人工智能技术的算法推荐对用户实现精准定位。在技术赋权下，用户不再是被动的接受者，而是向生产者转变。移动设备，4G网络使用户可以随时随地分享，精准的人群细分使拥有共同爱好的人群聚集在一起，相互分享、相互交流，形成独有的社区文化。资本对短视频行业的大力扶持，腾讯微视、微博都在布局自己的短视频生态链，梨视频在2018年获得新一轮的融资，随着各路资本纷纷涌入，短视频也会愈演愈烈。

（三）人口红利，受众年轻化

CNNIC（中国互联网络信息中心）发布的第44次报告显示，中国网民规模达8.54亿，互联网普及率达61.2%，我国手机网民规模达8.47亿，网民使用手机上网的比例达99.1%。其中青年人作为中流砥柱，为短视频的发展注入了活力，部分青年人喜欢追求新鲜事物，对新奇事物有着敏锐的感知度，是新一代亚文化的传承者，而短视频也恰恰符合他们的口味。在短视频里，他们可以看到世界各地的风土人情、美味佳肴，只需要轻轻一点就打开了通向世界各地的窗口，沉浸式的观看体验使用户在瀑布流似的信息中忘记时间，完全沉浸其中。中国巨大的人口福利成为中国经济快速发展和稳定发展的一大优势，短视频行业也是如此，正是有如此多的人口支撑，我国短视频创业者才能孜孜不倦地全心投入创作，并获得回报。

二、短视频的发展特点

（一）传播和生产碎片化

短视频生产的碎片化是基于人们生活被碎片化的分割，移动设备的普及，人们只需要拿着轻薄的手机便可以随时随地分享传播，人们的生活被分成了不同的场景，在公交车上、床上、厕所里，微博大V“最佳蹲坑读物”有万级的粉丝。这种碎片化的时间为短视频提供了丰富的土壤。创作者根据这些特点创作出不同类型、适用于不同场景的作品，让每类人群都可以找到自己喜欢的内容，各取所需。除此之外，各大短视频传播平台聚集了大量UGC生产的内容。由于短视频种类繁多，用户体量巨大，短视频生产呈现出碎片化的特点，常见的短视频传播媒体有今日头条、爱奇艺、梨视频等。

（二）用户年轻化，内容多元化

针对短视频用户的使用习惯研究发现，30岁以下的用户使用时长和次数均达到总量的70%，这一数据表明短视频用户呈现年轻化趋势。在这群年轻用户中，不同用户群体关注的内容不同，主要集中在游戏、娱乐、动漫、美妆、影视剧和搞笑5个领域，也有的用户对专业及实用型垂直内容更为关注。

（三）传播社交化

无论什么传播形式，都是交流的工具，一个平台也只有将社交放在平台构建的首位才能有长期的发展效益。以微信、微博为例，微信是强关系社交平台，朋友圈的点赞评论也仅对好友可见；微博则是弱关系社交平台，点对点的连接方式，更能增强交流关系。这两个平台基于社交关系才会有更持久的用户活跃量。短视频作为新的传播形式也同样注重社交属性，只有连接人、增强交流，才能更有利于平台的发展。

三、短视频的价值

（一）作为聚合平台的价值

随着短视频红利的大量涌入，各大聚合平台纷纷向短视频领域进军，部署各自的短视频生态。例如，梨视频就是UGC利用到极致的典范，梨视频会大量征集用户的视频素材，这类素材原生，真实适合于广大受众，但是重点模糊、不够精良，再经过专业的团队加工，从而生产出优质的内容，充分发挥了平台作用，当用户达到一定规模时实现内容变现，实现平台商业价值。

（二）作为移动互联网入口的价值

基于短视频UGC生产，优质的内容吸引大量粉丝，这些粉丝有些出于对生产者的崇拜，有些是对内容的吸引，这造成用户对平台使用的黏性，从而会聚大量用户，这是短视频作为互联网入口的一大优势。[①]传统媒体也应抓住这个入口，在新媒体横行的互联网领域把握时机，把流失的用户争取回来，充分利用短视频的入口价值，将浅阅读和深阅读有机结合，针对不同用户习惯推送不同的人物。短视频是传统媒体转型的必经之路。

（三）作为营销平台的价值

短视频成为新的营销形式，“短视频+电商”就是将内容和品牌相结合。短视频是重要的引流方式，通过优质的内容获得关注，积累一定的粉丝基础后实现商品变现，这种通过短视频作为流量入口，提升品牌曝光是非常有效的营销方式。MCN（多频道网络）机构也有意培养专业的直播带货网红，前期拍摄优质短视频进行大量曝光，后期直播提升用户黏性，强化与用户的连接关系。他们通过自己的超高人气直接向粉丝卖货，而且粉丝也非常信任自己所喜爱的网红。

如今短视频平台正在构建直播带货的完整产业链。不难发现，现在不温不火的明星都去带货，成为其职业生涯的又一条出路。单纯的直播无法一时间吸引大批量

① 赵昱，王勇泽.短视频的传播现状分析［J］.数字传媒研究，2015，32（5）：54-58.

的观众，需要短视频的加持，在平时不仅要注重短视频账号的内容发布，吸引用户眼球，集纳更多粉丝，为自身直播卖货储备议价基础，还要注重短视频的引流，在直播过程中通过短视频预告、短视频的持续分发，吸引更多的人来到直播间，激发直播间的活力。由此可见，短视频的营销价值不仅在于它本身的强流量性，它还能够产生导流辐射作用，突出了用户短视频的消费习惯，以及短视频日后发展的潜在商业价值。

（四）作为新的社交语言的价值

短视频即时拍摄、即时分享，成为新的社交语态。纵观互联网传播语态变化，从一开始的文字传播到文字加图片，再到长视频，再到现在的短视频，充分印证了麦克卢汉的“媒介即人的延伸”。单一的感官体验只是人单一器官的延伸，文字延伸了人的眼睛，图片延伸了人的耳朵、眼睛，这就造成了感官不平衡；而短视频带给人们的是全方位浸入式体验，使人们感官达到平衡[①]，满足了各方面的需求，在社交平台上还可以进行点赞、评论、转发一系列的活动。短视频嵌入社交链的各个环节，极大地丰富了社交语态。

在这个人人都能拍视频的时代，对技术的要求也大大简化，不再需要像之前拍一部电影那样需要精细的脚本、专业的摄像团队，现在只需要一部手机就可以搞定所有。各大软件也在逐步优化各自的操作系统，使其更加简便、人性化。抖音里面的录制功能、各大特效、滤镜都做成了模板，只需要添加就可以使自己的视频增色不少，各大炫酷特效也走入平常百姓家，提高了用户的参与热情，极大增加用户体验的乐趣和自豪感，个体创造力也随之得到更大的激发。

四、短视频存在的问题

（一）短视频的数据泡沫

随着各大短视频平台蓝海的饱和，现在处于一片红海的状态。为了获得更大的曝光量，创作者提高制作质量，使得制作成本升高，短视频成为有钱人的游戏。资本的背后操纵，使数据不再是公平可靠的，而是人为的资本运作的结果。MCN机构

① 彭兰.短视频：视频生产力的“转基因”与再培育［J］.新闻界，2019（1）：34-43.

会优先曝光自家签约的创作者，自由的自媒体人的创作空间被压缩，得不到高的曝光量就没有关注度，不得不进入MCN机构，自主创作热情被打压，很多商业化的内容因为得到资本的操作被大量传播，优质内容得不到推送。

（二）大平台垄断，数据霸权

随着大数据时代的全面到来，未来的绝大部分人将逐步丧失独立思考能力，每天刷刷短视频、看看直播、玩玩游戏。他们的人生将被大数据算法控制，算法能精准地“拿捏”人性，匹配每个人的需求。你越喜欢什么，就持续给你推送什么，让你沉溺在各种短暂的娱乐里，成为大数据的一分子。与此同时，对于事物的判断标准也以数据标准为准则，算法的权利成为最大的曝光量权利。去中心化是愿景，但不一定会成功。在探寻全新视频商业模式的过程中，已经建立起稳定商业模式的媒体有发展前景，因为有完整的体系和大量的资金支撑；但是中小型媒体面临资金和技术问题，无法承担巨额的“烧钱”监管，造成了大平台垄断的再中心化的局面。

（三）弱关系扩大，个人隐私无法保障

在网络社会中，记忆成了常态，遗忘变得越来越困难。在互联网的发展过程中，人与人之间的关系也发生了改变，弱关系扩大，两个人之间的联系不会超过六个人，人与人之间的接触方式变成了点赞、评论、转发。这些行为在互联网中会留下印记，从而成为检测个人社交关系网络的凭证，而这些是不被自己控制的，个人的所有行为都会转化为推送视频类型、广告的依据，并应用于商业行为，个人隐私无法得到保障。

（四）信息茧房，群体极化

在垂直化内容分类中，互联网中的用户都可以找到符合自己口味的内容，人群划分也从之前的地缘划分变成了趣缘划分，相同兴趣爱好的人聚集在一起形成了自己的社区，在各自的社区中有不同的分工。大家各司其职，接受共同的文化熏陶，各群体之间的隔阂加深，群体极化严重。而在算法优先的逻辑中，人们自主选择的权利被剥夺，用户接收到的是经过算法精密计算的内容，这样会制造一种用户个性化的假象，使得用户在自己的小圈子里作茧自缚，成为一个封闭的“回声室”。在

这个“回声室”中，能听到的只有一种声音，从而形成信息茧房，人们无法与真实世界对接。

（五）版权归属难界定

从影视作品的二次创作到游戏短视频内容侵权的界定问题，是当前短视频发展中亟待解决的问题，学界和业界也未达成一致的意见。例如，游戏内容制作的版权问题，对于这个问题，抖音和腾讯一度对簿公堂，双方各持己见。腾讯认为抖音借《王者荣耀》的热度开展商业行为，抖音则认为腾讯不具有连续画面的著作权，抖音的创作者有权利对画面进行二次创作与剪辑。虽然最后一审的结果认定抖音未在合理的时间内对涉案用户的侵权行为采取有效措施，未充分履行“通知-删除”义务，主观上具有过错，构成帮助侵权。但是双方的争议并没有随着一审判决结果而结束，抖音也明确表明：“用户对于《王者荣耀》相关游戏视频的形成具有独创性贡献，发布视频的游戏用户对相关视频享有著作权或至少构成合理使用。”发展至此，最终的著作权应该归属游戏玩家，还是游戏的版权方呢？如果创作者的游戏作品具有独创性，就应该给予保护，那么对再创造作者的权益又该如何保障，仍然有待商榷。

五、短视频未来发展方向

（一）泛娱乐化转垂直化

随着视频内容的不断精细化，用户细分化、个性化的发展，用户对内容的要求越来越高，垂直化的内容进行了细分和增加，垂直化内容的创作者数量不断增加，内容质量得以提升，垂直化内容的商业价值被不断挖掘和探索。个性化发展不断加深，平台根据用户的偏好推荐个性化的视频内容。例如，社交平台可以抓住短视频这一发展热点，利用大数据和云计算分析短视频用户日常观看短视频的习惯，进行更加准确的计算和分析，得出短视频用户的兴趣所在，并以此为根据向用户推送其感兴趣的短视频。

（二）更加规范化，监管更加合理

短视频行业在高速发展的同时仍存在大量问题，如短视频一味地追求眼球效果而出现的低俗、谄媚的信息，“标题党”横生，降低用户体验。有关部门应当加大监管力度，充分以技术治技术，让技术为人服务，让短视频行业更加规范化。

（三）更加生活化

大热的Vlog视频记录形式，深受广大年轻人的喜爱，Vlog以记录生活为主调，倡导分享生活。欧阳娜娜带火了明星拍Vlog的方式，斩获大量粉丝；康辉的两会日记，使得严肃的新闻主题以深入生活的表现形式深受受众喜爱。未来的短视频创作也会越来越生活化，费尽心思的夺人眼球不如渗透着生活质感的记录更能够打动人。

结语

短视频现在已经成功融入人们的生活方式，占据了人们大量的碎片时间，各大短视频平台也为了争夺用户有限的时间而绞尽脑汁，现在这种高浸入式的短视频形式，无疑使用户陷入时间黑洞，如何更好地利用短视频，不仅是用户应该思考的，传播者也应该守住自己的底线，争取将优质的内容呈现给用户。

传统媒体已经掌握了流量的秘密，熟悉了互联网的玩法，但是变革不是浅层的融合，语态变革如果只是一味地迎合年轻受众的喜好，而没有做到“破圈”的融合，在文化上没有实现认同，那么语态的变革就只是停留在浅层面，不能进行深层的沟通。要实现沟通，就要对当下年轻人的亚文化采取包容理解的态度，并吸收应用于自身语态的变革，只有双方具有了相同的意义空间，才能进行破壁融合，实现更好的沟通。

直播、短视频、长视频将成为移动视频领域并行的“三驾马车”。在短视频上已经迸发的用户生产力，下一步将在长视频领域进一步释放。虽然由于生产难度等原因，用户生产的长视频的规模很难与短视频相比，但是长视频这一形态会促进用户生产内容进一步专业化，也会为视频艺术的发展带来新的活力。

抖音中的北京：短视频与城市的互动性研究

赵悦帆*

【摘要】抖音的出现打破了城市居民个人表达的隔阂，其通过以秒计数的视频呈现出真实鲜活的城市风貌。本文着力于分析短视频和城市形象传播的关系，选取抖音和北京为研究切入点，探索抖音与北京城市间的交往互动关系，分析在新媒体环境下，抖音作为最具代表性的媒介，其在城市的交往互动中所构建的虚拟化数字形象及虚拟城市空间，如何使线下亲身体验与线上视角感知的交互成为可能。

【关键词】抖音　短视频社交　北京　城市传播

尼葛洛庞蒂提出的“数字化生存”代表的是一种每时每刻与电脑为伍的生活方式与生活态度。[①]“数字化”在当下以多种多样的媒介形式融入我们的城市生活，城市已不再是物理空间的聚合。在新媒体时代，抖音作为去中心化的传播平台，以短视频社交的形式激活了用户的表达欲望。用户采用短视频的形式呈现城市生活，进行城市空间体验，并通过抖音获取本地服务、了解城市大事件，使城市传播围绕“人”的媒介实践展开。研究抖音与北京城市之间的互动关系，将有利于智慧城市建设与现代城市的可持续发展。

---

* 赵悦帆，北京联合大学应用文理学院新闻与传播系2021级硕士研究生；主要研究方向：城市形象策划与塑造。

① 尼葛洛庞帝.数字化生存［M］.胡泳，范海燕，译.海口：海南出版社，1997：3.

一、结合媒介特性，传播北京的城市符号

北京具有三千多年历史，丰富的文化资源吸引着海内外游客。作为传统古都，胡同、四合院代表了现代繁华都市中蕴含着的市井气息的场所；作为国际交往中心，外籍人士活动频繁的三里屯使馆区、大学生聚集的五道口等区域代表了当代北京的新风尚。抖音中短视频博主对北京文化的探寻，拓宽了北京多元文化空间的传播路径，打造全球化与京味传统文化相交织的北京。

北京城市形象在视频传播的实践中，故宫、天安门、颐和园等经典景点出镜率最高。在传统媒体时代，官方的外宣视频大多倾向于以宏观视角对经典景点进行呈现，虽有深度但略显刻板。对北京市民和游客而言，抖音低门槛、易创作的特性突出了全民参与的平台特性，使媒介与城市空间产生新的联系，城市符号通过媒介进行创意呈现。例如，抖音博主玫儿通过微观、真实的个人体验，讲述真实北京，将生活场景客观实时地转移到了线上；毛毛丫头在系列短视频中展示了大量北京游的深度攻略，严肃与轻松结合的视频风格使历史知识和旅行乐趣相得益彰，三分钟左右的陈述时长详略得当。这些博主通过取用一些即便是外地人也悉知的北京特色景观场景符号来展现北京的地理风光与人文景观，突出北京“地方感”的意味，如什刹海、故宫、钟鼓楼、中山公园、筒子河、胡同、四合院等，还有一些日常生活中的元素，如稻香村、炸酱面、京腔等，其所具备的人文价值、文化价值、社会价值是独具一格的，[①]给予了市民和游客看到最为真实、最具京味特色的机会，以此深挖北京旅游的文化内涵，促进北京古都形象在社交平台的传播。

#魅力北京 抖音挑战赛#通过抖音话题将北京文旅与创意短视频进行结合，该活动在八达岭长城、798艺术区、朝阳大悦城等地设置了抖音打卡点，号召北京市民参与内容共创，打造城市内容裂变传播，实现线上与线下相交互。该抖音互动话题实现了1.1亿次点击量，累计投稿视频五千余条；并且，该活动产出的优质短视频在抖音的推荐算法下仍然会持续传播发酵。

---

① 杜剑峰.作为北京文化传播手段的微影像创意实践［J］.当代教育实践与教学研究，2020（5）：220.

二、以互动性设计引导用户积极参与

在传统媒体时代，北京地域内发生的事件往往由北京媒体进行报道。市民获取信息方式及参与渠道普遍为自上而下且较为单一，如北京都市报《北京晚报》《北京青年报》等；地方台《北京卫视》扮演着播报本地事件与制造媒介事件的角色。近年抖音平台在传播北京文化、北京本地生活、北京城市服务等领域的全面渗透，使抖音具备了联动北京各领域政府部门，制造媒介事件的能力。

抖音在平台创建#爱上北京#、#魅力北京 抖音挑战赛#，更新全民任务，呼吁全民参与。此次活动一经公布便吸引了大量抖音用户参与拍摄，市民与游客全方位、多角度展示北京形象。此外，灵感工具的辅助可提升整体互动效果。抖音推出官方道具“北京四季”，其中包含具有北京元素的贴纸与滤镜，故宫、三里屯、香山等景点的动画与音乐，同时任务说明设计指定方式引导用户配合，有效降低用户参与门槛，引发其参与城市互动的兴趣与热情。

除了在抖音官方举办的一系列北京城市相关媒介事件，北京市政府也不断借助抖音平台，提高城市事件的声量，扩大城市事件的影响范围。短视频互动带来的陪伴，也是短视频生存的一种重要方式。[①]自2020年春节始，受疫情影响，城市空间人气骤降。伴随疫情逐渐得以控制后，中共北京市石景山区委宣传部掀起“抖in北京”主题推广活动，呼吁为城市复苏助力。通过线上搭建与城市相关的话题矩阵，以内容共创的方式激发城市活力；线下发起城市嘉年华系列活动，使市民可以实地体验美好城市生活。该活动选择在北京首钢园启动，现场设置近40个潮流展区，围绕“演绎活力新北京”主题展开挖掘，2000多名观众参与活动。“北京腔”“北京美食攻略”“北京街拍”等话题在抖音平台上浏览量高达780亿人次。“回味儿时的胡同记忆”“北京方言墙”“北京潮范”等打卡墙将“老北京文化”与“新北京潮流”作为全新的城市符号将北京文化与抖音潮流元素相融合，激发了用户对线上活动内容的创作热情，并对其进行了由线上媒介到线下实体城市空间的引导与激励，打造一场全民线下狂欢，实现了媒介与城市的有效互动。

① 彭兰.视频化生存：移动时代日常生活的媒介化［J］.中国编辑，2020（4）：34.

三、BGM打造城市传播隐形策略

短视频中的背景音乐（BGM，Background Music）使视觉呈现出逐渐依附声音的逆视觉主控趋势，带来从影像景观到媒介景观的视听想象力。①

在城市相关的短视频中，BGM多以现有音乐、原声、改编和原创为主，借音乐外衣，弱化了传播目的性。城市形象作为城市的软实力，与城市发展密不可分。BGM选取的多样性使视频画面可以从多角度切入城市生活，随着音乐的传播，城市形象通过视听传播在不知不觉中渗入人们的意识和思想中，受众在感受城市形象的过程中感觉不到传播的目的性，更加易于接受。

BGM以声音带动听觉和视觉。在“爆款”视频中，除原声视频以外，所配的歌曲大多是创作者将自身生活经历与城市感知音乐化的艺术形式，如记录年轻人在北京追寻青春梦想的短视频中，讲述北京作为属于其打拼的城市时，大多倾向于选用汪峰的《北京北京》作为BGM。声音满足的不仅是人们的听觉享受，在短视频社交时代，城市形象传播会因为恰到好处的音乐而催生传播新动力。例如，在许多关于成都的短视频中，BGM大多选取赵雷的《成都》，“玉林路”“小酒馆”也已成为成都形象的“招牌”；在关于济南的短视频中，BGM大多采用《济南济南》。“千佛山，大明湖”也让更多人了解了济南文化。BGM恰当选取凸显城市元素中的亮点，通过对城市方言、饮食习惯、建筑特色的描述，突出城市的个性化特征，为用户了解城市形象提供线索上的指引，使得城市形象跃然纸上。同时，抖音短视频的“低门槛”内容生产性给予了平台用户对城市内容的表达欲，视频的画面与背景音乐在此基础上共同塑造着城市多元融合、虚实互嵌的可沟通性，从而促使城市传播真正“让生活更美好”。②

四、短视频社交构建市民身份认同

在城市的发展进程中，北京已成为当下年轻人奋斗和打拼之地的选择。北京常

---

① 谢辛.声音的视觉化：从抽象动画电影到“互联网+声音BGM”观念延伸［J］.北京电影学院学报，2018（5）：54.

② 谢静，潘霁，孙玮.可沟通城市评价体系［J］.新闻与传播研究，2015，22（7）：25.

住人口2189.3万人，其中“北漂”占比高达38.5%。当这个由来自不同地域的人群构成的集合体日渐庞大时，只有通过北京的城市感知形成文化认同与身份认同，才能成为不断推动城市传播的内在动力。在抖音热门话题#来北京一年的变化#、#北京太大了#中，短视频用户通过分享在北京的日常工作生活、实践经验、城市空间体验与北京产生交互，从而产生了北京与其独属的“地方感”与“个人记忆”的关联。

“地方感”来源于人文地理学的概念，学者段义孚认为，“地方是一个强调人类情感和关系的意义中心或关怀领域”[①]。北京的“地方感”不断影响、改变着人们的日常生活体验，从而也将衍生出“北京人”“北漂”的集体认同。凯文·林奇在《城市意象》一书中提出：“对于任何一个特定的城市，都存在着一个公共印象，是许多个体印象中共同的部分。”对于北京，市民与游客的“公共印象”成为北京“地方感”的来源。抖音给予了每个城市居民以短视频的形式讲述“城市共同印象”之下个人“独家记忆”的渠道。北京的“地方感”承载的北京文化精神内涵是抖音与城市相关联的核心。[②]例如，抖音在线上掀起“爱上北京，京彩无限”北京文化网络传播活动，呼吁北京市民拍出个人心中的北京印象、分享自己的北京故事，本质上就是对个人情感与记忆的深入挖掘。由北京的“地方感”关联到“市民记忆”，从而衍生出北京所独有的自豪感，将活动打造成具有地方特色的“媒体”，触动市民与游客对北京美好生活的感知，建立起北京的文化自信与文化认同，也引发了全网通过内容共创的方式激发城市的年轻活力。

结语

建筑、街道、公园等物理形态使城市具备实体性，文化、精神、风格等虚拟空间体现出独特的城市内核。城市实体空间的发展与城市居民的日常生活、游客的游玩体验、城市精神文化的传播紧密相关。所以，城市的物理空间与媒介所建构的虚拟空间需要一条使城市与媒介互动、沟通的渠道。[③]

① TUAN Y F. Space and place: the perspective of experience[M]. Minneapolis: University of Minnesota Press, 2001: 138.

② 刘颂杰，张文卓.城市媒体转型与“可沟通城市”建构［J］.青年记者，2019(34)：18.

③ 孙玮.作为媒介的城市：传播意义再阐释［J］.新闻大学，2012(2)：41.

抖音以短视频的形式激活了市民意识觉醒与表达欲望。市民通过抖音平台对北京生活进行呈现，对北京生活的体验进行表达，使媒介与人共同嵌入了抖音中的北京，城市传播围绕“人”的媒介实践而展开。通过北京城市样本，探索北京与抖音的高频率互动关系，为中国各城市在新媒体时代提高城市与媒介的互动性提供范本。

“乡村网红”的传播特征、影响和趋势研究

金　韶* 王佳晨**

【摘要】短视频传播和粉丝需求的增长、国家“三农”政策和乡村振兴战略的推出，以及互联网平台的流量和资本助力，推动“乡村网红”快速崛起。“乡村网红”的传播，以慢生活节奏、亲情化叙事、艺术化生产的方式，构造乡村文化图景，打破城市和农村的壁垒，传播乡村优秀传统文化，并以PUGC（专业用户生产内容）+MCN（多频道网络）的模式实现商业化运营，带动直播带货、乡村旅游和农村电商的兴盛，助力农民脱贫致富，全面推进乡村振兴。借助互联网平台的传播，“乡村网红”还将在公共外交、跨文化传播上做出独特的贡献。

【关键词】乡村网红　传播特征　产业影响　乡村振兴

“乡村网红”是指依托社交媒体和短视频平台进行传播、以展现乡村生活风貌为主要内容、具有较大粉丝规模和影响力的自媒体账号。以李子柒、滇西小哥、巧妇9妹、爱笑的雪莉吖为代表的“乡村网红”们，以手机、相机作为“新农具”，以创作视频内容作为“新农活”，满足了城市居民对乡村生活的好奇心，激发了人们对家乡文化的情感共鸣，打破了城市和农村的传播壁垒，助力乡村传统文化和文化遗产的传承和传播，促进农产品营销和农村电商，带动乡村旅游和乡村文化产业的

* 金韶，博士，北京联合大学应用文理学院新闻与传播系副教授；主要研究方向：影视传播、新媒体。

** 王佳晨，北京联合大学应用文理学院新闻与传播系2020级硕士研究生；主要研究方向：影视传播、新媒体。

发展，契合了国家三农政策和乡村振兴的发展战略。

一、“乡村网红”的传播动因

（一）技术“赋权”和情感拉动

互联网的“赋权”功能和“去中心化”传播，使城乡之间的数字鸿沟不断缩小。而手机等移动媒体的低门槛和便捷性，使得城市和乡村的网民都能随时随地进行内容生产和传播，进一步打破城乡隔阂。根据CNNIC（中国互联网络信息中心）发布的第45次《中国互联网络发展状况统计报告》数据，我国网民规模已超9亿，其中农村网民占比28.2%。[①]网络内容的消费主力迅速从一、二线城市下沉到三、四线城镇和农村地区，网民UGC（用户生成内容）的内容也从反映城市青年的生活转变为展现乡村的田园风光和乡土风貌。

一方面，城市居民身处快节奏生活、高效率工作、人际关系疏离的压力中，与传统的“乡土社会”割离，对乡村生活产生强烈的好奇和向往心理。以李子柒为代表的“乡村网红”，通过精短叙事、影像特写和文化符号构造了静谧、祥和、人与自然和谐相处的乡村景观，打造出一个“数字桃花源”，为受众消解真实生活中的城市高压力，揭示了大批居于城市受众对远离喧嚣、回归清寂的理想生活状态的向往。[②]另一方面，乡村生活是大多数中国人，尤其是70后、80后中青年的“集体记忆”，当年众多青年离开家乡投入城市化建设中，以“土地”为中心构建的集体记忆被渐渐模糊，对于乡土产生的情感归属也在逐渐消失。“乡村网红”呈现的拟态环境，唤起那些外出打工、定居城市的农村人对于乡村的集体记忆和情感共振。

“乡村网红”的视频借助移动互联的通信技术和短视频的传播载体，打破了城市和乡村的地理区隔，激发了人们的共情共鸣。

（二）政策扶持和人才返乡

改革开放以来，城市化、工业化的快速发展瓦解了传统乡村文化的价值秩序和

① 中国互联网络信息中心.中国互联网络发展状况统计报告［R］.北京：中国互联网络信息中心，2020：3.

② 李宁.自媒体时代下“三农”短视频的乡村传播［J］.新闻研究导刊，2018，9（20）：56.

认同基础，伴随而来的人才流失也带来了乡村发展的一系列难题。2015年，国务院办公厅发布《国务院办公厅关于促进农村电子商务加快发展的指导意见》，提出积极培育农村电子商务市场主体、扩大电子商务在农业农村的应用、改善农村电子商务发展环境等重点任务。[①]2017年，习近平总书记在党的十九大报告中指出，实施乡村振兴战略。农业农村农民问题是关系国计民生的根本性问题，必须始终把解决好“三农”问题作为全党工作的重中之重。

农村青壮年群体大量流向城市，导致乡村传播陷入乡村文化内容贫瘠、传播渠道不畅的困境。综观现在的乡村网红，无一不是以年轻的力量为主导。比如，离乡四年的王静回到大山创业，通过抖音记录乡村生活，传播种植技术和苗族文化，如今不仅成为拥有200多万粉丝的“乡村网红”，还带动当地产业扶贫；“北漂”回乡的张阳城拉动自己的阿姨一起拍视频，打造了巧妇9妹这个山里的网红。在政策红利下，越来越多的外出打工的乡村青年回到农村，成为推广农村电商的主力军。

乡村经济的发展和市场潜力促使一部分青年劳力回到乡村挖掘创业机会，他们拥有充分的现代媒介技术运用能力，这是当今乡村传播发展的重要原因之一。只有不断提高乡村居民的媒介运用能力，促进其媒介素养的全面发展，才能推动乡村文化产业建设，推动市场渠道扩展，促进乡村经济、文化全面建设发展。

（三）资本加持和平台助力

经过互联网公司的资本涌入和跑马圈地，一线城市的市场已趋向饱和，而三、四线城市和乡村用户成为开拓短视频市场的新蓝海。《快手&抖音用户研究报告》显示，在抖音和快手用户中，三、四线城市的用户占60%。[②]快手发展初期，为了避免与抖音的正面竞争，将用户定位在三、四线城市和乡镇青年群体，在短视频的流量分发上也实行“普惠”政策，有力促进了乡村自媒体的涌现和发展。

移动互联网的兴起改变着大众传媒的格局，将专业的传统线性传播结构逐渐演变成去中心化的网状传递结构，为城乡营销开辟了新的、颠覆性的途径。[③]乡村自

---

① 国务院办公厅.国务院办公厅关于促进农村电子商务加快发展的指导意见［EB/OL］.（2015-11-09）. http://www.gov.cn/zhengce/content/2015-11/09/content_10279.htm.

② 参见：企鹅智酷《快手&抖音用户研究报告》。

③ 罗震东，项婧怡.移动互联网时代新乡村发展与乡村振兴路径［J］.城市规划，2019，43（10）：32.

媒体的崛起迅速受到商业力量和资本的关注。以李子柒为代表的“乡村网红”先行者向资本市场发出了信号——乡村内容潜力巨大。于是，资本以其敏锐的嗅觉，乘风挖掘和培养出一批“乡村网红”。2019年，快手平台推出“三农成长计划”，利用流量规模、下沉优势及社交关系推荐，为三农内容的创作者提供培训和变现支持。快手在平台内上线“乡村主播快成长学院”和“农技频道”，利用流量补贴的方式激发乡村自媒体的创作热情，并鼓励农业方面的专家开设账号，讲解符合农民学习需求的内容。可以说，快手正是凭借乡村类UGC内容的支撑，快速成为短视频巨头公司。

有了快手的借鉴，越来越多的视频平台、电商平台开始将目光放到乡村市场，培养“乡村网红”，吸引更多用户。无论是李子柒背后的杭州微念科技有限公司，还是“野食小哥”背后的苏州大禹网络科技有限公司，这些MCN公司的出现，使得乡村自媒体从内容生产、营销传播到商业变现，形成一个完整的产业链，实现团队化、市场化、商业化运营，确保自媒体的持续化生产能力、变现能力和投资回报率。根据2019年的大数据报告，全国贫困县在快手平台上卖货并获得收入的人数从2018年的100多万增加到2019年的500多万人。[①]“乡村网红”们对视频内容的创作展示和对家乡特产的直播带货，既成为自媒体持续生产和传播的重要动力，又直接带动农村脱贫致富，还让短视频平台和投资商获得高额投资回报，可谓多方共赢的合作。

二、“乡村网红”的传播特征

（一）慢生活表达，治愈系画风

一蔬一饭，一花一树，春种夏耕，秋收冬藏，四季流转尽在方寸之间。这与如今竞争压力大、生活节奏快的城市生活形成鲜明对比。“乡村网红”的视频，通常不采用快节奏的剪辑，而是缓缓铺垫、慢慢叙事，表达享受“慢生活”的人生态度。其视频拍摄和制作周期越来越长，李子柒拍摄一碗酱油烧制红烧肉时，从种黄豆开始拍起，华农兄弟制作一份蘑菇汤时，从种植椴木香菇开始记录，仿佛在记录时光的慢慢流淌。

① 参见：快手大数据研究院《2019快手内容报告》。

“乡村网红”的视频充分展现世外桃源般的风光、忘我而惬意的劳作过程，营造出治愈系的画风，再配上虫鸣鸟叫的自然环境声响，充分满足了粉丝向往自然、渴望解压的心理需求。一羹一饭的制作过程，被刻画和烘托得极具仪式感，粉丝从中收获的不仅是美食知识，还有对自然和人生的思考，从而形成了独特的心理治愈和情感体验。

（二）亲情化叙事，强情感共鸣

近年来由于城镇化步伐加快，乡村出现“空心化”，乡村振兴战略的提出使乡村“家文化”的建设重新被重视。“家文化”可以指一个家庭、一个乡村，乃至一个国家。就乡村而言，“家文化”体现在乡村人的重亲情、重互助的生活方式。“乡村网红”与其他网红最大的区别在于其独有的烟火气，突出亲情关系和邻里关系，呈现出“乡土中国”的质朴风貌。

乡村网红的视频大都突出亲情化叙事。李子柒在视频中为奶奶泡脚、帮奶奶夹菜、给奶奶做棉花袄，让粉丝们感动和称赞，其背后流淌的是游子对家乡亲人的思念，以及孝道在人们心中的主要地位。滇西小哥在视频中和弟弟一同捉龙虾，与母亲一起烧农菜，招呼邻里一起分享，其背后透出质朴亲密的亲情和邻里关系。“乡村网红”视频中的每个元素、人物形象和小故事，都真实反映了乡村居民生活的场景，表达了乡村居民对于“家文化”的自豪感，激发了城市居民对于“家文化”的精神向往和情感共鸣。

（三）中国文化符号，加强跨文化传播

中华传统文化是我们引以为傲的宝贵财富，但要打开对外传播之门，还需要找到开启的钥匙。在“乡村网红”的视频作品中，中华传统文化以具象的生活元素符号的形式直观地展现在受众面前，通过去政治化和非语言的传播方式打开了跨文化传播的大门。不同于传统对外传播的宏大叙事，“乡村网红”呈现一个个普通中国人的日常生活，以富有亲和力、平民化视角，展现中华传统文化的审美元素和独特魅力，获得良好的传播效果。

“乡村网红”的视频以饮食文化为切入点，将博大精深的传统文化融入大众生活的柴米油盐之中，这些选题与世界各国人民的生活都有着紧密联系，具有共通

性，拉近了与海外观众的心理距离。而且，“乡村网红”的视频多用“动作语言”表达，很大程度上避免了语言不通造成的文化折扣。李子柒穿着蜀绣工艺的传统服饰，一个人安静地劳作，种菜做菜，插花酿酒，用“无声胜有声”的方式编制出一个与西方工业社会全然不同的东方意境，与外国观众的东方想象巧妙契合，让中华传统文化在潜移默化中获得海外观众的喜爱。

三、“乡村网红”传播的多重影响

（一）加快脱贫致富，助力乡村振兴

国务院发布的《“十三五”脱贫攻坚规划》指出，打赢脱贫攻坚战是促进全体人民共享改革发展成果、实现共同富裕的重大举措。脱贫攻坚最大的着力点在农村，最大的潜力和后盾也在农村。

“乡村网红”既成为脱贫攻坚的主力军，也成为乡村振兴的新出路。“松茸西施”迷藏卓玛是一位土生土长的藏族姑娘，她通过在快手发布关于自己在藏区高原唱歌、晒松茸、寻找野生动物足迹的短视频内容，展现出积极向上、原生态的生活场景。大量虫草订单从全国各地涌来，她曾一个月帮助整个村卖了30多万元的虫草，2018年销售总额超过了110万，县里上百名贫困户都因为她的电商渠道增加了收入。新冠肺炎疫情使许多农产品陷入滞销的风险，安化黑茶也不例外，面对茶农返贫危机，副县长陈灿平通过抖音平台直播带货，为茶农和茶企快速打开线上销售渠道，一场直播就能达到曾经难以想象的收益，短短几个小时能卖出30多万元的黑茶，规避了疫情带来的滞销风险。既是扶贫干部又是“乡村网红”，他把专业知识与新媒体实践相结合，因地制宜打造快速、高效的电商运营渠道，推动利润转化，将安化黑茶打造成当地扶贫支柱产业。

（二）讲好中国故事，重塑青年形象

对外传播是国家形象建构的重要方式，而在自媒体日益繁荣的今天，民间力量在公共外交、对外文化传播中发挥越来越重要的作用。美食博主李子柒和滇西小哥在YouTube网站上的粉丝分别突破1000万和500万，在海外拥有巨大的影响力。李子柒在YouTube网站发布坐高铁去长白山采蜜的视频之后，引起许多外国人在视频

下面评论和点赞“中国高铁”。在“乡村网红”的视频中，包含大量中国传统文化的元素，既有中华传统美食，还有旗袍汉服、笔墨纸砚、竹制家具、手工刺绣、桃花酿酒等，用形象生动的文化符号和影像表达，讲好中国故事，传递中国声音。越来越多的“乡村网红”将成为对外文化传播的使者，吸引各国人民关注中国、了解中国、欣赏中国。“乡村网红”以独特的视频传播方式，表达了中国对世界的融入及世界对中国的关注。

“乡村网红”的兴起，对于重塑新时代的青年形象也发挥着重要作用。“乡村网红”在充斥着娱乐恶搞和商业色彩的社交媒体与短视频平台中，开创了一股清流，呈现家乡美景和时代风貌，亲力亲为助力家乡建设，展现了新时代青年们用智慧和双手创造美好生活的奋斗精神与优良品质。“乡村网红”富有创意特色和人文情感的短视频，用鲜活生动的视听语言和潜移默化的表达方式浸润和滋养粉丝们的心灵，引导粉丝们的审美和价值观。

（三）PUGC+MCN运营，助力IP品牌打造

“农村网红”的数量不断增加，农民自媒体PUGC用户成为主动的视觉生产者，他们在技术赋权下拓展话语权的同时，也在自我主体表达、新“身体叙事”、商业逻辑“异化”之间博弈和调适。①乡村网红自媒体通过视频平台的支持和MCN公司的孵化，搭建了比较成熟的产业链，形成了PUGC+MCN的运营模式，在IP品牌打造上不断积累经验。“乡村网红”不再是单打独斗的个体，而是由专业化团队来负责创意策划、产品开发、粉丝经营、商业合作等系列环节，实现持续化生产和商业化运作。在内容创作上，“乡村网红”个人把控作品调性和内容，团队提供成熟的拍摄方案和制作流程，保证内容的持续生产。在项目运营上，MCN公司策划和包装网红的“人设”，设置和引导话题传播的“议程”，并拓展多个传播渠道，形成一个品牌化传播的闭环。

以李子柒的IP品牌为例，早期是由李子柒本人独立拍摄，从乡村特色生活为基调，确立“东方美食生活家”的形象定位，有了原始粉丝基础后，就与MCN公司杭州微念签约，开始了商业化运作，在保持内容定位和视频风格的基础上，加强营销和传播。一方面，在视频里植入式营销各种家乡特产，并与各品牌进行合作，如

① 刘楠，周小普.自我、异化与行动者网络：农民自媒体视觉生产的文化主体性［J］.现代传播，2019，41（7）：108.

和“故宫食品”合作的“苏造酱”，突出传统文化和匠心手艺的特点，在淘宝上创造了百万销售额；另一方面，将视频广泛投放至微博、B站、微信、YouTube等各大平台，形成传播矩阵，并契合网络热点事件提升粉丝关注度，如在意大利品牌杜嘉班纳辱华视频事件爆发后，李子柒在电商平台上迅速推出精美礼筷，既借势传播了“筷子”这一传统文化，又带动了产品销售，还为其IP品牌增加了美誉度。

四、“乡村网红”的发展趋势和建议

（一）乡村自媒体和县级融媒体的结合

县级融媒体是便利基层服务的重要实践，整合地方的媒体资源，实现信息服务、政务信息、生活服务于一体。县级媒体在内容上能够充分发挥本地性，是基于官方传播网络的最基层单位。因此，县级融媒体中心的建设要尽可能从本地出发，利用优势接近用户、理解用户。[①]“乡村网红”与县级融媒体的融合发展，能够实现优质内容生产、融合互动传播和多元价值共创。一方面，“乡村网红”能给县级融媒体带来更生动的内容和更有活力的粉丝用户；另一方面，县级融媒体的权威性、专业性与技术资源给乡村自媒体进行背书，提供坚强后盾，更好地引导其为乡村建设服务。

县级融媒体与“乡村网红”的影响力相结合，既能够快速拓展用户资源，从而建设多链接、多渠道、用户与电商便捷互通的合作机制，还可以通过开发本地乡村自媒体账号、创建乡村信息平台等方式形成自媒体信息矩阵，以激发群众的内容创造力和生产力，使乡村文化重新焕发活力。通过具体政策方案提高农民本身的创作积极性和传播过程中的主体性，有利于其在内容中强化当地的历史文化、风俗习惯等本地特色，不仅能丰富当地乡村文化内涵，更能完善当地文化传播的主体结构和内容构成。未来，以传统媒体转型后的主流媒体、以农民参与内容生产为标志的乡村自媒体、以政府扶持为基础的县级融媒体中心等多元主体构建的网络化信息传播，将形成协同传播模式，共同优化乡村传播渠道，为乡村文化建设和乡村振兴提供保障。

① 朱春阳.县级融媒体中心建设：经验坐标、发展机遇与路径创新［J］.新闻界，2018（9）：24.

（二）文化遗产传承和乡村振兴

文化是根基，是乡村振兴的重要引领和动力之源。中华文明中许多优质的文化遗产深深根植于乡村。“乡村网红”作为土生土长的乡村人，对本地的乡风民俗、美景美食、特色风貌等有着亲身接触，其自身生产生活经验都贯通着当地的文化特色。这意味着其可以发挥自身特色，探寻乡村中那些被忽视的传统文化，成为主流媒体文化记录的补充，更有力地传承和传播中华优秀文化。例如，滇西小哥展示麦芽糖的制作、烹饪云南白族特色菜“吹猪肝”，李子柒在其视频中身着蓝印花布在院落里酿制桃花酒。中华传统文化中凝结的智慧、匠心和手艺，被“乡村网红”以亲历者的身份“描绘”，并利用新媒体进行专业化、影视化的呈现，促进了文化遗产的传承和乡村优秀传统文化的传播。

乡村文化可以通过创新的设计、展示、营销和服务，推出系列化的文化产品，以文化赋能商业模式，开发乡村文化产业。李子柒和故宫、《国家宝藏》出品方等传统文化机构达成合作，共同设计开发油纸伞、月饼、笔墨纸砚、古风家居饰品等乡村文创产品，开辟乡村文化产业的多种可能。2021年4月，国家推出《乡村振兴促进法》，提出要引导发展特色鲜明、优势突出的乡村文化产业。“乡村网红”成为乡村振兴的参与主体和推动者，承担着促进乡村文化振兴、传播乡村文化、建设现代乡村文明的任务和使命。

（三）“旅游+电商”产业融合，带动乡村经济振兴

乡村旅游，应紧紧抓住乡村的历史文化内涵和传统文化基因，融入创新和科技元素，树立“文化”品牌，创造“文化”空间，走“文化”模式。而乡村电商既可以积极利用线上渠道进行乡村特产的营销，节省经营的人力和物力成本，带动村民创收致富，也可以在很大程度上保护乡村文化资源，适当减少乡村商业对文化资源的破坏。

一方面，乡村旅游和电商的融合发展，离不开“乡村网红”的传播。“乡村网红”是农村电商的“代言人”和“活招牌”，打开了农产品从地方走向全国的新渠道，激发了市场潜力，提升了农产品的市场销量。[①]“乡村网红”的崛起，既能传播

① 郭娜，程祥芬.网红经济背景下农产品线上销售模式研究［J］.价格理论与实践，2020（4）：125.

乡村传统文化，改变千村一面的现象，促进本地旅游业的发展；又能通过高效便捷的方式进行土特产的电商营销，为村民创收，加快脱贫致富；还能让乡村青年发挥自己的聪明才干，通过创意和实干助力家乡建设。

另一方面，乡村旅游和电商的融合发展，更离不开政府引导支持和互联网平台运营的合力。政府可以通过政策、财政、税收、补贴等各种方式，鼓励和支持乡村农户积极参与；而互联网平台运营商可以在平台搭建、流量扶持、推荐营销上推出举措，给农户带来切实利益；基层政府部门可以和互联网平台运营商联手，在乡村基层设立电商经营培训班、互助工作室、乡村网红孵化器等，提升乡村自媒体从业者的技能和素养，促进乡村自媒体之间的学习和交流，完善乡村电商链条上各环节的协作机制。

“乡村文化+旅游+电商”的一体化产业，以文化价值为内核，带动产业和经济价值，用专业化、集约化的经营方式，成为乡村振兴的重要路径。

网络媒介素养

基于《中华人民共和国未成年人保护法》探讨未成年人网络保护

刘　倩*

【摘要】随着网络的更新换代，未成年人触网年龄逐渐低龄化，自身的辨别能力较弱、系统的价值观并未完全建立，容易被网络环境影响，未成年人的网络素养也被各位学者关注到。本次研究通过对2021年6月1日以“E路护航·赋能成长”为主题的2021未成年人网络保护研讨会和当天颁布的《中华人民共和国未成年人保护法》(简称《未保法》)进行分析和研究，对未成年人触网、用网等网络使用方面进行分析和提出相应的方法，对未成年人进行保护。本次的研究也会根据《未保法》和2021未成年人网络保护研讨会的内容，更加深入地探讨如何为未成年人畅游网络进行护航，如何利用立法和执法的力量，从国家、社会、学校和家庭四个方面对未成年人进行网络保护。

【关键词】网络素养　未成年人网络保护　2021未成年人网络保护研讨会

引言

第48次《中国互联网络发展状况统计报告》显示，截至2021年6月，我国网民规模10.11亿，互联网普及率达71.6%，其中使用手机上网的比例为99.6%；我国6

*　刘倩，北京联合大学应用文理学院新闻与传播系2020级硕士研究生；主要研究方向：网络素养教育研究、新媒体。

岁至19岁网民规模达1.58亿，占网民整体的15.7%。[①]由此可见，未成年人成为网络世界的一个庞大群体，国家也应时而动，顺应网络时代的发展，为未成年人在网络世界的茁壮成长做出努力，修改了《未保法》，加强网络的监督和检查，推动立法和执法相统一。国家的未来在未成年人，网络的未来也在未成年人，未成年人网络素养问题的研究也成为重要的课题。此次宁波2021未成年人网络保护研讨会就目前的网络发展现状、未成年人的用网状况及如何提升未成年人网络素养和如何为未成年人畅游网络护航进行了讨论。

一、文献综述

随着互联网的发展，国内外对于未成年人的上网安全问题极其重视，自从网络出现之后，不少学者利用田野调查、访谈及问卷的方式对未成年人在网络中遇到的问题进行了了解和调查，总结出未成年人在网络中最常遇到的问题：沉迷、色情不良信息、过度依赖、网络诈骗等。国外对于未成年人网络使用的研究早已启动，国家也出台相关立法。例如，美国对于未成年人的网络使用制定了《儿童在线保护法》、《儿童在线隐私保护法》和《儿童互联网络保护法》等专门针对儿童网络使用的立法，并且在其他的立法中，如《通信规范法》、《梅根·梅尔网络欺凌预防法》和《网络免税法》等网络相关立法中强化对未成年人的保护力度。[②]目前国内对未成年人网络使用的研究相对较浅，2021年6月1日国家新修订的《未保法》才正式将网络保护加入立法中。本文便是根据2021未成年人网络保护研讨会和新修订的《未保法》探讨未成年人的网络保护问题。

二、《未保法》对未成年人网络使用的保护

本届未成年人网络保护研讨会对未成年人的用网现状进行了概述，自2020年新冠肺炎疫情发生以来，未成年人的用网时长便在不断增长。首先，由于大量在线教育课程的开设，未成年人因疫情影响，课程从线下转移到了线上。其次，由于疫情的限制，线下活动被限制，助推了网络短视频和网络游戏成为未成年人消遣的主要

① 张保淑.中国网民规模超10亿［N］.人民日报（海外版），2021-08-28（2）.

② 沈达.美国的未成年人网络保护立法［J］.网络传播，2020（9）：64.

方式。网络短视频和网络游戏更容易即时满足未成年人的反馈需求，这让不少未成年人沉迷其中。

（一）线上教育

线上教育是互联网迅速发展的产物，是以网络作为介质将教学资源利用平台或软件的方式进行教学的方式，在线上平台上，教师和学生能够互动。这种线上教育的方式打破了时间和空间距离，网络课件和教学视频能够反复观看，教师和学生即使远隔千里，也能够直接面对面实时交流。线上教育的兴起确实解决了一部分教育资源的不平衡问题，为贫困地区的未成年人教育提供了更好的教学资源，但是伴随着的不少问题也逐渐显现。

调查显示，在2020年伴随着疫情的突发，大量的教育从线下转移到了线上，2020年我国的在线教育行业用户规模达4.23亿，市场规模预计突破5000亿元。[①]这样的数据足见线上教育的需求量之大，而且经过疫情期间的发展，大量中小学线上教学也形成了一定的规模和特色，创造出了新的教学思路，这也导致很多学校在疫情常态化之后依旧在延续疫情期间所形成的教学思路，大量的教学内容依旧利用网络进行。但是，一旦一个领域有利可图，资本就会快速入侵，大量在线教育软件和资源被资本控制，质量良莠不齐，衍生出一系列教育乱象，未成年人很难分辨教育平台提供的教学资源质量的高低，也就造成了未成年人学习的累赘。

2021年6月1日新修订的《未保法》第七十条提到，学校应当合理使用网络开展教学活动。国家鼓励在线下完成教学任务，减少未成年人使用网络的时间。此外，之前教育部牵头，联合国家发展改革委、工业和信息化部、财政部、国家广播电视总局等五部门印发了《关于大力加强中小学线上教育教学资源建设与应用的意见》（简称《意见》），[②]就目前中国中小学线上教育资源建设树立了航向，并对教育乱象提出了相应的解决措施。该《意见》着力解决丰富优质的资源建设问题、网络平台运行保障问题、线上资源与教育教学融合应用问题这三个问题。[③]

① 参见：任贤良会长《为未成年人畅游网络护航》，http://qnzs.youth.cn/tsxq/202106/t20210608_13004922.htm。

② 教育部等五部门联合发布《关于大力加强中小学线上教育教学资源建设与应用的意见》[J].中国民族教育，2021（3）：5.

③ 教育部等五部门联合发布《关于大力加强中小学线上教育教学资源建设与应用的意见》[J].中国民族教育，2021（3）：5.

未成年人的身心健康非常重要，在2021未成年人网络保护研讨会上，任贤良会长说道："国家的未来在未成年人，网络世界的未来也在未成年人。"为了保证未成年人能够在优质的线上教育平台和资源中学习，国家网信办在2020年7月初的时候正式启动2020"清朗"未成年人暑期网络环境专项整治，专门对线上网课和学习教育软件中经常出现链接和弹窗对未成年人造成不良影响的现象进行整治，也依法查处了一批影响恶劣的网站和平台。

（二）网络视频和短视频

网络短视频是伴随着互联网的碎片化特性产生网络内容的一种传播方式。短视频的时长一般在1分钟之内，通过快节奏的剪辑和滤镜进行简单加工之后便可以传播，它具有短、平、快的特点，能够快速吸引人的注意力。随着移动终端的发展，制作短视频、传播短视频的门槛不断降低，短视频也逐渐受到了大众和资本的青睐。2021未成年人网络保护研讨会探讨了未成年人对于短视频的应用问题。在圆桌会议上，北京联合大学的杭孝平教授指出了"优质视频内容会拓展知识获取的渠道，对未成年人产生积极影响"，也提出了一个问题——在短视频盛行的当下，"如何保障未成年人的权益，防止不良内容侵袭"？

第48次《中国互联网络发展状况统计报告》显示，截至2021年6月，我国网络视频（含短视频）用户规模达9.44亿，较2020年12月增长1707万，占网民整体的93.4%。其中，短视频用户规模达8.88亿，较2020年12月增长1440万，占网民整体的87.8%。[①]由此可见，短视频已经成为网民日常消遣很重要的工具。中国青少年研究中心在2019年11月至12月对未成年人使用短视频特点展开的全国问卷调查结果显示，65.6%的未成年人使用过短视频。随着2020年疫情的出现，未成年人短视频的使用比例不断增长。未成年人使用短视频主要集中在观看特长类、生活技能及娱乐类，很少有人文科学的内容。而且大部分沉迷于短视频的未成年人都具有几个相同的特点：学业上的负担较重，想要逃避；孤独感比较强，有些话藏在心里；家庭不和谐，想在网络上寻找安慰；人际关系不和谐，不合群；还有一部分是对自己的未来感到迷惘。这几个特征越明显的未成年人，对于网络短视频的使用率越高，越容易沉迷。

① 张博.数字化转型成为行业发展驱动力［N］.中国新闻出版广电报，2021-09-07(6).

2021年新修订的《未保法》中第七十四条谈到，网络产品和服务提供者不得向未成年人提供诱导其沉迷的产品和服务。[①]网络游戏、网络直播、网络音视频、网络社交等网络服务提供者应当针对未成年人使用其服务设置相应的时间管理、权限管理、消费管理等功能，通过对于网络短视频用户细分的规定对未成年人进行防沉迷保护。大部分企业也在短视频中设置了青少年模式和防沉迷的提醒。在研讨会上，哔哩哔哩公共政策研究院院长谷雨也表示，“B站作为综合性视频平台，一直积极地在各主管部门指导下，探索建立适合自己网站特色的‘防范+引导’并重的未成年人保护体系，如严把入口关、强化青少年模式、加大优质视频供给等”[②]。

2020“清朗”未成年人暑期网络环境专项整治就针对网络视频提出了相关政策，文件中明确指出：“严厉打击直播、短视频网站平台存在的涉未成年人有害信息。重点整治恋童、虐童等对未成年人实施猥亵性侵的有害信息。严厉打击发布传播以未成年人为主角的大尺度写真、私房照片视频的账号。严格排查后台‘实名’认证制度，严禁未成年人担任主播上线直播。进一步强化未成年人模式和防沉迷系统应用，全面清理色情低俗、血腥暴力、恐怖迷信等有害信息。”[③]虽然已经有不少视频平台意识到了未成年人的网络保护问题，设置了未成年人模式和防沉迷模式，但是仍有不少平台青少年模式只是摆设，在商业利益的推动下，大量不良视频依旧没有经过过滤，直接推送给未成年人。为了未成年人能够有一个清朗的观看环境，网络视频的整治依旧在路上。

（三）网络游戏

网络游戏是除了网络短视频之外，未成年人容易沉迷的另一个领域，网络游戏能够实现即时满足，将结果直接反馈到用户面前。相对于学习的延迟满足状况，网络游戏是顺人性，而学习则是逆人性行为，顺人性的行为总是能够激起人类的多巴胺分泌，使人进入兴奋状态，未成年人在自律意识还没有形成的状态下，更容易追求顺人性行为所带来的快乐，也更容易沉迷于网络游戏中。因此，“如何引导未成年人健康游戏，防范网络沉迷等不理性的游戏行为，是社会关注的重点”也成为

① 中华人民共和国未成年人保护法［N］.人民日报，2020-12-07（10）.

② 韩玉.2021未成年人网络保护研讨会圆桌对话举办 多方共议未成年人互联网使用保护［EB/OL］.（2021-06-02）.https://www.sohu.com/a/470080365_119038.

③ 国家网信办启动暑期网络环境整治行动［J］.中国广播，2020（8）：49.

2021未成年人网络保护研讨会圆桌对话所探讨的问题。

第48次《中国互联网络发展状况统计报告》显示，截至2021年6月，我国网络游戏用户规模达5.09亿，较2020年12月减少869万，占网民整体的50.4%。中国互联网络信息中心调查显示，中国青少年网络游戏用户规模已经超过2亿，占青少年网民的66.5%。[①]2020年新冠肺炎疫情暴发之后，由于线下的实地活动被限制，大量的人转移到线上的网络游戏中打发时间。根据腾讯所公布的未成年人在游戏中的表现，2020年腾讯第四季度的收益中18岁以下未成年人占比为6.0%，其中16岁以下未成年人的占比为3.2%。这些数据表明，未成年人成为网络游戏非常庞大的群体，所以网络游戏的健康化和安全化非常重要。

目前，不少未成年人因为沉迷网络游戏而产生各种问题，各种媒体上时常出现《未成年人因网络游戏与家人决裂》《小学生因通宵玩游戏被父母责骂后轻生》《初中生因沉迷游戏荒废学业》等这样的报道。2021年6月1日新修订的《未保法》中第七十条提到，“学校发现未成年学生沉迷网络的，应当及时告知其父母或者其他监护人，共同对未成年学生进行教育和引导，帮助其恢复正常的学习生活”[②]。第七十五条专门对网络游戏平台进行了规制：“网络游戏经依法审批后方可运营。国家建立统一的未成年人网络游戏电子身份认证系统。网络游戏服务提供者应当要求未成年人以真实身份信息注册并登录网络游戏。网络游戏服务提供者应当按照国家有关规定和标准，对游戏产品进行分类，作出适龄提示，并采取技术措施，不得让未成年人接触不适宜的游戏或者游戏功能。网络游戏服务提供者不得在每日二十二时至次日八时向未成年人提供网络游戏服务。”[③]

（四）陪伴型

随着人工智能的不断发展，陪伴型AI机器人也成为一种发展趋势，目前市场上出现了大量不同类型的AI机器人，大部分主打陪伴和教学这两项功能。陪伴型机器人目前全球按照服务对象来分类，可以分为老人陪伴型机器人和儿童陪伴型机器

① 边剑.新媒体时代高校学生的媒介素养［J］.传媒论坛，2021，4（24）：38.

② 王建敏，孙玉娟，康琳婧.立法实践与解读：未成年人网络保护制度［J］.预防青少年犯罪研究，2021（1）：27.

③ 王建敏，孙玉娟，康琳婧.立法实践与解读：未成年人网络保护制度［J］.预防青少年犯罪研究，2021（1）：27.

人，但是由于老人陪伴型核心技术被日本和德国垄断，整体制造成本偏高，而儿童陪伴型机器人相对来说成本低，更符合现在市场的趋势，得到了不少的关注。儿童陪伴型机器人的核心技术就是语音交互和丰富的内容，能够与儿童进行对话、接收指令并给予反馈。

目前，由于资本的驱使，陪伴型机器人的质量及其内容对儿童存在部分不良影响，大量陪伴型机器人是以市场为主导，儿童的隐私和安全性也可能受到了侵犯。2018年曾有团队测试过精神健康聊天机器人应用程序处理儿童性虐待的能力，但是结果不尽人意。尽管这种机器人被认为是合格的，但机器人出现在儿童身边，不仅不会为儿童减少烦恼，还会给儿童造成困惑，对儿童内在情感和价值观造成伤害。此外，陪伴型机器人还会涉及儿童的隐私安全问题，陪伴型机器人在进行语音交互聊天时，会收集大量儿童的声音和其他数据，数据一旦泄露则会对儿童人身安全产生不良影响。陪伴型机器人该如何发展，以规避这些问题，也成为重要课题。

在2021未成年人网络保护研讨会上，百度集团副总编辑张新驰提到百度的小度机器人也是陪伴型机器人的一款，百度目前在利用人工智能服务在保护未成年人方面进行探索，并表示百度将在服务未成年人网络保护领域不断推进技术研发，以提供更加优质的产品和服务。未成年人陪伴的清净环境是目前各大互联网公司都要不断努力的方向，更是国家努力保障的领域。在新修订的《未保法》第六十五条中提到，“国家鼓励和支持有利于未成年人健康成长的网络内容的创作与传播，鼓励和支持专门以未成年人为服务对象、适合未成年人身心健康特点的网络技术、产品、服务的研发、生产和使用。”①AI作为一种时代前沿的技术，更要为祖国的未来着想，以社会服务性为首位。

三、提升未成年人网络素养

俗话说：“打铁还需自身硬。”未成年人要想能够健康安全地在网络世界中成长，必须提升自身的网络素养。网络世界日新月异，信息和内容迭代速度异常快，未成年人自身的辨别能力较弱，正确的世界观尚未建立，非常容易受到不良信息的影响，成为网络世界的炮灰。随着网络的快速发展，目前未成年人触网年龄不断低龄化，提高未成年人的网络素养也成为社会的重要课题，这也是2021未成年人网络

① 中华人民共和国未成年人保护法［N］.人民日报，2020-12-07(10).

保护研讨会探讨的问题之一。

2017年千龙网和北京联合大学网络素养教育研究中心曾发布的“网络素养标准十条”包括：“认识网络——网络基本知识能力；理解网络——网络的特征和功能；安全触网——高度网络安全意识；善用网络——网络信息获取能力；从容对网——网络信息识别能力；理性上网——网络信息评价能力；高效用网——网络信息传播能力；智慧融网——创造性地使用网络；阳光上网——坚守网络道德底线；依法上网——熟悉常规网络法规。”[①]对于未成年人的要求是要能够认识网络，意识到网络是把“双刃剑”，能够具有一定的网络信息辨识能力，减少不良信息的影响，能够辨别出不良信息，实现自我过滤。

未成年人的网络素养提升备受国家和社会关注，2021未成年人网络保护研讨会上任贤良会长指出，国家立法和执法起带头作用，为未成年人的网络素养提升起到保障作用，家庭和学校也应该成为让未成年人安全触网的重要力量，帮助未成年人建立完整的网络世界观，能够从容地应对网络出现的状况。

四、多方力量为未成年人畅游网络护航

在2021未成年人网络保护研讨会上，各位领导和学者提到，未成年人自身的辨识能力有限，他们所处的网络环境为他们的价值观形成奠定了一部分基础，目前国家作为网络治理的中坚力量，也在联合社会和学校等多方力量，努力营造清朗的网络环境。

（一）国家

国家是未成年人网络保护的中坚力量，国家必须坚持立法与执法相统一，联合多方力量实现全方位的护航行动。目前，国家极其重视未成年人的网络保护工作，新修订的《未保法》中也明确提到，“国家、社会、学校和家庭应当加强未成年人网络素养宣传教育，培养和提高未成年人的网络素养，增强未成年人科学、文明、安全、合理使用网络的意识和能力，保障未成年人在网络空间的合法权益”[②]，同时

① 祖霞.网络空间的“公共性”与青少年网络素养的培育：国民网络素养个案研究［J］.青年发展论坛，2021，31(1)：73.

② 中华人民共和国未成年人保护法［N］.人民日报，2020-12-07(10).

规定“网信部门及其他有关部门应当加强对未成年人网络保护工作的监督检查，依法惩处利用网络从事危害未成年人身心健康的活动，为未成年人提供安全、健康的网络环境”[①]。

2021未成年人网络保护研讨会上，最高人民检察院第九检察厅副厅长李峰发表的《发挥未检职能作用 强化未成年人网络保护》的主旨演讲中也讲到，最高人民检察院第九检察厅也可称作未成年人检察厅，是中央政法机关唯一一家专司未成年人检察工作的厅级内设机构。检察厅也一直贯彻“孩子的利益是最大的公共利益”这一原则，积极地保护未成年人在网络中的权益。[②]李峰同时指出，对于未成年人预防才是最好的保护，国家也努力在预防方向上对未成年人进行保护。

（二）企业

企业作为社会力量，是未成年人网络保护不可或缺的力量，未成年人在网络上接触到的软件和内容基本都是社会企业开发并发行的，只有社会企业在开发和传播过程中实现良好的规避和把关，才能够为社会营造一个风清气正的网络环境。新修订的《未保法》中也对互联网企业提出了要求：“网络服务提供者发现用户发布、传播可能影响未成年人身心健康的信息且未作显著提示的，应当作出提示或者通知用户予以提示；未作出提示的，不得传输相关信息。网络服务提供者发现用户发布、传播含有危害未成年人身心健康内容的信息的，应当立即停止传输相关信息，采取删除、屏蔽、断开链接等处置措施，保存有关记录，并向网信、公安等部门报告。网络服务提供者发现用户利用其网络服务对未成年人实施违法犯罪行为的，应当立即停止向该用户提供网络服务，保存有关记录，并向公安机关报告。”[③]企业只有树立法律意识和道德意识，以社会公益服务为首位，真正将未成年人作为重要的考虑对象，才能够规避研发和传播上的偏见。

研讨会上，圆桌对话环节也探讨了企业责任的问题，未成年人在网络世界中存在很多未知，能够在研发源头规避风险，会降低风险度，企业必须承担起为未成年人畅游网络护航的责任，把关所研发的产品。

---

① 中华人民共和国未成年人保护法［N］. 人民日报，2020-12-07（10）.

② 参见：李峰《发挥未检职能作用 强化未成年人网络保护》，https://www.sohu.com/a/469885228_119038。

③ 中华人民共和国未成年人保护法［N］. 人民日报，2020-12-07（10）.

（三）学校

学校是未成年人最重要的生活环境，也是未成年人汲取知识的重要地方，学校必须要承担起提升未成年人网络素养能力的重任。在新修订的《未保法》中提到，“学校、社区、图书馆、文化馆、青少年宫等场所为未成年人提供的互联网上网服务设施，应当安装未成年人网络保护软件或者采取其他安全保护技术措施”。此外，学校要对未成年人的隐私信息进行保护，《未保法》中明确规定：“学校采集学生个人信息，应当告知学生及其家长，并对所获得的学生及其家庭信息负有管理、保密义务，不得毁弃以及非法删除、泄露、公开、买卖。”①

2021未成年人网络保护研讨会上也探讨了学校如何为未成年人进行E路护航，学校应该开设相关的网络教育课程，利用宣传和演讲的方式让未成年人树立良好的网络使用意识，形成安全用网、正确用网等观念，这样未成年人才能够利用网络更好地完善发展自己。

（四）家庭

家庭是未成年人接触网络的第一监护者，也是对未成年人触网、用网影响较深的场所。家长在孩子使用网络过程中的引导作用是第一位的。随着未成年人触网年龄越来越低龄化，家长引导未成年人正确使用网络是非常必要的，所以必须提升家长自身的网络素养，以给未成年人做出正确的引导。在引导未成年人时，家长必须以身作则，积极地配合学校教育，为未成年人触网、用网营造正确的观念和环境，如此才能够提升未成年人自身的网络素养。

① 中华人民共和国未成年人保护法［N］.人民日报，2020-12-07(10).

网络直播环境对青少年网络素养的影响研究*

孟　丹**　杭孝平***

【摘要】网络直播以新颖的互动形式和内容，备受青少年喜欢，但网络直播的高渗透率也带来了诸多问题。本文以网络直播的特性为切入点，探讨了网络直播对青少年网络素养的影响，通过分析其背后的原因，分别从社会、平台、主播三个方面对提升青少年网络素养提出建议。

【关键词】网络直播　网络素养　青少年

艾媒咨询（iiMedia Research）数据显示，中国在线直播用户主要以青年为主，且规模保持连续增长态势，预计2022年在线直播用户规模将达到6.60亿人。①网络直播行业的日新月异，改变着青少年的生活方式，开拓了新的娱乐渠道，提供了排解情绪的出口，但其自身的缺陷同时也给青少年网络素养带来了不良影响，沉迷网络，疲于思考，网络安全意识薄弱等。因此，合理监管、利用网络直播提升青少年网络素养，对青少年成为合格公民具有重要现实意义。

*　本文系北京市属高校高水平教师队伍建设支持计划长城学者培养计划项目——北京市中学生网络素养教育实践研究（项目编号：CIT & TCD　20190326）阶段性成果、北京联合大学2020年度校级教育教学研究与改革重点项目——网络素养教育研究（项目编号：JY2020Z006）部分成果。

**　孟丹，北京联合大学应用文理学院新闻与传播系2021级硕士研究生；主要研究方向：网络素养教育研究。

***　杭孝平，本文指导教师，北京联合大学网络素养教育研究中心主任，教授。

①　参见：艾媒咨询《2021Q3中国在线直播行业研究报告》，https://www.iimedia.cn/c400/81868.html。

一、网络直播与青少年网络素养概述

（一）网络直播本质

网络直播是在全新网络环境下所形成的一种新的文化娱乐形式，网络直播的本质是基于场景传播服务，在全新网络环境下所形成的一种新的文化娱乐形式。直播平台通过多元化的直播内容、高频次的互动、即时的场景构造、个性的叙事方式，满足了青少年娱乐、社交、陪伴、分享的需要，深受追捧。

（二）网络素养内涵

“网络素养”一词最初是由“媒介素养”发展而来，随着网络时代的到来，网络素养的内涵也随之变革、丰富。网络素养的概念，最早是由美国学者麦克库劳（C. R. McClure）于1994年提出的。他认为，网络素养包括网络知识与网络技能两个层面，它是指“人们足以充分、合理地利用检索工具获取有价值的网络信息和资源，并且能够对所得信息进行筛选、加工的能力”[①]。可见，在信息时代，学习网络知识、掌握网络操作技能是网络素养的基本要求，作为网络原住民的青少年，网络素养是个人在网络时代生存发展必备的基本素养。

（三）当代青少年网络素养现状

正如大卫·帕金翰在《童年之死》中说道：“儿童溜入了广阔的成人世界——一个充满了危险与机会的世界。在这个世界中电子媒体正在扮演着日益重要的角色。”[②]被称为网络原住民的青少年，在社交媒体、移动设备、各种应用程序中长大，通过网络学习、娱乐、社交看更大更广的世界。随着移动互联网的迅猛发展，青少年在享受数字生活带来快乐和便利的同时，自我保护意识相对薄弱，网络依赖、网络成瘾等问题也十分严峻，影响正常的学习和生活，因此如何提升青少年的网络素养，成为社会广泛关注的话题。

---

① MCCLURE C R. Network literacy: a role for libraries?［J］. Information technology and labraries, 1994(2): 115-125.

② 帕金翰.童年之死［M］.张建中，译.北京：华夏出版社，2005：225-226.

从2019年《中国当代青少年网络素养调查报告》的调查结果来看，在网络技能素养、网络安全素养、网络规范素养和网络学习素养四个一级指标中，青少年网络规范素养得分最高，其次是网络安全素养，网络技能素养和网络学习素养得分相对偏低。这些主要表现在重应用，会娱乐、购物，硬件基本技能缺失较严重；自我约束能力较强，网络效能感总体偏弱；具有网络学习能力，创新力不足；网络伦理认知较好，信息甄别能力待加强。另外，青少年应对网络风险的能力相对薄弱。同时，报告指出，青少年网络素养和网络使用有相互促进的作用，通过科学、合理的引导青少年正确认识网络、使用网络，不仅可以提升网络素养，还可增强未来独自抵御网络风险的能力。①

二、网络直播对青少年网络素养的影响

网络直播环境的纷繁复杂对青少年的网络素养提出了更高的要求，网络素养是应对复杂网络环境的能力和意识，青少年网络素养是青少年社会化所必备的能力，也是促进网络社会良性发展的客观需要。网络直播与网络素养相互作用、相互影响，网络直播可正向作用于青少年网络素养的提升、专业网络技能培养，通过网络直播寓教于乐的方式，引导青少年网络素养的塑造，利用网络直播的方式进行成果输出，进行正面传播，在一定程度上会对青少年的认知结构和思维方式产生积极影响。

同时，网络直播具有双向互动性、虚拟现实性，网络主播作为网络直播的主体之一，通过弹幕文化营造的虚拟社群能够给观看者带来沉浸式体验。虚拟世界的未知能够激发青少年的好奇心，青少年既能作为用户观看感兴趣的直播内容，也可成为网络主播自由展现自我。而主播素质的参差不齐不仅容易使青少年受到不良思想和行为影响，网络安全意识的薄弱也会造成网络暴力事件的发生。网络直播门槛低、低俗内容泛滥、监管力度不足是当前青少年网络素养面临的挑战。“想猎奇、善模仿、要肯定”，让网络视频直播能迅速抓住青少年的心理需求。青少年群体正处于自我成长的过程中，他们需要通过新事物来肯定自己，而网络直播平台满足了他们的种种可能。但对阅历尚浅的青少年来说，虚拟空间容易给他们错觉，“上学

① 季为民，沈杰.青少年蓝皮书：中国未成年人互联网运用报告（2020）[R].北京：社会科学文献出版社，2020：14.

无用论”、历史虚无主义和拜金主义等错误思潮易让未成年人产生错误的价值观。

三、网络直播环境对青少年网络素养影响的原因分析

（一）网络直播对青少年网络素养的涵化作用

网络直播的即时性、强互动性、融入性为青少年带来了沉浸式的体验。青少年是观看者、互动者，更是参与者。青少年可作为用户喜欢主播，也可担当网络主播与用户交流，从中盈利，这种虚拟世界接触体验更易引发青少年兴趣。涵化理论是一种研究观看电视与大众对社会认知的理论和方法，主要揭示人们对现实世界的认识和理解受到大众媒体提示的“象征性现实”的巨大影响，这种影响在长期的潜移默化的过程中制约和改变着人们的观念和态度。[①]而在网络素养教育未成体系的当下，如何正确使用网络、远离网络暴力、在安全范围内与他人交往等一系列网络素养问题，都是青少年在触网、用网过程中耳濡目染习得的。

随着互联网和移动设备的普及，手机成为青少年接触最多的媒介，青少年正处于自我意识增强、彰显个性的时期，对新鲜事物有着极强的好奇心和接受度。网络直播中各类“表演”正是吸引青少年的主要原因。网络直播中清一色的网红脸会降低青少年的审美观；一些纸醉金迷的奢靡生活状态会误导青少年的消费观，成为商业资本的牺牲品；“直播造人”“直播打架”等低俗内容更会在无形中影响青少年的价值观，甚至导致他们在生活中进行效仿。青少年群体涉世未深，面对大量违背道德伦理的信息缺少正确的判断能力，价值观将发生偏离。[②]网络直播对人们认知的影响是在长期的潜移默化中形成的，人们观看得越多，对现实世界的认知和态度就越接近直播中所构建的符号现实。

（二）狂欢的多元化广场

网络直播的革命依托于直播平台的发展，而平台的更迭离不开直播内容及形式的多元化。在竞争日益激烈的今天，直播领域也在积极地进行内容升级和类目细

① 余志为.电视会消亡吗？——论新媒介格局下电视媒体的未来［J］.现代传播（中国传媒大学学报），2012(9)：19-20.

② 涂明，生奇志.移动直播平台对青少年群体的不良影响及对策［J］.记者摇篮，2019(2)：102-103.

化，由最初的秀场直播到游戏直播，再到如今盛行的泛娱乐直播，各大直播平台以求通过形成差异化的优势提升用户的活跃度和关注量，如泛娱乐直播的抖音、快手，以游戏直播为主战场的斗鱼、虎牙，定位秀场直播的花椒、美拍。青少年可以根据个人兴趣观看直播，实时互动。这些直播平台在利用差异化争夺青少年眼球的同时，也构建了一个去中心化、满足个性需求的直播场域，直播平台成为网络虚拟空间中青少年进行狂欢的多元化广场。网络直播作为网络文化产业的一部分，平台内容中既有“阳春白雪”，也有“下里巴人”，让青少年群体形成盲目模仿、跟风抄袭的价值观，固化了青少年的思想。用三俗内容来吸引青少年观众的眼球，以此来获得关注和打赏，这类疯狂的行为极易吸引同化过程高于异化过程的青少年群体模仿和跟风。主播的不良语言、动作、表演所营造的“拟态环境”和形成的“场域环境”在侵蚀青少年的审美心态，淹没青少年的审美意识，消解青少年的审美情趣，弱化青少年的审美能力。

（三）狂欢背后的陪伴式社交

网络直播的出现实现了时间和空间的一体化。卡斯特在《认同的力量》一书中将网络社会中的认同与意义描绘为“共同体的天堂”，他指出：“网络社会中的意义是围绕一种跨越时间与空间而自我维系的原初认同建构起来的，而这种原初认同，就是构造了他者的认同。”[①]网络直播间，即平台为青少年观看者打造的共同认知所构建的共同体空间，在直播间共同在场的观看者和陪伴式社交显得格外重要。陪伴式社交将身处在世界各地的趣缘群体串联起来，将一个人的观看行为连接成一群青少年的围观。青少年得以在直播间的场域内形成一个虚拟的共同体，脱离现实社会情境的交往，在虚拟的网络空间以一种相对散漫的态度随时进入基于直播间生成的自由交往环境中。在进行网络直播时，青少年通过评论、弹幕等形式不仅可以同主播和其他观看者进行交流和超人际互动，而且网络直播改变了以往“我说你听”的交流模式，增强了青少年群体的参与感和存在感。在网络直播过程中，通过感情的一次次碰撞，青少年有助于建立身份认同，形成集体归属感，结交志趣相同的朋友，改善人际关系，创造良好的传播效果。

① 卡斯特.认同的力量［M］.曹荣湘，译.2版.北京：社会科学文献出版社，2006：6.

（四）准入门槛低，流量变现快

相对于传统的电视直播需要特定的时间、地点、脚本等标准化程序设定而言，网络直播则没有太多烦琐的流程，一个话筒和摄像头，甚至一部手机，就可以随时随地开启设备进行直播，用户也可以随时观看直播。同时，平台未对网络主播的学历水平、文化素养等进行限制，也没有相对完善的上岗培训，网络直播存在素质水平相对较低的情况。艾媒咨询数据显示，超过六成的在线直播用户认为目前在线直播行业存在主播素质不高的问题，而对直播监管的延迟表示不满的用户占比为52.3%。[①]主播作为网络直播的核心，其个人素质在很大程度上会影响到直播内容的质量，网络直播主体的言行、服道化等都是青少年关注的细节，他们会将网络直播主体当作自己效仿的对象。网络主播在促进青少年社会化的过程中，也存在形形色色的不良信息，搅乱社交网络空间，混淆社会现实，致使青少年对信息缺乏明辨能力，造成价值观迷失和日常行为失范，严重影响着他们的思维方式、生活范式和行为习惯。

四、应对网络直播对青少年网络素养影响的策略

通过合理利用网络直播积极开展青少年网络素养教育，不仅可以促进其在网络空间更加高效地使用网络，独立应对网络安全难题，还可反作用于网络直播，利用网络直播传递正能量，产生正效应。

（一）建立多方有效联动的社会组织机构工作机制

网络素养教育需要社会、政府、学校、家长多方通力合作，在全社会营造一个风清气朗的网络环境。通过青少年喜闻乐见的内容形式，提升青少年科学文化素养，培养他们积极乐观、健康向上的心态，让他们树立积极向上的人生理念，这样才能把青少年的社交网络素养教育做好。

为了满足当代青少年日益增长的社交网络文化需要，需要共同携起手来建立和

① 参见：艾媒咨询《2021Q3中国在线直播行业研究报告》，https://www.iimedia.cn/c400/81868.html。

谐清朗的网络空间环境。为此，政府要协同有关部门在推进网络素养教育方面为网络素养教育提供政策支持和行动指南；学校要为青少年开设专门的网络素养教育必修课程；家长应起到表率作用，积极主动地远离不良社交网络习惯，学习网络素养相关知识，经常与孩子沟通交流，培养他们积极健康的社交网络行为习惯。

（二）平台须强化社会责任意识，规范网络直播环境

青少年正处于人格养成的关键时期，极易受所处环境影响。对于各平台而言，可发挥自身优势，通过挖掘平台散落颗粒数据，分析青少年参与网络直播的行为数据；以数据为依托，加强青少年心理、态度、行为分析，形成数据驱动型网络素养教育策略；同时，积极配合政府政策，不断完善平台的网络安全规范，推动相关法律法规建设。另外，企业作为网络直播的第一责任主体，要充当好把关人的角色，利用好社交网络媒体资源，传播符合社会效应、符合时代精神、符合青少年成长的文化产品，为青少年营造良好的网络使用环境。

（三）提升主播自身水平，发挥优质主播引导作用

在网络直播中，主播的言行举止会对青少年网络素养产生潜移默化的影响。我国网信办发布的《互联网直播服务管理规定》就对网络主播的资质提出了要求，网络主播需要具备“双资质”才可以进行直播。国家有关部门可以通过实施相关政策来提高网络直播的准入门槛，要求并确保网络直播平台对主播进行严格的筛选，并在岗前提供相应的职业道德培训；同时建立优质主播激励政策，鼓励优质内容、优质主播发挥其积极作用，不断生产优质产品，传播有价值有意义的内容，以正能量的直播风气带动网络直播平台向阳发展，引导青少年健康成长。

家庭在未成年人网络保护中的作用探析*

赵金胜**　杭孝平***

【摘要】随着互联网的进一步发展，未成年人所处的网络环境越来越复杂，与此同时关于未成年人网络保护的议题也逐渐引起重视。家庭作为未成年人保护工作的重要主体之一，在对未成年人的网络保护工作中面临着更加严肃的挑战。本文从系统论的视角出发，着眼于家庭角色在整个未成年人网络保护工作中所处的关键节点，通过对家庭内部与外部的联系，再到家庭内部各个组成要素间的分析，对家庭这个角色提出更加清晰、全面、系统的建议。

【关键词】家庭教育　未成年人　网络素养

引言

《2019年全国未成年人互联网使用情况研究报告》显示，2019年我国未成年人互联网普及率达到93.1%，越来越多的未成年人开始进入网络世界，享受着互联网带来的丰富资源，但我们需要注意到未成年人在互联网的接入及使用中面临着众多问题。

首先，在互联网的接入方面，互联网对低龄儿童的渗透力不断增强。数据显

* 本文系北京市属高校高水平教师队伍建设支持计划长城学者培养计划项目——北京市中学生网络素养教育实践研究（项目编号：CIT & TCD　20190326）阶段性成果。

** 赵金胜，北京联合大学应用文理学院新闻与传播系2020级硕士研究生；主要研究方向：网络素养教育研究。

*** 杭孝平，本文指导教师，北京联合大学网络素养教育研究中心主任，教授。

示，32.9%的小学生网民在学龄前就开始使用互联网，并且大多时候这种接触动机是从对家长的模仿开始的。另外，未成年人在接触技能的学习上往往是通过自己摸索得来的，据统计，通过自己摸索学习上网技能的未成年人占到了65.6%，他们并没有受过系统的网络技能或者网络素养的教育和引导。①

其次，在未成年人使用网络的过程中，面临以下几个方面的问题。一是存在遭受不良信息的现象。互联网的匿名性为侵害未成年人提供了条件，在网络世界中，未成年人遭受网络暴力的频率加大，并且还存在人肉搜索等进一步侵害未成年人的风险。调查显示，未成年人在网上遭遇到网络暴力的比例为42.3%，这对正处于价值观形成阶段的未成年人来说有着不可忽视的影响。未成年人对网络暴力的抵御能力不强，长此以往会对心理健康产生负面的影响，这些都值得引起家庭，乃至社会的重视。在新修订的《中华人民共和国未成年人保护法》(简称《未保法》)的“网络保护”专章部分中，多次提到了“家庭”在未成年人网络保护中所应起到的作用，如第六十四条提出：“国家、社会、学校和家庭应当加强未成年人网络素养宣传教育，培养和提高未成年人的网络素养，增强未成年人科学、文明、安全、合理使用网络的意识和能力，保障未成年人在网络空间的合法权益。”

二是网络沉迷的现象。网络应用天然具有用户沉迷的属性。未成年人沉迷网络有着多方面的原因，既源于较强好奇心、较弱自制力、逃避或渴望认同等个体的心理因素，也有家庭、学校、网络企业等疏于教育与管理等外部因素。

三是网络隐私的问题。在互联网环境下，用户的账号信息、行为资料等都会被完整地直接映射到互联网中，网络平台的安全和防护系统稍微出现一点疏漏，个人资料就会泄露，从而导致使用者的个人隐私遭受到巨大的风险。由于未成年人对自我权益保护的意识和保护能力的认知程度不足，其存储的个人资料更容易泄露，隐私权益保护的问题也就变得越来越严峻。②

一、研究综述与评价

家庭是未成年人学习成长的一个重要环境。与政府、学校、社会这些主体一

① 《2019年全国未成年人互联网使用情况研究报告》发布［J］.青年记者，2020(16)：73.

② 杜智涛，刘琼，俞点.未成年人网络保护的规制体系：全球视野与国际比较［J］.青年探索，2019(4)：17-30.

样，家庭被认为是对未成年人进行网络保护的重要场所。邱庆华提出，模仿是孩童学习的第一个起点，未成年人通过对父母的模仿和学习来认识世界。李萌总结到，家庭教育主要是家庭中的年长者（主要是父母）对孩子在家庭生活中所进行的一项教育，其中亲子关系、亲子之间的互动在家庭教育中起着关键性的作用。因此家庭是未成年人在社会化过程中最为关键的第一步。①

家庭的环境与未成年人的互联网使用之间有着密切的联系。大卫·帕金翰（David Buckingham）在儿童与电视媒介的研究中发现，不同阶级家庭中的儿童对电视中的内容理解差别很大。中产阶级家庭和劳动阶级家庭的儿童，对电视媒介信息的认知存在差距。卜卫认为："家庭关系与儿童使用电子游戏机的需要显著相关。家庭关系越不好，儿童越依赖电子游戏机，以取得心理上的满足，放松自己。"这说明孩子对媒介信息的思辨和分析能力受到家庭条件的影响。②

家庭的沟通模式对孩子的网络素养水平有着重要影响。在四种家庭沟通模式——"一致型""保护型""放任型""多元型"中，每种沟通模式都会对未成年人的网络素养水平有着不同的影响。研究表明"一致型""多元型"家庭沟通模式下的青少年网络素养水平相较其他两种要高。"一致型"家庭沟通模式主张孩子善于表达自己的观点和看法，但也要对父母表示顺从，不能破坏家庭之间的和谐；"多元型"家庭沟通模式主张孩子自由表达观点和看法，不受父母的思想束缚，注重亲子之间的沟通交流，这种家庭沟通模式中的青少年对媒介信息的分析思辨能力和创造参与能力较强。③

综合以上研究可以得出，在未成年人使用互联网成为潮流的今天，家庭在未成年人的网络保护中扮演着重要的角色，亲子关系、家长素质、家庭氛围等一系列因素都在其中发挥着作用，这些因素的优劣与否很大程度上影响着未成年人的网络使用、网络辨识、网络适应等能力。笔者发现，大部分研究只着重于分析家庭在未成年人网络素养教育方面的重要角色，这就对未成年人全流程的网络保护中的作用这个议题来说较为单一，并且对当下关于这项工作的现实痛点、难点鲜有涉及。因此我们需要发掘家庭在未成年人网络保护过程中所能起的具体作用，对家庭乃至家长

① 李萌.家庭媒介教育对儿童媒介素养的影响研究［D］.福州：福建师范大学，2017.

② 韩璐，卢锋.自媒体环境下青少年媒介素养的家庭影响因素研究［J］.经营与管理，2016（1）：155-158.

③ 杨仪.家庭沟通模式对儿童网络素养的影响研究［J］.新闻研究导刊，2016，7（18）：267.

的作用进行细分，并以此为依据提出多条切实可行的建议。

二、家庭中的未成年人网络保护

通过对新修订的《未保法》“网络保护”专章部分中家庭职能的阐述，我们了解到家庭对未成年人的网络保护行动并不是孤立的行为，家庭要在与学校、社会、政府多方的共同合作下才能更好地为未成年人畅游网络保驾护航。此外，在家庭内部对未成年人的网络使用应该做到全流程、全方位关注，如在接入网络前家长的事前教育和引导，使用网络时家长定期的沟通与教育，后期家长也应该注意未成年人受到网络的负面影响时对孩子进行保护和疏导工作。

（一）家庭要承担起与社会各方的连接作用

在未成年人的网络保护工作中，我们可以发现这是一个系统性的工程，未成年人的网络保护事业不仅是单个家庭或单个学校的工作，而是需要围绕未成年人形成一个以家庭为主体、多部门共同协作的保护矩阵。从根本上来说，这是由未成年人的活动空间的复杂性决定的。因此在家庭与政府、家庭与社会、家庭与学校，乃至多方一起合作上都具有很大的前景，这样才能让未成年人的网络保护工作毫无死角。

首先，在与政府的关系中，政府通常会在宏观层面对家庭的责任进行划定并提出倡议。例如，相关法律规定了家长在孩子教育中的主体责任，同时也明确了政府的主导责任，当未成年人在家庭活动中遇到困难时，政府可以调动资源对家庭教育给予指导服务，规范家长行为，规范相关机构的行为，为未成年人的发展提供保障。总之，在家庭与政府的这段连接关系中，家庭可以通过与政府进行合作为未成年人的网络保护工作起到压舱石的作用。

其次，在与社会的关系中，社会机构及网络服务提供商都会对家庭中未成年人的网络使用产生影响。对于社会机构，如社区、公益组织等都会与家庭这个单位产生联系，进而对未成年人的网络生活起到保护作用。在日常生活中，这些机构不仅会在宏观角度提供对未成年人网络保护的实操性意见，并且还会深入一线进行实地帮助。例如，中国网络社会组织联合会发起的“E路护航·E路平安”青少年网络保护系列活动，充分发挥自身的专业优势，通过与家庭等各个参与者建立桥梁，最终为未成年人网络活动建立起一张社会与家庭合织的保护网。对于网络服务提供商，如游戏平台、社交平台等上未成年人的网络活动项目中，由于未成年人在这个时期心智尚未成熟，易受不良信息侵害且维权意识较弱，极其需要家长的介入，通过家长与网络服务提供商的沟通交涉，才能让未成年人尽最大可能免受互联网的负面影响。例如，关于未成年人的游戏账号的管理，家长需要与游戏平台进行沟通并设置好游戏账号的使用规则，以防止未成年人沉迷游戏。另外，在未成年人的隐私保护方面，家长也应该注重和服务提供商的沟通，维护孩子在网上的正当权益。

（二）家庭在未成年人用网过程中的引导

未成年人的网络生活不是一帆风顺的，网络世界纷繁复杂，未成年人由于社会经验不足，往往会误判网上信息的真假，不具有批判性使用网络的能力。因此，在未成年人不断探索网络的过程中，家长应该为孩子的前进方向把好方向舵。

1.家长的示范监督作用

家长是孩子的第一任老师。未成年人的第一次学习往往是通过对家长的模仿得来的，因此在互联网不断占据家庭生活的今天，很多家长的上网行为直接促成了孩子的触网动机。[①]

如果家长在家庭内部频繁使用互联网设备，并使用相关功能，孩子就会对家长的行为进行模仿，家长的示范给未成年人开启了进入互联网的第一扇门。因此家长在家庭内部，尤其在孩子面前应该注意自己的上网行为，给孩子做好榜样。为了让未成年人网络生活之旅安全高效，家长需要加强对未成年人使用网络行为的监督，规范未成年人的日常上网行为，避免影响到未成年人的线下正常生活。在新修订的《未保法》的“网络保护”专章部分中，第七十一条提出未成年人的父母或者其他监护人应当通过在智能终端产品上安装未成年人网络保护软件、选择适合未成年人的服务模式和管理功能等方式，避免未成年人接触危害或者可能影响其身心健康的网络信息，合理安排未成年人使用网络的时间，有效预防未成年人沉迷网络。

① 章苏静，金科.亲子关系与青少年网络游戏行为的相关性调查［J］.远程教育杂志，2009（1）：69-71.

2. 家长对未成年人的教育作用

家长除了需要带好头外，还要承担起家庭教育的作用。首先是用网时的技术教育，通过教导让未成年人了解互联网的基本知识和基本的操作规范。此外，家长要特别注意纠正孩子的错误认识，以免造成不可挽回的损失，如支付、充值等操作。其次是更加深入的网络素养教育，让未成年人从“知网”、“懂网”到“融网”，为其今后创造性使用网络打好基础。

良好的示范作用最终需要家长提升自身的网络素养水平，在过去很长一段时间，我国未成年人的网络接触还是一种自发性的、无序的行为，当时家庭还未能接纳这种新兴事物，因此未成年人很容易在接触网络时与家长发生对抗，不能很好地规避互联网的风险。如果家长无法正确认识网络，那么对孩子的网络生活进行指引也将成为空谈。新修订的《未保法》第七十一条明确提出：“未成年人的父母或者其他监护人应当提高网络素养，规范自身使用网络的行为，加强对未成年人使用网络行为的引导和监督。”

但由于当前的家长们大部分属于“数字移民”，不像“Z世代”的年轻人群体那样从小就处在互联网的耳濡目染之中，因此在很多时候会出现家长和孩子在网络时代的知识代沟，家长和孩子无法建立起相互沟通的基础。家长网络素养水平的缺失还会导致家长没有能力指导未成年人学会健康地使用网络，也不利于家庭内部形成良好的上网氛围。

3. 家长与未成年人的沟通机制建设

家庭对未成年人上网行为的介入不是盲目教条式的打压，家长有必要深入了解未成年人的网络使用状况，如网络文化、网络社交等，这样才能打破两代人的代沟，进而在相互理解的基础上和未成年人建立有效的沟通途径。这一选择不仅可以为未成年人的网络生活保驾护航，还可以促进亲子关系的和谐发展。

值得注意的是，互联网的出现很大程度上改变了原先传统的代际关系。在中国人传统的社会和文化中，父母们仅依靠对知识和实践经验的限制性垄断，就占据了家庭内部的社会和文化最高权威的地位；未成年人通常都是受教育者，只能通过对自己的父母及其长辈的学习，才能获得对这个世界的理解和认识，然而现在通过互联网就实现了人类知识的平等共享，未成年人对父母的强烈依赖性已经开始逐渐减少。如果父母以一种传统的对话方式，即带有压迫性地与孩子进行交流的话，那么容易造成亲子间的无效沟通。

（三）家庭是未成年人网络保护的重要防火墙

家庭对未成年人的网络保护工作不仅要体现在触网、用网之中，还应体现在未成年人遭遇网络负面影响的事后保护中，这同样也是未成年人网络保护工作中的重要一环。

在未成年人使用互联网的时候，难免或多或少地会遭受到网络消极一面的影响，如网络诈骗、网络暴力等。数据显示，我国有近一半（46%）的未成年网民在上网时会接触到淫秽色情、血腥暴力等不良信息，而且家长的态度在很多时候都会影响到未成年人的下一步抉择，如果家长选择一味地批评孩子，那么甚至会造成二次伤害，并进一步加深未成年人的网络使用风险。因此父母在日常生活中要时刻保持对孩子的关注，认真倾听孩子的倾诉并及时对孩子进行心理关怀，尽力排解网络负面信息对孩子的影响，培养孩子在经验教训中学习成长的能力，最终让家庭成为孩子在网络生活最安全的“避风港”。

但随着社会的进一步充分发展及其他因素的影响，家长与未成年人的接触时间在不断压缩，由此导致当前我国“隔代抚养”的现象非常普遍，即（外）祖父母参与到了孩子的抚养中。例如，在北京，大约有70%的祖辈参与教育、抚养孩子。从另一个角度来看，这也说明了现代家长在孩子教育中的部分缺失，并且祖辈这一代人本来就是互联网时代的“弱势群体”，因此对未成年人的网络素养教育只能是望洋兴叹。[①]

三、建议与总结

（一）由政府牵头建立一套为未成年人网络保护工作服务的协同构架

让涉及未成年人网络保护的组织与机构相互协作，建立起一条有效的沟通渠道，家长可以通过这个渠道实现以下几点功能。一是家长向其他部门或机构反映意

① 宋卫芳.隔代抚养对幼儿社会化的影响及应对策略［J］.人民论坛，2014(8)：165-167.

见，并与之协调；二是家长可以通过这个“网络”学习相关的知识，提高自身的网络素养水平；三是可以加强家庭与各方的合作深度，共同探讨未成年人网络保护的新路径。

（二）提升父母自我教育的能力

父母只有提高自身的文化修养和思想意识，才能更有的放矢地对孩子进行网络素养教育，有针对性地引导孩子正确使用媒介：一是从书本中获取有关媒介素养教育的知识，增加自己对媒介知识的认知和使用媒介的能力；二是开阔自己的眼界，多吸收新的文化和新的观念；三是采取“文化反哺”的教育方式，父母在遇到关于新媒介的疑难问题时可向孩子请教。

（三）营造良好的家庭氛围

和谐、轻松的居住环境与家庭气氛有利于促进青少年文化素养能力的培育与发展。[①]因此，父母要及时更新媒介的使用概念，允许孩子在合理的空间和范围内运用媒介，并且有针对性地告知他们如何正确分辨有利于传统媒介的信息。此外，应该积极组织有益的社会集体活动，让孩子们不要沉迷于互联网。由于现代青少年在社会中对待事物已经慢慢地形成了自身判断模式和处置方式，因此父母要先尊重儿童的内部需求，在充分交流的前提下，再对儿童进行有的放矢的引导。

（四）探索新的抚养模式

通过延长在校时间及设立有资质的托育机构等方式可以弥补家庭抚养结构变化所产生的难题，近期，相关部门也提出了相关倡议。通过此类方式，不仅可以疏解当代家庭的一部分压力，同时还可以更好地发挥专业教育组织的优势来补充家庭在未成年人网络保护工作方面的缺失。

习近平总书记强调，家庭是人生的第一所学校，家长是孩子的第一任老师，要给孩子讲好“人生第一课”，帮助扣好人生第一粒扣子。对未成年人的网络保护工作，家庭负有最直接、最重要的责任，因此各方应加强合作，让家庭真正成为未成年人网络保护的第一道坚实“防线”。

---

① 缪建东.论网络时代的家庭教育［J］.成人教育，2009(6)：12-14.

网络直播带货的传播特征和网民文化素养提升研究

肖屈瑶*

【摘要】现如今网络直播带货作为直播行业的新风口，其模式不断发展，演变成现在的“直播+”，属于一种支撑消费狂欢的线上商业模式。网络直播带货具备高黏性用户群体、塑造虚拟亲密消费关系等传播特征，这些传播特征不仅为直播带货带来了经济效益[①]，同时也带来了一定的社会效益。但是，随着网络直播带货情绪传播现象的产生及业内新生事物的不断发展，行业内容同质化现象严重、网民畸形消费观及网民文化素养降低等一系列问题开始出现。基于此，本论文通过分析网络直播带货的传播特征、存在的问题，提出提升网民的理性消费能力及文化素养的措施，倡导正面的消费观，以期为国家乡村振兴等发展策略做出尽可能多的贡献。

【关键词】网络直播带货　传播特征　网民　文化素养

网络直播作为这几年大势所趋的强互动性的一种视频娱乐方式，在当下的智能媒体时代已渗入社会生活的各个方面，使越来越多的人参与其中，直播平台也随之进入了3.0移动视频直播时代，全民直播成为普遍现象，“直播+”与各个领域相结

* 肖屈瑶，北京联合大学应用文理学院新闻与传播系2021级硕士研究生；主要研究方向：影视传播。

① 肖珺，郭苏南.算法情感：直播带货中的情绪传播［J］.新闻与写作，2020（9）：5.

合。其中，网络直播带货更为热门。中国互联网络信息中心（CNNIC）在京发布第47次《中国互联网络发展状况统计报告》显示：截至2020年12月，我国网络直播用户规模达6.17亿，占网民整体的62.4%。其中，电商直播用户规模为3.88亿，较2020年3月增长1.23亿，占网民整体的39.2%

2020年年初至今的疫情防控等使得网络直播带货成为受众使用与满足范式下迅猛发展的契机。此外，主流媒体、县级融媒体等的强势入局，产生直播助农、扶贫等新项目，也使直播带货拥有实现经济效益和社会效益双丰收的可能。不过，由于直播带货具有以主播为中心节点、塑造虚拟亲密的消费关系等情绪传播的特征[①]，诱发了行业规范及标准缺失、网民非理性消费等一系列问题。

网络直播带货是电商行业新风口，对其传播特征、发展过程中的困境和网民文化素养提升措施进行研究，一方面有新媒体背景下新闻传播学理论嬗变的前瞻性学术意义，另一方面也希冀能够对未来直播带货、提升网民文化素质产生有利的影响。

一、直播带货的传播特征

“互联网+”的宏观背景下，直播带货形式迭出，呈井喷式的发展现象。明星、网红电商直播现象已经稀松平常，由于消费市场的不断下沉及疫情的影响，使得主流媒体、县长公益带货的直播现象频出。作为一种新兴的电子商务营销模式，网络直播带货具有如下几个传播特征。

（一）场景传播

通过新技术搭建用户进入特定渠道、场景，从而生成流量和交易数据，构筑连接和激活“人货场”的新型传播场。[②]在互联网时代，场景的搭建是核心的要素，不论是网红直播间还是借助抖音、快手等短视频平台，都通过这一传播场打通了品牌方、宣传方及消费者等多方互动，加之主播销售的专业话术和情绪，来引导带货。

① 肖珺，郭苏南.算法情感：直播带货中的情绪传播［J］.新闻与写作，2020(9)：6.

② 肖珺，郭苏南.算法情感：直播带货中的情绪传播［J］.新闻与写作，2020(9)：5.

（二）辐射传播

直播带货以主播作为中心节点进行辐射传播，主播本人是“人货场”资源重叠的焦点。[①]不难看出，主播的名气越大，直播效益就越好。

（三）情绪传播

主播通常采用激情亢奋的情绪刺激用户，并通过主播这一中心节点来带动情绪传播，进而生成高黏性用户群体，打造信任背书。直播带货塑造了虚拟亲密的消费关系，网络直播带货中的情绪传播主要包括愉悦情绪、情绪信任、情绪感染与分享、道德情绪和情绪表演。

二、直播带货现存问题

虽然直播带货为当下消费市场创造了巨大的收益，但由于市场环境的宏观因素及网络主播和消费者自身的一些微观因素，诱发了一系列问题，并且产生不良的社会影响。

（一）眼球经济败坏社会风气

麦克卢汉曾言：“每一次媒介形态的变革都会在人们的感知与交往领域引入新的尺度。”诚然如此，随着电商与直播行业的发展，网络直播带货已成为现象级的事物，但同样也暴露出许多问题。一部分网红为获得更多流量、吸引更多受众观看，出于追逐利益的心理，不惜做一些违背公序良俗的事情，严重影响了社会风气。

（二）伪劣产品产生信任危机

在以国内大周期为主体、国内国际双周期加快发展的格局下，网络直播逐渐成为“在线引流+实物消费”的新型数字经济模式，并取得蓬勃发展。不过新生事物

① 刘涛，曾岑.直播带货的商业模式、配置要素和演进趋势［J］.视听界，2020（4）：16.

必有其不成熟的地方，在直播带货中经常出现的主播因未严格把控商品质量，售卖伪劣产品，导致主播陷入信任危机的现象便是其不成熟的表现之一。①

（三）降低网民文化素养

由于部分网红主播在直播时未对消费者进行正确的价值观、消费观的引领，从而导致网民形成错误、畸形的消费观，长此以往导致部分网民，尤其是未成年人和银发群体的网络文化素养更为低下。

直播带货面对的网民群体十分庞大，加上后疫情时代线上购买商品更为便捷，因而收获了更多网民的关注，对网络消费者的影响是无形的。互联网中青少年群体占据不少一部分，然而这一群体自我防护意识及自我控制力相对薄弱，且正处于三观形成的重要时期，他们容易被诱导消费，容易被一些主播在带货时透露出的不良信息误导，降低文化素养，不仅会影响自身正常的学习、生活、人际交往，而且可能会为未来社会的发展埋下一定的祸端。

此外，由于网络直播带货去性别化的特点，从心理学的角度来看，一方面，满足了受众对于身体的凝视与窥视想象，也满足了对他人尤其是明星生活的好奇；另一方面，一些网红博主则利用此点来博眼球、求关注，错误引导粉丝及观看者，造成部分未成年网民产生错误的认知，不利于其心理健康成长。

三、直播带货及网民文化素养提升策略

直播带货使网红经济收益颇丰，但因其快速发展，也导致内外部监管体系未能及时跟进，既缺少外部体系的监督和正确引导，也缺少行业内自身的反思与自律，从而导致违法乱纪的现象层出不穷。面对广阔前景和市场体量，直播带货在万物互联时代和“双循环”的新发展格局下，将与社会价值链及多种文化生态紧密融合，更好更健康地发展，同时也将面临更多新的挑战。②因此，网络直播更应受到严格的约束，承担起相应的社会责任，互联网不是法外之地，对于直播带货所造成的败坏社会风气、降低网民文化素养等问题，各方必须共同发力整治，从而为广大网络

---

① 宫春子，徐芳兰.电商“直播带货”中的问题解析与规制建议［J］.商业经济研究，2021（6）：84.

② 赵树梅，梁波.直播带货的特点、挑战及发展趋势［J］.中国流通经济，2021（8）：61.

用户营造一个天朗气清的网络环境、消费环境。

（一）相关部门加强监督

对于该行业的有效整治，需要完善相关法律法规，通过强制性的手段保证行业的健康发展。2019年11月1日，国家广播电视总局发布有关通知，网络视听电商直播节目和广告节目内容应遵守广告管理法规。①相关部门应当不断创新监管模式，加强监管力度，警惕行业灰色地带的存在。

一方面，相关监督执法部门要依法依规监管，在网络促销活动、网络广告、产品质量、售后服务等方面进行全方位的监督，以此来严格把控主播、品牌方等主体的价值导向宣传，并且加强国民的网络素养教育。另一方面，针对直播中的新问题、新情况，制定涵盖新内容的法律法规，加大问责和处罚力度，从而有效维护消费者的合法权益，同时维护网络秩序，谨防网络诈骗、网络谣言等国民价值观被误导的现象出现，以防对我国网络文化的进一步建设带来困扰。②

（二）直播行业加强自律

外部监管到位，内部行业自律也不能够有所缺失。淘宝、抖音、快手等电商直播平台应当推出相应的管理办法，如抖音制定的《禁售商品类目及管理规则》，凭借其数据优势与管理权限，使得平台更深度参与到直播带货行业的共治中来，加大对不良现象的打击力度。

一方面，平台强化权责意识，相关直播平台应建立和完善“直播带货”资格审查制度，同时要认真及时对合作商家、厂家资质进行审核，选择与信誉好的商家进行长期合作，提升平台的质量和开放性，从而获取更多资源，也能够提高平台的聚焦效应和平台价值。另一方面，平台也应当不断完善商家评价体系，定期对商家、主播进行评价考核等，对于部分长期不合格的商家或主播进行清退，加强行业内部的竞争力。

① 国家广播电视总局办公厅关于加强“双11”期间网络视听电子商务直播节目和广告节目管理的通知［R］.北京：国家广播电视总局办公厅，2019：11.

② 张开.加强网络文化建设 提升网民网络素养［J］.国家治理，2019（40）：38-39.

（三）加强网络素养教育

网络素养这一概念源于媒介素养教育。1933 年，英国学者 E. R. 利维斯和他的学生丹尼斯·桑普森发表了论著《文化和环境：培养批判意识》。[①]该书作者认为，新兴的大众传媒在商业动机的刺激下所普及的流行文化，往往推销一种“低水平的满足”，这种“低水平的满足”将误导社会成员的精神追求，尤其会对青少年的成长产生各种负面的影响。因而在直播间或直播视频平台，直接或间接地进行网络素养教育或正向的教育宣传具有一定的意义。例如，直播带货助力乡村振兴策略，是推进新时代农业农村现代化发展的可行路径，不仅给乡村带来经济上的直接效益，促进农村文化文旅产业的发展，还能够潜移默化地影响网民、消费者的文化涵养。

结语

在云计算、物联网、大数据等层出不穷的信息技术下，催生了直播带货这一新兴产业，发展好直播带货、数字经济，是落实“数字中国”战略、为中国赢得未来经济发展战略的重要支撑。未来直播带货将会呈现出新的秩序与规范，需要多与 MCN 机构进行合作[②]，依托专业化的机构进行商业化的运作。这种联合的方式，能够很好地实现体制内传统媒体与体制外商业机构的联通合作，扬长避短，不再仅依赖媒体的公信力，而是真正以尊重市场规律的方式实现商业价值。

而对于网民文化素养的提升，可以从传播学的“意见领袖”和“使用与满足”理论两个视角来完善其未来发展。一方面，把握好受众的心理需求，满足受众精神及物质两方面的需求，进行精准的受众及产品定位，从而在达到产品更好售卖效果的同时，也能够满足信息社会发展的需要。另一方面，通过提升网红主播的影响力、引导力，打造网络新型意见领袖，通过传播来有效提升网民的文化水平。

---

① 李海峰. 网络传播中网络素养培育的文化思辨［J］. 新闻界，2007（4）：54.

② 胡翼青. 透视“种草带货”：基于传播政治经济学的视角［J］. 西北师大学报（社会科学版），2020（5）：30.

新媒体传播和策略

新媒体环境下意见领袖在红色文化传播中的影响研究

韩晓宇*

【摘要】新媒体时代下，如何提高文化软实力、讲好中国故事成为一个非常重要的课题。而红色文化又是文化软实力的重要组成部分。因此，本文通过文献调研和现象描述分析的方法，对意见领袖在红色文化传播中的影响进行研究。研究认为，作为信息传播中重要的一环，意见领袖在新媒体环境下依然可以在红色文化传播中发挥效用，并且由于意见领袖的范围泛化、表达的情感化和运作的商业化，致使其对红色文化传播产生了正反两方面的影响——一方面，扩大红色文化传播范围，增加红色文化传播的引导力和影响力；另一方面，意见领袖缺乏专业性、产出的内容过度娱乐化等因素导致红色文化在传播过程中成为工业流水线上的商品。

【关键词】意见领袖　红色文化　新媒体

习近平总书记在党的十九大报告中强调，开展“传承红色基因、担当强军重任”主题教育，体现了党和国家对红色文化的重视。红色文化可以弘扬主流意识形态、加强民族凝聚力，只有讲好红色文化，将红色文化传出去，让红色文化入眼、入耳、入心，才能发挥红色文化的作用、增强文化软实力。而意见领袖仍然是红色文化传播中极为重要的一个节点，研究意见领袖在新媒体环境下的有效性、变化，可以提高红色文化传播的有效性。

---

* 韩晓宇，北京联合大学应用文理学院新闻与传播系硕士研究生；主要研究方向：政治传播。

一、红色文化的基本概念

关于红色文化的概念虽然还众说纷纭，但已然可以抽丝剥茧出一个共识，那就是红色文化与中国共产党有着紧密的联系。虽然学者们在红色文化的起始事件和包含的内容上持有不同的观点，但是依然可以总结出红色文化形成于中国共产党领导人民寻求自由解放的征程中。管仕廷认为，红色文化是中国共产党领导中国人民在长期的革命和建设实践中锻造、积淀形成的一种特殊的文化类型，在内容与形式上有着特定的物质载体与丰富的精神内涵。[①]红色文化在长时间的发展过程中形成了深层次、多维度的系统。梳理现在的关于红色文化的研究，不难发现红色文化的几个鲜明的特点：民族性、教育性、政治性和人民性等。其中，政治性是红色文化中最明显的特征。例如，在新民主主义革命阶段，为了与国民党反动派、帝国主义、封建主义文化做斗争，我们大力建设红色文化，令其成为革命中重要的力量，最终夺取胜利，为红色政权打下了良好的基础。走进新时期，我们不断将红色文化融入社会主义建设的各个方面，为引领中国改革、建设提供坚实的文化支持。

二、意见领袖在红色文化传播中的影响

意见领袖（Opinion Leader）的概念起源于拉扎斯菲尔德1940年的《人民的选择》中的两级传播理论。拉扎斯菲尔德等人认为，大众传播的信息要经过意见领袖的中介流向一般受众。因此，意见领袖在消息的传播过程中起着承上启下的作用。意见领袖存在于非正式的群体中，与被影响者存在面对面的直接接触，引导观点的变化，而不是直接改变被影响者的行为。具体而言，意见领袖具有以下特征：意见领袖与被影响者基本属于同一阶层，而且通常他们都属于同一个初级群体；一般来说，意见领袖只在某些特定领域具有权威性，而且这种权威性是相对的；意见领袖具有通过适当的媒介把本群体与群体环境的对应部分联系起来的功能；意见领袖具有易接近的特点；一般情况下，意见领袖的影响要大于大众传播的影响。[②]意见领袖的概念也随着上述特征而明确下来，即符合上述特征的人或群体。

① 管仕廷."红色文化热"原因探析［J］.唯实，2012(5)：61.

② 刘海龙.大众传播理论：范式与流派［M］.北京：中国人民大学出版社，2008：172-173.

在新媒体环境下，由于传统两级传播理论受到冲击，意见领袖的概念也随之发生了扩展和外延，但是它作为新闻传播核心的位置和特征没有变，即意见领袖在新媒体环境下仍然具有很强的引导力。喻国明认为，“传媒影响力由‘吸引注意（媒介及媒介内容的接触）’与‘引起合目的的变化（认知、情感、意志行为等的受动性改变）’两大基本部分构成”[①]。正是由于新媒体环境具有众声喧哗的特征，受众的注意力被分散掉，致使意见领袖的吸引力看似下降，但是人们不能忽略的一点是，意见领袖与普通大众的粉丝量级往往存在巨大的差别，前者是后者的几十万倍、几百万倍，甚至以上。在互联网时代下，信息内容呈现指数型的爆炸式增长态势，在这种情况下，受众虽然可以收获更多内容，但并不是每条信息都有用，这也使得人们筛选信息的难度加大了。为了更高效地获取信息，受众往往倾向于从自己所关注的意见领袖那里获得信息。例如，人们在通过直播买东西时，大概率会选择那些头部网络主播。设想一个普通大众，即零粉丝基础的人去带货，销量必定是十分惨淡的。所以二者在声量上和吸引力上并不具有可比性。另外，新媒体环境下的受众圈层化的特征越发明显，不同圈层之间存在壁垒，这仿佛加大了意见领袖传播信息、改变态度的难度，但是不可忽视的是，每个圈层内也有属于本圈层的意见领袖。圈层化的受众群体中依然存在意见领袖，且意见领袖对圈层内群体的态度和决策仍然有很大影响。正如霍夫兰的说服实验研究中发现的，对于传者来说，大众的信赖是保证传播效果实现的前提条件。圈层中的意见领袖往往因为自身良好形象、知识储备等受到人们信服，从而使得受众的态度发生改变。

综上，由于意见领袖的信息传播力和决策改变力仍然有成立的条件，因此，新媒体环境下意见领袖仍然存在并且可以发挥其传播红色文化的效果。但同时由于媒介生态本身已经产生变化，相应地，意见领袖的概念也会改变，这对红色文化的传播也会产生与以往不同的影响。

（一）正面影响

1. 泛化的意见领袖扩大红色文化传播范围

麦克卢汉曾提出过一个传播学经典理论——媒介即隐喻。他意指，每一种新媒

① 喻国明. 关于传媒影响力的诠释：对传媒产业本质的一种探讨［J］. 国际新闻界，2003，2（18）：5.

介的产生都将带来新的传媒环境。互联网、人工智能的诞生与运用，给人们带来了无尽的想象。例如，传感器、无人机的使用使得采访变得智能化，新闻写作机器人解放了记者的双手等。新媒体环境下媒介生态的改变从多个维度展现，其中传播主体泛化便是一个明显的特征。

互联网让人人都有了麦克风，正如喻国明教授所言，互联网作为一种革命性力量，正在改变着整个社会的资源配置方式和权力结构。历史上从未有哪一个时代如今天这样，能让普通个体拥有如此之大的话语权。[①]数据显示，中国网民已破9亿，在网络中，只需要注册一个账号，每个人都是媒体，可以发表自己的声音。在爱国情怀的驱使下，人们自发地在各自社交平台的账号上传播自己记忆中的红色故事。例如，人们去红色旅游景点时发布在抖音、微博等上的内容，不仅记录了自己的生活，更传播了红色文化，这就是主体泛化的一个实例。

新媒介环境下传统的意见领袖理论也发生了变化，拉扎斯菲尔德所言的意见领袖通常是处于初级群体中的且和群体内的成员保持着十分亲密关系的一类人。而在新媒体时代，意见领袖的概念泛化，不单指那种处于初级群体中的代表性人物，也包括那些在媒体平台中有着很多粉丝的人、在某专业领域很有声望的人等。

同时，由于网络打破了不同领域之间的界限，出现了布尔迪厄所说的那种“学术快思手”之类的现象。不同领域之间的专业人士或者对某专业丝毫不了解的人进入某场域，出现了很多跨界型的意见领袖。新媒体的一大特点就是其连接性，将无限的内容和人连接在一起。我们不难发现，在新媒体平台上经常有很多文章、事件经意见领袖发布后可以在短时间内达到裂变传播，进而引起主流媒体关注，成为全国人民的议程。我们可以认为现在的意见领袖的传播力较之以前已经增强了很多。

习近平总书记提出的“传播力”“影响力”“引导力”“公信力”中，其中传播力是基础。要将红色文化传播出去，传播渠道的畅通和布局是必不可少的部分。而意见领袖就是媒体布局的关键节点，所以意见领袖的圈层化特征有助于扩大红色文化传播的范围。例如，《人民日报》、新华社、《光明日报》等一批主流媒体在抖音、微博等社交媒体平台上开设账号，共青团中央入驻B站；在一些重要节日里，各个明星微博大V转发官媒宣传红色文化的微博等。这样通过社交平台的意见领袖的扩散传播，极大地扩大了红色文化信息的传播范围，增强了其传播力。

① 张音，吴建群，王舒怀. 四问“网络民意”[N]. 人民日报，2011-10-25(23).

2.情感化的表达可以增加红色文化传播的引导力

一系列热点事件一次次冲击受众的眼球、调动受众的情绪、冲击人们的认知。当人们一次次地希望用最朴素的情感维护心中所想的正义之时，新闻却再三地反转。与传统媒体时代理性的表达方式、相对稳定的新闻真实不同，新媒体环境下人们更愿意通过情感去认定心中所想的真相，这便是“后真相”时代。在这样的环境下，诉诸情感及个人信念，较客观事实更能影响民意。[①]于是，意见领袖的表达方式也随之发生改变——与以往客观的叙述不同，如今的意见领袖更愿意诉诸主观情感。这与社会转型期矛盾加剧、贫富差距加大、人们宣泄自身情绪有关，更为重要的是情绪的直接宣泄比理性输出简单得多。于是出于本能，人们会选择表达情绪，而不是厘清逻辑、仔细分析。此外，情绪化的词汇更能引起人们关注和共鸣，利于事件的传播，有研究者通过分析《人民日报》新媒体中心移动内容产品的生产，进一步以“情感传播”模式加以概括，认为在媒体融合时代，主流媒体倾向于以“情感”为突破口，将新技术与宣传报道相融合，采取情感传播模式在多元传播主体共存的舆论场中“重夺麦克风”。[②]再如《人民日报》在微博上发布的“明天，你好”话题，采用情感化的表达方式取得了很好的传播效果；侠客岛以岛叔、岛妹自称，拉近了与读者的情感距离，获得了受众的喜爱。综上所述，也就不难理解如今意见领袖表达倾向于情绪化了。

2016年4月24日，习近平总书记在安徽考察调研时指出：“革命传统教育要从娃娃抓起，既注重知识灌输，又加强情感培育，使红色基因渗进血液、浸入心扉，引导广大青少年树立正确的世界观、人生观、价值观。”情感化的表达方式可以增加红色文化内容的趣味性，吸引受众的目光，进而增加红色文化的引导力。例如，杂交水稻之父袁隆平去世之时，设计美学达人“乌合麒麟”在网络上放出自己缅怀袁隆平先生的画作。画面上是老年与青年袁隆平先生在禾下乘凉，并配有袁隆平的原话，“我一直有两个梦想，一个是禾下乘凉梦，一个是杂交水稻覆盖世界梦”，并配上了“深切缅怀”这样情感化的词汇，一下子将人的情绪拉满，让人们在悲痛缅怀袁隆平院士之时，也为其求实、探索、创新的非凡人格所感动，增强了红色文化的引导力。

---

① 张铁.从“内容+”到“价值+”：让“评论思维”成为时代的基础思维［J］.新闻战线，2019（5）：10.

② 张志安，黄剑超.融合环境下的党媒情感传播模式、策略、动因和影响［J］.新闻与写作，2019（3）：82.

3.商业化的运作增强红色文化的影响力

意见领袖在新媒体环境下的另一个突出的表现就是“商业化”。也就是说，现在很多意见领袖不是简单发表言论、传递信息，而是单独的“商业机构”。他们有自己的商业运营逻辑，目的是内容变现，从而实现盈利。例如，已经被封号的咪蒙系，主要通过人们的情感痛点来获取流量从而变现。还有越来越多的网红、明星成为人们口中的意见领袖，但是这些网红背后往往都有MCN机构、经纪公司孵化和运作，而让这些商业机构放弃盈利，本身就是天方夜谭。因此这些网红、明星也往往不可避免地遭受资本的裹挟和牵制。

商业化的一大特点就是可以大量复制，正如机械复制时代理论中所提及的那样，复制的技术使产品大量扩张。虽然这样使得文化的灵韵、唯一性消失，但是因为其可以将原本高高在上的艺术解构，反而促使其大规模传播，从而让更多人得以接触到以往由于阶层、收入等现实原因接触不到的高雅文化产品。在新媒体环境下，网络意见领袖背后资本力量的逐利性，导致其用尽一切办法来扩大传播范围，收获更多流量。例如，在社交媒体平台上，一些网红和明星会通过买水军和营销号联动来增加点赞和转发评论数量，扩大其传播范围。

根据斯图亚特·霍尔提出的“文化循环”理论，红色文化意义符号的建构是在中国共产党的革命历程中不断实践得出的，后经过受众的转化成为具有社会意义的符号。表征实践在红色文化形象符号的传播过程中是十分重要的。意见领袖的商业化运作中赋予红色文化不同的元素，使其具有了新时代的新含义，更容易增加红色文化的认同感，从而进一步增加红色文化的影响力，使得传播内容入眼、入耳、入心。

意见领袖这一个经典的传播学理论在新媒体时代下也焕发出蓬勃生机，其自身出现了概念泛化、跨界型意见领袖增多、影响力不断增大、表达方式趋于情感化、运作商业化的新特点。这些新特点对红色文化传播来说却是一把双刃剑，虽然扩大了红色文化的传播力、影响力等，但同时也不可避免地带来一些弊端。

（二）负面影响

1.跨界型意见领袖传播内容不专业

布尔迪厄认为社会是由不同场域组成的，并将其分为政治、经济、文化等场域。不同场域之间有着明显的界限，但同时也进行着资本交换。在这一基本概念上，他又提出了“知识场”的延伸概念。不同场域之间的交流为“快思手”的出现提供了机会。媒介为一些非专业人士提供了进入某一专业领域的入场券，而本应“入场”的却“出场”。这样一来，专业内部的秩序就会被打乱，同时输出的内容质量可能也会降低。同时，由于人人都有了麦克风，泛化的意见领袖中一部分人并不具备过硬的专业知识或者良好的素养，反而单单由于外貌出众或者说话有趣等因素就可以成为新媒体时代的意见领袖。

例如，新华社制作的《四个全面》以动漫MV的形式，用可视化的方式展示主流媒体对于重大主题报道的创新表达，后来又推出了《红色气质》《太空日记》等展现顶尖制作水平的宣扬红色文化的作品，受到了观众的喜爱。但是如果让其他的网红、明星等来制作红色文化传播的内容，可能就不会有这样高质量的作品和良好的传播效果，有时甚至可能由于这些非专业意见领袖的逐利性，导致红色文化传播效果适得其反。还有由于传播者的敷衍导致传播效果甚微，如一些明星在转发《人民日报》等专业媒体制作的红色文化内容时转发的配文出现错误，导致大众将焦点聚焦于转发错误的事情上，而没有在红色文化上，致使舆论失焦，传播效果大打折扣。

2. 情感化表达使得红色文化泛娱化并增强网民的非理性情绪

情感化的表达方式固然可以使原本严肃的红色文化传播增加几分趣味性，但不可忽视的是，过于追求情感化的表达则不利于公众的理性思考，也在一定程度上为营造社会共识造成阻碍。同时，情感化的表达使得传播内容的娱乐性增强。娱乐化本身是无可非议的，在新闻传播的功能中媒体还需承担娱乐功能，但是娱乐一旦过度就会带来一定的反面效果。红色文化传播的泛娱乐化会让传播内容的严肃性被消解，久而久之可能会让红色文化的影响力受损。

3. 商业化运作使得红色文化成为工业流水线上的商品

文化工业理论认为，工业化使得一切都丧失了灵魂，文化就像商品一样不是用来欣赏，而是为了交换，缺乏真正的个性。产品为了迎合大众口味，在创作中尽可能符合大众审美，并受制于这一要求，就像微博上一次次转发、点赞一样，目的只是获取流量，获得大众的眼光。

红色文化传播进入商业化场域不可避免地为了获得流量而进行相应的异化，如过于娱乐化、情感化的表达是为了使传播内容有更强的感染力，方便大面积传播。这种为了方便批量化、产业化生产的内容在资本的话语逻辑之下并在资本的推动下成为主流、模型和标准。而跳出这个标准的传播内容便无法得到受众的关注和认可，这使得大量的红色文化产品趋于同质化。同时，这样的生产模式也在不断规训着受众的审美，使得审美产生异化。

这样为了大规模传播而被制造出来的内容从一开始就注定缺少灵魂、失去灵韵，成为平庸的产物。同时，为了推广红色文化，红色文化常常与旅游、文创开发等元素结合。这一举动本身是值得点赞的，但是在具体实践中，进行红色文化推广的意见领袖或者其背后的资本为了追求经济利益，把有关内容的设置流于表面，而没有关注红色文化实质性内涵。因此，如果意见领袖在红色文化传播中过于商业化，就不利于红色文化的优秀内容被开发和传播。

结语

意见领袖这个经典的传播学概念，在新媒体环境下发生了一些改变，如概念泛化、跨界型意见领袖增多、影响力不断增大、表达方式趋于情感化、运作商业化。这些新特点一方面为红色文化传播提供了更好的传播条件，增强了红色文化的传播力、引导力、影响力，但是同时也会阻碍红色文化的传播，造成传播内容不专业、内容过于情绪化，让文化丧失本身个性，成为流水线产品，这些弊端也是应该被顾虑的。我们讨论红色文化传播中的负面作用，并不是为了否定新媒体时代下意见领袖在红色文化传播中的影响，而是为了引起人们思考，正如学者涂凌波倡导的，我们应该保持警醒，“在权力主导、资本合谋、公共性稀缺的互联网世界，我们应该呼唤什么样的网络意见领袖、网络表达和网络行动”[①]。

① 涂凌波.草根、公知与网红：中国网络意见领袖二十年变迁阐释［J］.当代传播，2016（5）：88.

网络时代新闻记者的访问技巧研究

刘振宇*

【摘要】访问，是新闻记者通过与采访对象之间的问答交谈，逐步全面还原新闻事件真相、为读者提供优质信息服务的一种重要方式。当前，网络平台与自媒体平台的角逐激烈，在庞大的信息浪潮中，若想提升自身核心竞争力，就要重视新闻品质的提升；若想提升新闻品质，则必然要重视作为新闻制作首要环节的新闻采访，而访问是新闻采访中的核心环节，只有获得充足且优质的访问材料，才能确保新闻的高品质。因此，这就要求新时代记者要熟练掌握新闻采访中的访问技巧，从而创作出更多优秀的新闻作品。本文试图从策划、视角、方式、心理四个方面浅谈访问技巧，以便更好地理解新闻采访学这门艺术。

【关键词】新闻记者　访问　独特视角

网络时代背景下，媒体新闻生产各环节及受众接收信息的方式均随之发生了巨大变化，新闻记者的采写编评技巧也应随着时代适时更新，适时改变成为记者适应互联网时代的必然选择。当前，新闻已成为人们生活中不可或缺的重要元素，新闻报道中，记者的采访能力及其水平直接决定了新闻价值的大小。有学者指出："新闻采访是一项同各种人打交道的工作。大约有99%的新闻靠访问，也就是记者向采访对象提出问题，并获得回答，以此为基础写成。访问，指记者同特定的采访对象个别访谈，进行调查研究，以获得新闻事实材料的采访活动。它是记者从事新

* 刘振宇，北京联合大学应用文理学院新闻与传播系2020级硕士研究生；主要研究方向：新媒体传播。

闻采访的一种最重要的方式，是记者采访过程中一个最基本的环节。”[①]在新闻采访中，“访问”的作用不言而喻，那么作为一名记者，如何才能在与采访对象的问答交谈之中游刃有余，较好地还原新闻的真相和全貌呢？这自然要从访问技巧中寻找答案。

一、访前策划，事前准备

新媒体时代，新闻采访所涵盖的内容及步骤愈加烦冗复杂，这就要求访前一定要有充足的准备。有了较好的准备，正式采访中才能有的放矢，提关键问题、看关键事、听关键话；才能随机应变，在采访中占据主动；才能获得大量生动全面的素材，提高采访效率。古往今来，“有备无患”乃是兵家之常识。访前做策划，事前做准备，以不变应万变，策划过程具体包含以下三方面：熟悉采访对象、思考采访意义、拟定采访提纲。第一，熟悉采访对象。意大利著名女记者奥琳埃娜·法拉奇在1981年访问邓小平前，据说阅读了几千克的相关材料，此次的采访可以说是相当成功的。从《半月谈》到《邓小平答意大利记者问》上发表的文章可清晰看出，记者法拉奇所提出的问题，展现出对邓小平同志及当时中国发展状况的全面了解。除熟悉采访对象外，还应深入了解采访对象的背景履历等。若是访问专家学者，可以拜读他的著作、期刊文章，这些一般都体现了此人的学识、思想、学风及其研究方法，以便在正式访问中能寻得共同话题。若是去地方采访，则需要我们熟悉该地区的风土人情、历史沿革、礼仪习俗等。第二，思考采访意义。每一次采访任务都有相应的采访目的。简言之，通过采访我们想要收获到什么？这也正是采访前须做的必要准备，倘若目标不明确，采访将无任何意义。思考采访意义，主要思考以下几点：其一，为什么进行此次采访？其二，从采访中将获得什么信息？其三，采访内容想要表达什么？其四，写出的报道受众是何人？这些是每次采访前必须思索的问题，只有目标明确清晰，事前预判，在正式访问中才能有条不紊、逻辑流畅、条理清楚。例如，央视人物采访类节目《面对面》中，记者王宁在采访中国工程院院士朱有勇时，一直围绕采访对象朱有勇院士如何带领拉祜族群众致富这个主题进行访问，采访主题明确，减少了采访的盲目性，提高了采访的自觉性及效率。第三，拟定采访提纲。熟悉采访对象、思考采访意义之后，便是拟定采访提纲。事先将要问

① 焦可书.访问的艺术［J］.采写编，2004(5)：60-61.

的问题依次列出，问题的次序也要安排妥当。采访初期，我们可以先聊一些易拉近距离的话题，取得采访对象的信任，便于后续采访有序进行。当然，这也不排除在访问时根据新情况提出新的问题。另外需注意的是，尽可能多准备一些问题，正式访问时，不怕问题多，就怕问题少，出现冷场尴尬的局面。著名新闻记者斯诺1936年6月在陕甘宁边区采访毛泽东、周恩来同志时，准备的问题相当充足且访问前都经过缜密思索。斯诺事前认真准备的精神，值得今天的每一位记者学习。另外，有些重要采访，在准备问题时，仅凭采访者个人能力可能远远不够，此刻，就需要学会向外延伸，请有关人士进行指点，帮助修改完善采访提纲，尽可能提出有针对性的好问题，打开对方的话匣子。

二、善于创新，视角新颖

新闻访问要善于利用网络资源挖掘独特视角。新媒体时代，新闻传播的门槛虽然降低，但新闻的影响力日益变大，伴随而来的便是对新闻记者更高的专业要求。自媒体、融媒体、媒介融合的发展给新闻媒体带来了极大的挑战，但同时也带来了很多发展机遇。新闻采访是新闻报道中一个非常重要的环节，具有极强的个人主义色彩。新闻报道要想吸引读者、引发共鸣，就要杜绝千篇一律，创新采访方式，用独特的视角对事件进行剖析，态度鲜明地阐述自己的观点，以此提升新闻的质量。新闻采访不仅要体现新闻最基本的真实性和现实性，独特的视角更是必不可少。目前，缺少独家挖掘成为新闻访问中最为致命的弱点。事实上，新闻采访报道趋于同质化，事件选择、报道视角趋于一致性等问题，根本上是由常规采访的思维定式、创新性思考的匮乏所致。因此，新闻记者在采访过程中需要借用新媒体的力量挖掘独特采访视角。第一，挖掘价值。“在对新闻事件进行分析与判断的过程中，新闻记者可以对新闻事件背后的社会价值与思想意识进行挖掘。”[①]例如，东京奥运会期间，在需要对获奖运动员展开采访的情况下，新闻记者可以改变过去常规性的访问话题，从其家人的支持、教练的支持与付出等角度来进行访问，如此便可以无形中拉近与运动员的距离，运动员在后续被访问的过程中也会积极主动地配合。第二，注重细节。新闻作品生动的来源之一正是细节，多一些刻画及描述，使人物形象立体丰满，换一种思考模式，想他人未曾想到的视角。换言之，记者在采访时要挖出

① 张宏滋.新闻记者在采访中的沟通技巧研究［J］.西部广播电视，2019（24）：168-169.

那些细微的闪耀点，积累丰富具体的素材。比如，针对澳大利亚山火的问题，有人关注起火原因，有人关注动物生存情况，有人关注政府的应对措施。新闻记者则需要选取一个新的侧重点，另辟蹊径，考虑其他媒体没有考虑到的问题，帮助大众从更加独特的视角来看待此次新闻事件。第三，逆向思维。拥有逆向思维也能为新闻记者提供较多独特的视角，但需要把握好尺度，挖掘有价值的信息。以小见大，就是逆向思维的一种特殊体现。当记者对新闻进行发现和挖掘时，特别需要重视生活中的一些小事，生活中的小人物往往能给人带来诸多启发和反思。小人物固然平凡，但他们身上存在的细腻感情、感动瞬间都值得深入挖掘。例如，通过采访报道某村农民十年来生活水平的变化，能够侧面反映出国家的变化、政策的正确性、城镇化建设带来的影响等，因为诸多小故事都是社会大背景的一种折射和缩影。“新闻采访工作是发现问题、引导舆论进而促进问题解决的工作，记者在采访过程中要有自己的见解和视角，从不同的角度向群众展示新闻事件的真相，提高新闻报道的吸引力和价值。独特视角可以说是一则新闻的灵魂，记者要坚持深度采访的理念，提出一些创造性的观点，培养求异思维和逆向思维，在新闻和大众之间架起一座桥梁。”①

三、灵活提问，善于观察

新闻记者在访问时要注意，提问的问题要具有社会价值，提问的逻辑要清晰明确，提问的方式要灵活多样。访问中，如何提问才能便于采访对象回答呢？第一，提问方式灵活多样。记者的采访对象是多样、复杂的人。因此，在访问时，要针对每个采访对象各自特点，采用不同的提问方式，因人而异、因时而异、因地而异，不可泛泛而谈。从实际出发，具体情况具体分析，面对不同采访对象采取不同访问技巧，这不仅考验记者的基本功，也是对记者访问艺术的检验。第二，双面提问，正难则反。对一个事物的了解，我们不仅要了解其正面，还应考究其反面，如此才能全面整体认识此事物。新闻采访人物也不例外，在访问过程中，问长处，也问短处；问主要，也问次要；问正面，也问反面。马克思主义哲学唯物辩证法中讲到，事物作为矛盾的统一体，都包含着相互矛盾对立的两个方面，要全面看待人或事物，既要看到积极方面，也要看到消极方面，坚持用一分为二的观点看问题。正

① 张捷.新闻采访写作中的独特视角研究［J］.声屏世界，2020（3）：76-77.

式访问中，让采访对象回答自己想要的答案不是一件易事，有些问题，正面提问略显不适，或许转换思维进行迂回提问，从侧面将话题引到正题上来，可能会更加有效。反问、设问、追问等访问技法皆可根据现场实际情况灵活使用。“受众群体是新闻报道采访的最终接收者。新闻记者应学会站在受众群体的角度对当前新闻工作予以深入分析，同时对自身的职业素养进行反馈。这就要求新闻工作者在进行新闻访谈时，应以实事求是为原则，站在受众群体角度对所要报道的新闻内容予以深度思考。”[①]第三，视觉观察与访问相结合。一名好的记者理应具备一双善于观察的眼睛，直面采访与视觉采访结合、访问与观察结合，这样才能更好地把握整个采访过程。记者除了熟练掌握访问技巧外，还需学会用眼睛观察，时刻根据对方的反应作出相关访问策略的调整。眼睛是心灵的窗口，善于观察，反倒会事倍功半。试想，采访中，一双真挚的眼睛和一双呆滞的眼睛同时盯着你，你更愿意回答哪个呢？不言而喻，自然是选择前者。访问同样如此，用真挚眼神予以提问，更能激发采访对象的表达欲望。眼睛在采访中的功能很多，正如著名记者邵飘萍所讲：“一则可以表敬意，二则可以知所言之诚伪，三则可以知相守方对我之意向。”采访中，记者的眼睛全神贯注地看着对方，很大程度上表达对采访对象的敬意，让采访对象更加愿意阐述自己的想法。因此，敏锐的洞察力也是优秀记者的必备技能之一！

四、营造氛围，调适心理

新闻访问中需注意适时调节采访对象的心理。新闻采访活动本质上是采访者与采访对象之间人际沟通的过程。从心理学上讲，访问中主客体间的人际沟通实则是一种心理上的互动，双方的心理状态直接决定了此次新闻采访的质量。因此，记者在访问过程中需适时调节采访对象的心理，以期获得最好的采访效果。“采访过程中记者和被采访者是平等的关系，所以采访对象如果不愿意接受采访，记者也不能勉强。但是记者在这个过程中有很大的能动性，具体体现在记者可以通过揣摩对方心理看准谈话时机，有进有退，营造融洽的谈话氛围，激发被采访者谈话的兴趣，从而获得更多具有新闻价值的信息。”[②]可见，把握好采访对象的心理状态，才能使记者更好地发挥自身的专业才能。那么如何对采访对象进行合理的心理调控呢？其

① 罗节民. 记者新闻采访中的提问技巧［J］. 中国报业，2021（14）：106-107.

② 原华荣. 记者调节采访对象心理的技巧［J］. 新闻研究导刊，2018（23）：181.

一，坚持平等交流原则。无论采用何种采访方式，访问的终极目的是与人打交道，与人交流，与人访谈。诚然，与人真挚交流最基本的原则之一就是放低姿态、平等交流，只有如此，才能收效甚佳。由于职务需要，记者接触的采访对象，上至达官贵人，下至平民百姓，身份各异。永远保持与采访对象之间的平等关系是记者做好采访工作亘古不变的原则。在记者面前，他们没有尊卑之分、等级之别，只有一种共同的身份：采访对象。只有摆正与采访对象的关系，记者才能顺利完成每一次的采访任务。正如著名记者邵飘萍在对待与采访对象的关系上，无论是访问大人物，还是三教九流，他始终保持平等姿态对待。其二，坚持掌握主动权原则。在主动权问题上，主要防止两种偏向：一种是采访对象侃侃而谈，所讲内容逐步脱离采访主题，此时，记者需要发挥主动权，慢慢加以引导，使之回归正题。另一种是未能耐心等待采访对象讲完，记者就插入话题，打断采访对象思路，这是不正确运用主动权的表现。上述两种情况，皆不可取。采访过程中，记者应适当掌握主动权，主动引导采访对象回答事先准备的相关问题，一切要紧紧围绕采访的主题展开，偏离时应及时拉回。遇到紧急情况，记者可随机应变、沉着应对、机智处理。同时，采访对象对访问也会表现出不同的态度，记者可以通过分析采访对象的不同态度，适时调节其心理。心理学上认为，营造融洽的谈话氛围，容易让对方的心情愉悦，进而激发采访对象谈话的兴趣。营造一种和谐融洽的谈话氛围，无形中会拉近与采访对象的心灵距离，有助于后续采访工作的顺利进行，不仅在访问大人物时需要考虑，走访一些普通群众时也同样适用。例如，当我们采访专家学者时，除了问答式采访外，我们可以试图与学者探讨其所在专业领域的学术问题，互相交流启发，有助于活跃现场谈话氛围，更有利于访谈的深入，全面立体展现此访谈人物形象。营造和谐融洽的采访氛围，容易让人感到放松，当处于放松状态时，采访对象往往更加容易袒露心声，与记者坦诚交流，娓娓道来。

基于群体模仿的流行：网络迷因视域下的“网抑云”现象*

杜丹妮** 吴惠凡***

【摘要】“网抑云”作为2020年十大网络热词，其生成经过了复杂的模仿、变异和竞争阶段。传播主体自发性传播，伴随娱乐动机和群体认同，共同推动“网抑云”一词的传播与变异，形成网络迷因，使得“网抑云”现象的热度迅速升温。但网络流行语更替频繁，其退出公众视野的速度和爆火一样迅速。在传播过程中，“网抑云”文学被恶搞，出现低俗化、泛娱乐化趋势，因此人们对网络流行语进行传播和使用时仍须持审视和谨慎的态度。

【关键词】网络迷因 “网抑云” 网络流行语 模仿

一、概念的提出

“网抑云”来自网易云音乐的谐音，“网抑云”现象是指网易云音乐APP（应用程序）的评论区中抑郁情绪发言过多，使看到评论的人深有同感，而与其一起陷入

* 本文系2018年国家社科基金青年项目“社会责任视角下的网络意见领袖传播效能评价研究”（项目编号：18CXW030）阶段性成果，并得到2019年度北京市属高校青年拔尖人才培育计划项目（项目编号：CIT & TCD 201904071）资助。

** 杜丹妮，北京联合大学应用文理学院新闻与传播系2020级硕士研究生；主要研究方向：网络传播。

*** 吴惠凡，博士，北京联合大学应用文理学院新闻与传播系副教授、硕士生导师，北京联合大学网络素养教育研究中心副主任，本文通讯作者；主要研究方向：网络传播、新闻实务。

抑郁的特殊传播现象。当人们一时找不到倾诉对象时，就会把自己的心事和悲观情绪写进评论区，以得到陌生人的关心和理解，但同时也影响其他看到评论的人，使其不由自主陷入低沉情绪。为吸引眼球，也有人装文艺范、无病呻吟、故意卖惨来博同情。“网抑云”是2020年11月8日《青年文摘》公布的2020年十大网络热词之一。根据360趋势大数据平台，6月29日起人们开始对“网抑云”一词产生关注，到7月13日对“网抑云”的关注度出现爆发式增长，在8月3日至8月9日到达峰值37 800。随着互联网的推动，“网抑云”式风格语言迅速传播，网友争相模仿、二次创作，形成一场群体狂欢。

迷因（meme）一词最早由英国学者理查德·道金斯（Richard Dawkins）于1976年在《自私的基因》（*The Selfish Gene*）一书中提出，他认为迷因是一个类似基因、通过人与人之间不断复制和模仿而传播开来的小的文化单元。[①]法国社会心理学家G. 塔尔德（G. Tarde）认为，“一切事物不是发明，就是模仿”，模仿是先天的，在人类发展中起着重要作用。迷因的形成源于人类本能的模仿，人的模仿行为是具有自发性的。但迷因不是简单的复制，它还是一个自主再创造的过程。[②]

网络迷因是指某个理念或信息迅速在互联网用户间传播的现象，其中的信息大多是用户关注的、最前沿的。网络迷因与非数字化迷因并没有本质区别，只是随着互联网的发展，信息传播更即时快捷，加快了传播速度，且渠道趋于多样化，每个人都可以成为生产者、传播者和再创作者，为网络迷因的形成和传播提供了条件。希夫曼将网络迷因视为“由互联网用户传播、模仿和转变的流行文化单元，也是由互联网用户创造、共享的文化体验”。海量、原子化的用户主动参与是网络迷因得以形成的重要标志，任何用户都能成为迷因的匿名创作者。[③]

多数网络迷因的研究者认为，迷因传播类似于病毒，在短时间内大量传播，符合传染病传播的特点，可依据传染病模型进行研究。在新媒体环境下，迷因的发展更为迅速和复杂，传统的SIR传染病模型无法有效模拟网络迷因的传播趋势。张頔

---

① 田疆.迷因理论视域下的短视频传播研究：以“开瓶盖挑战”为例［J］.视听，2021（2）：127.

② 王念.互联网迷因视角下网络流行语传播影响因素研究［D］.广州：华南理工大学，2020（6）：10-13.

③ 常江，田浩.迷因理论视域下的短视频文化：基于抖音的个案研究［J］.新闻与写作，2018（12）：33.

提出建立SIInR模型，分析迷因传播过程。[①]张亮等学者提出建立SAMIR传染病模型，并作平衡点分析，深入研究网络迷因的传播与演化。[②]

二、模仿、变异与竞争：“网抑云”的流行图谱

带有悲伤、恋爱风格的歌曲成为“网抑云”用户的聚集地，下面的评论区里充满了情感宣泄的语句，比如“生而为人，我很抱歉”，“曾经也小鹿乱撞过，现在小鹿死了”等“网抑云”风格的语句。随着网友对这一现象新鲜感的不断提升，通过各个社交平台模仿、传播，“网抑云”一次次被赋予另一种含义，人们逐渐将“网抑云”一词作为标签，用来讽刺网易云音乐评论区里无病呻吟的人，他们把“丧评论”视作文艺，不断复制、粘贴别人的情感，甚至当作一种取乐，博眼球，求同情。在迷因理论下，“网抑云”现象的形成分为三个阶段：模仿、变异与竞争（如图1所示）。

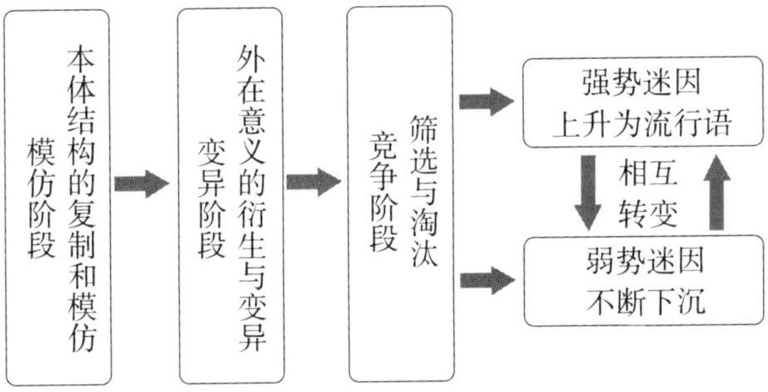

图1　网络流行语生成机制示意图[③]

模仿是形成网络迷因的关键，只有通过大量的复制、模仿使信息迅速传播才会形成网络迷因现象。人们通过模仿寻求身份的认同，得到群体归属感，并且在模仿的过程中获得乐趣和关注，这也是网络内容传播覆盖率扩大乃至爆火的原因之一。年轻人面对现实社会感到无力，失去自信，通过“自黑式”宣泄，在网易云音乐的评论区释放积压已久的情绪，从而缓解压力，这种“逃避式孤独”伴随着“防御性

① 张頔.互联网迷因的流行病传播模型研究［D］.天津：天津科技大学，2016（11）：8-10.

② 张亮，缪嘉乐，吴剑云，等.考虑接受-模仿-创新的互联网迷因传染病模型仿真研究［J］.系统工程，2021（5）：1.

③ 熊江武.迷因理论视域下网络流行语的生成及传播机制研究［J］.现代视听，2019（7）：46.

自嘲”，通过自我矮化来舒缓情绪，最终寻求他人的认可。其他用户看到这些充满抑郁气息的评论，对其中的文字表示认同，进行点赞，从而逐渐形成热评。从初期简单复制他人情绪，以找到群体归属感，到故意无病呻吟，为能处于音乐评论区中的显眼位置，获得极高的点赞数，达到自我满足而不断模仿“网抑云”的表达风格——这种“病毒式”的模仿行为，为网络迷因的生成打下了基础。

继而，“网抑云”在传播过程中，逐渐脱离简单的复制、粘贴文字，跟风模仿语气，而是变成一个又一个的“梗”，被恶意玩弄、嘲笑调侃，通过文字、视频的形式在微信、微博、哔哩哔哩等平台上不断进行生产与再生产，如动画片剪辑穿插“网抑云”经典评论，将一种释放忧伤情绪的话语变得阴阳怪气，走向娱乐狂欢。网友基于游戏的心态，用反讽、戏谑来解读意义，娱乐大众。至此，“网抑云”文本开始变异，越来越多的“恶搞”满足了公众的猎奇心理和娱乐诉求，人们沉浸并参与其中，形成了一场声势浩大的网络狂欢。同时，由于互联网传播具有即时性、碎片化的特征，加上网络应用在操作上的灵活性和便捷性，进一步加速了“网抑云”式衍生品的传播，使之逐渐演化成网络迷因现象。

最后，强弱语言迷因在变异中互相竞争，强势语言迷因以极强的渗透力和感染力在竞争中胜出，被公众广泛认可并得以传播。“网抑云”文本乃至所谓的“文学”被广泛传播，不仅是因为网易云音乐的评论区充斥着大量伤感言论而引起人们的共鸣，还有赖于弹幕文化的盛行，不仅满足了人们的猎奇心理，其中阴阳怪气的语调在很大程度上又恰好契合了公众对文化产品“娱乐化”的审美需求。互联网的快速传播，突破了空间和时间的区隔，为“网抑云”这一迷因转化为强势语言迷因提供了理想而丰沛的土壤。

三、生产、扩散到消退：“网抑云”的传播路径

“网抑云”现象的产生、流行到消退本身是一个创新扩散的过程，类似于一条S形曲线：早期被少数人接受，慢慢积累到达某一节点后，开始爆发式增长，最后逐渐衰减。“网抑云”式文学文本早期只是网易云音乐平台上的一些评论，在逐渐被更多用户关注形成热议后，网民开始自发地传播，越来越多的网民从旁观者转变成参与者，“网抑云”由此成为网民争相模仿、创新的“宠儿”，在各媒体平台上形成富有感染力的线上狂欢。从生产、扩散到消退，“网抑云”的传播路径十分清晰，

并且具有以下特点。

（一）从模仿到创新的自发性

网络迷因在社交网络上呈现出明显的“病毒式”传播特征，可以采用传染病模型刻画其传播过程。张亮等学者提出建立SAMIR模型，将网民分为五种类型：易感者（Susceptible）、接受者（Acceptor）、模仿者（Mimicor）、创新者（Innovator）和恢复者（Restorer）（见图2）。

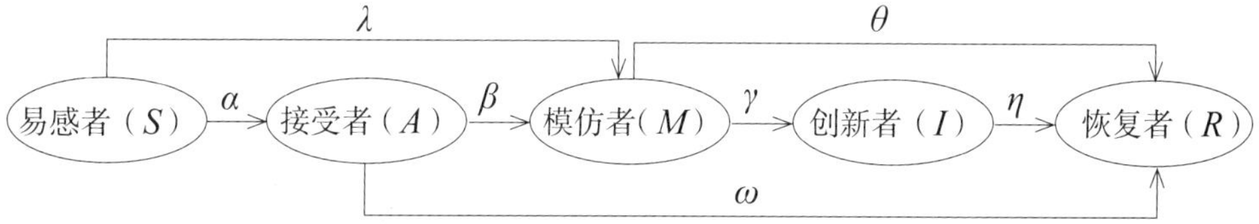

图2　SAMIR模型下网民身份迁移路径[①]

网络迷因的传播是自发性的，每个人都是传播主体，“网抑云”现象的扩散得到了网民和媒体的选择及推动。“网抑云”现象最初只是人们在网易云音乐上抒发悲情的想法，表达生活的不顺，这种带有“丧情绪”的评论引发易感者（S）的共鸣，继而这种“新鲜”的语气开始被越来越多的人关注，随着传播范围的扩大，部分网友开始接受这种“丧情绪”的渲染与传播，成为接受者（A）。

在传播初期，人们趋向于满足内心的需求，为获取他人的认可和关注，模仿者（M）开始无病呻吟。这一行为既增加了点赞量，也满足了自身的精神乐趣。对新鲜热点的模仿与使用也成为网民文化身份构建和自我认同的重要方式。与此同时，移动互联网媒介提升了传播效果，微信、哔哩哔哩等网络平台提供了表情包和短视频的制作与传播渠道，方便快捷，由此促成更多的模仿者（M）转化为创新者（I），进行二次创作。许多自媒体纷纷写文章、创作视频，在网络平台加以扩散，一时间使“网抑云”成为热门话题。

网民在模仿基础上的创新行为使“网抑云”在传播中发生演化变异，从单纯的“丧情绪”变成了暗讽人们无病呻吟的“话语狂欢”，产生新语境的迷因。由此可以看出，网络迷因的更新与传播，其推动力在于创新者（I）不断再生产的新鲜内容，

① 张亮，缪嘉乐，吴剑云，等.考虑接受–模仿–创新的互联网迷因传染病模型仿真研究［J］.系统工程，2021（5）：2.

广大网民积极“造梗”，进行狂欢式的二次创作和传播，使得这种“生而为人，我很抱歉”的“网抑云”式语气变为一种群嘲。

当狂欢热度到达某一节点后，恢复者（R）在各媒体平台呼吁网民理性发表言论，不要对真正抑郁症患者造成二次伤害，网民开始对此类故作矫情式的语言表现出反感。随着网民关注度逐渐降低，“网抑云”也悄然退出公众视野。

（二）从旁观到参与的游戏性

“网抑云”一词的传播、恶搞、流行，基本处于一种集体无意识的状态。正如威廉·史蒂芬森（William Stephenson）所言，作为玩乐的传播“允许人们沉浸于主动地游戏之中”[①]，在传播过程中，人们基于满足自身需求的本能，忘我地投入这一传播链条当中。

中国人民大学新闻与社会发展研究中心发布的《中国网民的信息生产及情感价值结构演变报告》指出，社会舆情事件的集中爆发阶段在21点到23点，传播的活跃度几乎是白天的一倍，尤其是睡前阶段，是网民全天打字最活跃的时刻。[②]与此一致，“网抑云”的评论活跃时间基本集中在22点到24点。忙碌的一天过后，人们躺在床上开始酝酿情绪。在安静的环境中，人的情绪波动变大，当听到悲伤的歌曲时，容易勾起过往的悲情记忆，并在评论区以戏谑的方式进行表达抒发。网友看到这类评论，基于本能的心理需求，会把自己代入他人的文字当中，引发焦虑和孤独情绪。由此，无论是“网抑云”式评论的创作者还是音乐背后的旁观者，都是主动沉浸于自己或他人营造的忧郁环境中。

2021年8月27日，中国互联网络信息中心（CNNIC）在北京发布第48次《中国互联网络发展状况统计报告》（简称《报告》）。《报告》显示，截至2021年6月，我国网民规模达10.11亿，网络视频用户规模达9.44亿，其中短视频用户规模为8.88亿，占网民整体的87.8%。[③]基于庞大的用户群体，激发了创新者（I）强烈的表现欲，对“网抑云”式评论进行二次创作，制作成视频，增加浏览量和粉丝量，以满

---

① 谢梅，何炬，冯宇乐.大众传播游戏理论视角下的弹幕视频研究［J］.新闻界，2014（2）：38.

② 徐峰.李彪：中国网民“动嘴”趋势增长［J］.新闻论坛，2016（6）：38.

③ 中国互联网络信息中心（CNNIC）.第48次《中国互联网络发展状况统计报告》［R/OL］.（2021-09-15）. http://www.cnnic.net.cn/hlwfzyj/hlwxzbg/hlwtjbg/202109/t20210915_71543.htm.

足社交和娱乐需求，获得群体认同感和满足感。截至目前，仅在哔哩哔哩平台，关于“网抑云”内容的单个视频最高点击量达1330.9万次，单个视频弹幕最多有10.3万条。同时，由于互联网内容生产的主体多样性、高效性及碎片化，迷因形式更趋丰富，囊括了词组、语句、图像、视频等类型。新鲜、有趣、接地气的“网抑云”富有极强的感染力，迅速得到网民的关注和自发模仿，形成“病毒式”传播，这种“病毒式”传播营造出一种集体氛围，形成一场又一场线上狂欢。在传播过程中，参与者更注重的是参与传播过程本身，而不是内容的逻辑与故事，这使得“网抑云”式传播也逐渐趋于低俗化、泛娱乐化。

（三）从爆火到消退的易逝性

网络迷因的另一特点在于短时间爆发，无预兆消退。360趋势大数据平台显示，“网抑云”的关注度在8月3日至8月9日到达峰值37 800后，热度开始陡然下降，在8月17日至8月23日这一周就低到了9987，而后热度逐渐消减，在8月31日降至3778后，近五个月对“网抑云”一词的关注度都趋于平稳状态。在一定的社会语境下，“网抑云”现象的传播过度活跃，在社交媒体上呈现出“病毒式”传播的效果。随着狂欢式的二次创作，这种强势迷因表现出极强的传播与复制能力，从而影响更多人群。整体看来，“网抑云”的传播具有旺盛的生命力，且经过二次创作产生变异后的新迷因延续了原迷因的生命力，从而使“网抑云”式文学在网络中长期存在与发展。

当有关“网抑云”现象的群嘲发酵后，网易云音乐平台推出“云村评论治愈计划”，鼓励和尊重用户真实情绪的表达，同时加大对虚假编造、谩骂攻击内容的清理力度。加之，在“网抑云”式评论成为网友的嘲讽对象之后，引发了公众对于此类故作矫情式语言的反感，人们对此投以的关注和互动逐渐减弱。随着时间的推移，“网抑云”的热度逐渐消减，并悄然退出公众视野。可以说，网络流行语的更替在互联网的推波助澜下尤为频繁，当公众的焦点被另一个更为新奇的热点吸引，“网抑云”的热度便急剧降低。

四、从“网抑云”到“网愈云”：营造健康清朗的网络环境

“网抑云”文学的热度不断上升，网民纷纷争相模仿，陷入一种“羊群效应”。

“网抑云”式语气在各个媒体平台上流传，逐渐显现出低俗化、泛娱乐化的趋势。面对网络流行语的传播和使用，我们应该始终抱持审视和谨慎的态度。基于对公众心理健康和网络环境的担忧，我们应该对“网抑云”传播过程中暗含的一系列问题投以密切关注。网民个人以及平台也应做出相应改进，机构应当引导网络文化发展，不断完善监管体系，警惕“网抑云”式狂欢引发失控和无序的公共传播，助力营造积极向上、健康清朗的网络环境。

（一）不做流量的盲从者，合理表达内心诉求

马斯洛的需求层次理论提出人类需求的五级模型，分别为生理需求、安全需求、社交需求、尊重需求和自我实现需求。[①]在“眼球经济”时代，博主们追求热点，以新颖、娱乐、戏剧化的方式吸引受众，引发关注，提升自己的人气，以满足自我实现的需求，但在创作当中容易盲目追求流量，使得二次创作的视频趋于低俗化、泛娱乐化。

对于“网抑云”一词的调侃，将本不是娱乐的事情娱乐化，使得人们一旦有情绪不佳的表述，他人就会表现出过高的敏感性，把这一语气当作娱乐的对象，群嘲“今天‘网抑云’了”。在互联网平台，人们很难判断一个人究竟是无病呻吟，还是真正抑郁、渴望得到宣泄和认同，这就使得存在恶趣味的人混迹其中，暗自推波助澜。

“人只要矫情起来，听什么歌都觉得是在讲述自己”，这种“假丧文化”的语气会伤害到真正有心理问题的人。在平台宣泄的过程本应是自我康复、自我治疗的过程，但这种嘲讽的语气使得人们不敢真实表达，只能将积攒的压力通过其他方式加以调节。基于此，越来越多的网友用正能量回怼“丧文化”，从而推动“网抑云”向“网愈云”转变。

（二）打造公众情绪“树洞”，及时分类清理信息

“网抑云”的流行折射出当下年轻人身上所背负的越来越沉重的社会压力，这种压力积压在他们心里无法对他人宣泄，只能在网上以匿名的方式进行自我宣泄，

① 谢铭懿. 从受众需求谈新闻娱乐化倾向：基于马斯洛“需求层次理论”的分析［J］. 西部广播电视，2021（11）：45.

以求得一定程度的舒缓和消解。由于互联网的匿名性，人们可以做出近乎本真的表达，而不用担心被熟人发现。网易云音乐的评论区因此成为人们宣泄和整理情绪的平台，即人们诉说各种想法的“树洞”，这也是人们促成自身心理健康的特殊行为机制。但随着“网抑云”式的评论铺天盖地，歌曲下面成为“丧情绪”的聚集地，其语气也逐渐变为奚落、嘲讽，这对真正身陷抑郁、渴望宣泄的人造成了阻碍，同时对营造积极健康的网络环境产生了负面影响。

2020年8月3日，网易云音乐针对“网抑云”现象，推出“云村评论治愈计划”，成立“云村治愈所”，开发出“抱一抱”这一新功能，即在歌曲评论区，只要将两个手指放在一条评论上，往中间滑动，就会出现两个小人相互拥抱的动画。这一举措意在激励网友在线给予陌生人“抱抱”，化解阴郁气息时，也助推了平台的“媒介人格化”趋势。许多用户表示这一功能很暖心，非常喜欢“抱一抱”。

与此同时，为抵制虚假乐评和恶意嘲讽，网易云音乐推出《云村公约》，上线网络“警员”，共同维护音乐社区的清朗环境。从通过“治愈所”关心真正的抑郁症患者到管理同质化评论、维护社区良好氛围，再到提升用户表达欲、鼓励用户抒发真情实感，这一系列的操作不仅通过行之有效的规范措施从源头上疏解“网抑云”现象，也彰显了“云村”的治愈力与社会责任感，将人们的注意力重新引导到应然的轨道上来，将公共表达从“网抑云”扭转为“网愈云”。

（三）引导网络文化发展，完善立体监管体系

在媒介应用不断更迭、媒介信息日渐超载的背景下，公共表达空前活跃，无论是广度还是强度都显著提升，甚至出现了“井喷现象”，形成失控与无序状态，溢出社会正常的可承受限度，造成公共表达“流动性过剩”。如今，公众情绪燃点增多，且燃点降低，舆情事件越发易燃易爆。特别是在互联网上，眼花缭乱的舆情事件扎堆出场，部分传播者为了博出位，通过夸张、戏剧化的方式吸引人们眼球。“丧文化”的流行就是青年亚文化在新媒体时代的一个缩影，可以从中略窥当下网民的社会心态。

“网抑云”从模仿、变异到竞争、流行，最终演变为网络迷因，这一过程中泛娱乐化的呈现形式颇具争议，其不加节制的嘲讽对真正抑郁的人群形成了心灵冲击。为营造积极健康的传播环境，促进网络文化的有序发展，需要不断完善以伦理为底线、平台规则为支撑、法律规范为红线的立体监管体系，避免因伦理道德冲突

而引发争议与矛盾。

五、讨论与总结

互联网的发展加快了信息传播的速度，拓宽了信息传播的广度，使得网络流行语的更替更加频繁，但并不是每一个流行语都能形成网络迷因。从“网抑云”到“凡尔赛”再到“privilege”，大众通过调侃自嘲参与传播，其背后的推动力在于人们寻求社会认同、释放内心情绪、参与群体狂欢的社会心理，其生成既存在偶然性，也具有一定的必然性。

网络流行语是顺应当下社会语境的产物，满足了公众的心理和行为需求，并且具有投射社会问题的意义，能够引发公众的认知和情感共鸣，因此得以迅速传播、流行，进而形成网络迷因，成为一个又一个具有代表性的“话语标签”。网络流行语在传播的过程中带有鲜明的娱乐特征，但在娱乐的背后也表现出一定的社会批判性，即人们以看似轻松的方式与当下的生活、情感压力进行对抗。

究其实质，网络迷因现象是当下社会环境与人们的社会心理进行对抗与结合的产物，群体的狂欢加速了迷因的生成。当然，网络流行语的传播必然存在不容忽视的问题，比如泛娱乐化、过度商业营销、突破伦理道德边界、对公众心理产生负面影响等。我们应该如何更为有效地加以引导、监督和规范，仍然需要不断地思考与尝试。

信息网络传播视域下的“深层链接”行为定性及规制

高胤丰* 张钧凯**

【摘要】“深层链接”技术不仅在信息网络传播过程中占据了重要地位，同时也对著作权人的利益造成了较为重要的影响，并由此引发了在新闻传播与法律等跨学科实践上的讨论。本文通过对“深层链接”概念在互联网行业的界定与应用进行阐释，并观照国际条约中“向公众传播权”条款的内容；同时因“深层链接”能够被容纳到现有的信息网络传播权体系中，对其产生的影响及规制进行分析。

【关键词】深层链接 信息网络传播权 提供行为

现代信息传播技术发展迅猛，为各类原创媒体内容的生产与消费提供了丰富的平台。在丰富多元的互联网络中，社交媒体与聚合网站的崛起打破了传统的传播媒体垄断的、单向的内容分发范式，人际间的沟通交流以及作品的传播方式也随之发生变化。通过在互联网平台的分享、点赞，算法机制又将作品的传播网络向外延伸，作品得以触及更多人，可见性不断提升。但随之而来的是互动式的向公众信息传播所引发的信息网络传播权的失控，著作权人无法控制“公众自己选择在什么时间和地点接触作品”①。

* 高胤丰，博士，北京联合大学应用文理学院新闻与传播系讲师；主要研究方向：网络传播。

** 张钧凯，中国人民大学法学院2020级硕士研究生；主要研究方向：知识产权法。

① 刘文杰.信息网络传播行为的认定［J］.法学研究，2016(3)：122.

随着时代的不断发展，出现了更多的新型互联网技术以及协议，信息传播的权力下移，这些都对原有的信息网络传播权提出了挑战。在互联网行业工作中，内容的编排、宣传、发行都是新闻传播工作者发挥议程设置功能的关键环节，是信息扩散及对公众传播的重要渠道，也是容易引发信息网络传播侵权的模糊节点。其中“深层链接”技术所涉及的信息网络传播侵权问题成为近年来在新闻传播与法律实践的热点问题。“深层链接”除了是信息技术问题，关涉个体权利问题，也关乎互联网生态的良性发展，更是新媒体环境中对新闻传播人才在跨学科能力及职业伦理与法规方面遇到的新挑战。因此，本文就近些年来迅速发展的“深层链接”行为进行分析，讨论信息网络传播权体系的变化，以期对“深层链接”引发的行业标准建设问题有所贡献。

一、“深层链接”的定性及应用

“深层链接”是互联网运作的模式与表征。互联网以服务器为出发点，将范围内能够或有资格容纳的个人计算机及或者其他计算机硬件连接起来，通过交换彼此的信息所构成的一个网络。万维网的诞生将原本独立的、零散的互联网资源进行组织，建立超链接，使用户可以实现文本间的相互跳转。其中，用户访问的单个页面所使用的特定域名即链接。传统意义上的信息网络传播作品的行为就是将作品的原件或复制件上传到服务器中的某一个链接网页中，那么在公众希望获得该作品的时候可以通过上网的方式进入该链接中获得作品。

“深层链接”行为是相对于“浅层链接”行为而言的。“链接”的作用就是最迅速快捷地帮助用户定位到网页的位置。对用于访问他人网站的链接而言，指向他人网站首页，能够引导浏览器跳转至该首页，完整显示其内容及其网络地址的链接被称为“普通链接”或“浅层链接”。相反，不指向网站首页，而是指向网站构架中更为深层次的网页（“次级网页”）或媒体格式文件的链接则被称为“深层链接”或“深度链接”。[①]在实践中当然还存在“加框链接”，即在不脱离原有网页的基础上，以类似于在他人网页内容上“加盖”的方式，直接呈现他人网页的内容。更多的链接方式这里不做过多赘述，但是此类链接行为有一个较为重要的特征：无论这类链接

① 万勇.深层链接法律规制理论的反思与重构［J］.法律科学（西北政法大学学报），2020（1）：37.

经过怎样的加工，即使设链网站有被链网站展示作品的外观，但是实际上并不存在将被链网站中的内容转移到设链网站服务器中的行为，而用户的下载、浏览行为实质上是在被链网站中进行的。[①]

“深层链接”技术已被广泛运用于互联网中，成为各类内容聚合平台（如今日头条、一点资讯等）的基本元素。内容聚合平台通过搜索引擎、数据抓取、算法识别等技术，为用户提供了易用性强、集成度高的信息内容阅读渠道，用户得以在原有界面中“欣赏被链网站的次级网页中的作品或者文字、图片、音视频等媒体格式文件”。换言之，设链网站利用“深层链接”绕过了被链网站设立的技术门槛，未经许可地使用著作权人上载的媒介内容，此信息网络传播行为造成对知识产权的侵犯。

法律实务层面对于信息网络行为的理解区别于传播学，就是不是信息网络行为提出了“服务器标准”“用户感知标准”“实质呈现标准”“实质替代标准”等判定依据及主张。[②]从根本上看，“深层链接”引发的讨论，是对网络上各类公开传播权的解读，以及对网络内容提供者在知识产权领域的保护及规制。

二、“深层链接”与“向公众传播权”的联系

互联网的发展解构了传统的信息传播话语格局，以更加包容的姿态改变公众交往的方式，互联网用户积极参与到信息的生产、获取、交流、扩散、消费等环节。隋岩认为产能过剩和互联网技术引发了高度链接化的群体传播，促使了信息生产与传播范式发生改变。[③]方兴东等人将数字传播描述为“自下而上、分布式自组织、开放式的大集市模式”。[④]技术赋权使得作为信息生产者的网络用户的主体性与能动性日益增强，因此他们作为著作权人的传播权益的重要性也日益凸显。

我国《著作权法》中关于“深层链接”行为所涉及的网络信息传播权主要观照《世界知识产权组织版权条约》（简称《WIPO版权条约》）第8条中“向公众传播权”

① 王迁.论提供“深层链接”行为的法律定性及其规制［J］.法学，2016（10）：24.

② 刘银良.信息网络传播权的侵权判定：从“用户感知标准”到“提供标准”［J］.法学，2017（10）：100.

③ 隋岩.群体传播时代：信息生产方式的变革与影响［J］.中国社会科学，2018（11）：134.

④ 方兴东，严峰，钟祥铭.大众传播的终结与数字传播的崛起：从大教堂到大集市的传播范式转变历程考察［J］.现代传播（中国传媒大学学报），2020（7）：132.

（right of communication to public）及“向公众提供权”（right of making available to the public）。《保护文学和艺术作品伯尔尼公约》（简称《伯尔尼公约》）也采用了类似的用语。这表明，向公众提供指任何形式作品的行为，只要提供的结果能够使公众中的成员可以在其个人选定的时间与空间获得有关的作品即可。时任世界知识产权组织负责版权事务的助理总干事米哈依·菲彻尔提出了“伞形解决方案”，并得到了各方的采纳。而其中“伞形解决方案”中提到了一个要件：这种向公众提供的行为应当包括所有类型的提供，而不管其目的如何，也就是说，不管提供的目的是感知、研究、观看、收听，还是制作复制品。[①]

我国《著作权法》基于《WIPO版权条约》框架对网络信息传播权规定的“公之于众”的权项，体现了“法律中立”“技术中立”等原则[②]，以保证内容生产者在互联网中的权益不受侵害。无论采用何种技术，无论使用何种商业模式，无论提供何种服务行为，只要存在用户可以获得、接触作品的可能性，当在线的交互式行为发生时，就落入了这项权利的控制范围。

在“深层链接”指向以媒体格式文件存在的作品时，对该作品的展示及下载并不会离开设链网站，同时外观上呈现的并不是被链网站的内容，从实质上来说，其也并没有离开设链网站，因此有学者认为其不属于“传播”行为。同时，在外国的司法实践中，美国联邦第九巡回上诉法院Perfect 10 v. Google案、澳大利亚联邦高等法院Universal Music Australia Pty Ltd. v. Cooper案、德国联邦最高法院Paperboy site v. BGH案和挪威最高法院Tono et al. v. Bruvik.案在相关判决中均认为对已自由传播的作品提供“深层链接”并不构成“向公众传播行为”。但是，在2014年的Nils Svensson et al v. Retriever Sverige AB案中，欧盟法院认为只要被链网站对作品的访问未采取限制措施，点击“深层链接”获得作品的用户就未超出权利人在授权被链网站传播时所预期的公众范围，也就未导致向“新公众”传播，因此并不构成对“向公众传播权”的侵权。从反面来说，欧盟法院认为“深层链接”行为本身属于“向公众传播”的行为。虽然这并不是一个统一的意见，但其中我们也可以看出世界范围内大家对“深层链接”是否属于“传播”行为还存在疑虑。

① 菲彻尔．版权法与因特网［M］．郭寿康，万勇，相靖，译．北京：中国大百科全书出版社，2009：299.

② 菲彻尔．版权法与因特网［M］．郭寿康，万勇，相靖，译．北京：中国大百科全书出版社，2009：101.

从国际公约条文出发，通过上文我们可以得出《WIPO版权条约》第8条主要控制的是“让公众可以获得作品”的行为。对于“深层链接”来说，虽然有学者认为其单纯是互联网服务，但是从公众可以获取作品这一角度来说，并没有跳出条文本身所包含的范围。所以，我们可以认为“深层链接”行为存在被信息网络传播权控制的可能性。网络内容聚合服务平台在一定程度上可以理解为通过“深度链接”向更广泛受众进行信息内容的“再提供”行为，在未经版权方或著作人许可的前提下，将构成对信息网络权的侵犯，这也是网站平台主体责任的缺失。

三、“深层链接”行为的后果与规制

在信息过载的媒介环境中，“深层链接”一方面缩短了网络用户信息搜寻的成本，便于大众获取信息资源，促进优秀知识的社会化流动；另一方面，“深层链接”所设链的作品具有排他性与使用条件，需要在知识产权保护迷思中寻找协调统一之路，让智慧成果更好地服务公众，促进社会的科学进步、经济建设与文化发展。

目前，反对“深层链接”属于信息网络传播权的学者认为，“深层链接”作为现代网络技术中不可或缺的一环，会对现在的生活造成极大的冲击与阻碍，如在微信朋友圈中转发音乐作品的网址，分享某一个作品的网页，以及在学术资源网站上汇编他人学术文章的网址等。这些问题的解决之道也在理论与实践的探索中正被逐渐探索。

1.加强“深层链接”网站平台的主体责任意识

“深层链接”技术本身是中立的，利用“深层链接”技术侵犯著作人权益的网站平台才是破坏良好网络秩序、扰乱知识产权体系的始作俑者。因此，网站平台履行主体责任责无旁贷。网络平台除了要起到新媒体环境下“把关人”的作用，对内容进行审核，还要对于信息来源、知识产权权属进行有效认定，注重风险管理，规范工作流程，健全“深层链接”管理机制，切实保障著作权人的权益。

2.提升从业人员的媒介法规水平

从技术开发到内容分发，网络平台各个环节从业人员的媒介伦理与法规知识都可能影响媒介产品的导向以及网络用户的行为选择。因此要通过常规化的培训，持续提升相关从业人员的专业素养与能力，使他们自发、自觉地形成社会责任意识，切实保障信息传播进程的合法性与合理性。

3.增进个体合法利益与社会利益的协调统一

针对“深层链接”的技术特征，按照三步检验法实现对普通公众日常的使用进行豁免。同样地，《伯尔尼条约》与《WIPO版权条约》中都有对著作权利限制的条款，也就是“权利的限制与例外”或“合理使用”等行为。对于此类问题，只要“深层链接”没有与作品的正常利用相抵触，也没有不合理地损害权利的合法利益，就属于例外的范围，不构成侵权。[①]同时，针对其他国家知识产权立法展开研究，从法理以及立法原则的角度出发，针对我国立法与国际条约中规定不一致的地方，力求最小限度的冲突。

此外，也有地方法院对“深层链接”问题做了进一步的解读。2018年12月24日，广东省高级人民法院对“深圳快播科技有限公司诉深圳市市场监管局著作权行政处罚纠纷案”作出二审判决。[②]判决认为快播公司的设链行为构成侵权的事实，并认为市场监管局适用《著作权法》第48条的依据充分。我国现行《著作权法》第48条规定的只有直接侵权行为以及违法规避技术措施和删除电子管理信息的行为，而本案并不涉及后两种情形，所以广东省高级人民法院的意见可以被推定为：提供链接，即“深层链接”行为至少在本案中构成直接侵犯信息网络传播权的行为。[③]

实践与理论之间的区别在于，实践总能为我们提供一个新的视角去看待问题，这可能植根于司法实践的特性：最终要定分止争，解决法律问题，并为公众提供能合理解释立法文件的适当判决。期待更多法院能对深层链接的问题作出回应，佐证上文所作的些许陈述。

结语

随着新媒介技术的发展和传播环境的改变，每个人都能够成为尼葛洛庞帝口中

① 万勇.论国际版权公约中“向公众提供权”的含义［J］.知识产权，2017(2)：38.

② 参见：广东省高级人民法院（2016）粤行终字第492号行政判决书。

③ 万勇.深层链接法律规制理论的反思与重构［J］.法律科学（西北政法大学学报），2020(1)：37.

的“没有执照的电视台”。作为信息生产者、传播者与消费者的网民群体越来越注重在信息网络传播过程中的权益保护，“深层链接”行为引发了媒体与法律行业的讨论，政府部门正不断寻求“深层链接”引起的侵犯网络信息传播权的保护之道。我国已积极融入国际知识产权的进程中，通过对国际条约规定的借鉴，根据国情进行调整，不断加强对知识产权领域的保护。同时，国家也应充分利用知识产权这一制度，在推动本国经济、文化与科学发展的过程中，既要注意加强对著作权人的保护，也要注意社会公众的利益平衡。

随着信息传播技术的不断发展与演进，类似“深层链接”技术引发的知识产权在未来也必将不断涌现。在法律法规实践方面，还需要进一步根据国情，用本国立法语言重新制定精细化规则，研究国际知识产权纠纷以及仲裁内容，从中吸取经验，为争端仲裁模式提供技术指导。媒介平台等传播主体也应不断压实自身的管理主体责任意识，成为优质的社会公共服务平台与信息内容生产传播渠道，共建健康清朗的网络空间，护航网络知识产权建设。

虚拟现实技术在电影产业中的应用及影响

金　韶*　褚婉宏**

【摘要】2016年是虚拟现实爆发元年，虚拟现实技术越来越多地被应用到电影中，产生了互动电影这种创新电影形式。虚拟现实技术具有的仿真、沉浸、交互等特性，不仅为用户带来了全新的体验，而且对电影的前期策划、拍摄制作、宣传发行等带来了颠覆性的变革，对电影产业的结构和电影形态的发展也产生了深远的影响。本文将着重探究虚拟现实技术在电影产业各环节的应用方式及其对电影产业的影响。

【关键词】虚拟现实技术　电影制作　人工智能

一、虚拟现实技术的发展

虚拟现实技术是继互联网和移动互联网之后新一代信息技术的典型应用。虚拟现实集合了多学科的综合技术，以计算机为核心，在一定范围内形成可视、可听、可触、可嗅等一体化的虚拟环境，使用者可以借助专用设备身临其境，并且能够与虚拟环境中的人或物进行交互，感受到全方位的沉浸体验。

---

* 金韶，博士，北京联合大学应用文理学院新闻与传播系副教授；主要研究方向：影视传播、新媒体。

** 褚婉宏，北京联合大学应用文理学院新闻与传播系2020级硕士研究生；主要研究方向：影视传播。

（一）电影制作促进技术进步

特效技术是科幻电影的核心要素和支撑，而科幻电影的发展又推动着特效技术的进步。1975年乔治·卢卡斯为了拍摄和制作《星球大战》，专门成立了特效公司——工业光魔，并由此带动了电影特效行业的崛起。1993年，彼得·杰克逊创办了维塔数码，并在2001年制作和推出了《指环王》，维塔数码也迅速发展成为全球顶尖的特效公司。2005年起，詹姆斯·卡梅隆为了电影《阿凡达》的拍摄，专门请索尼开发了3D摄影机，并且开发了全CG动作捕捉、虚拟拍摄等电影技术，2009年《阿凡达》上映获得巨大成功。其后，虚拟制作技术快速发展，2015年上映的《奇幻森林》用了绿幕+虚拟拍摄，而2019年上映的《曼达洛人》则将虚拟拍摄从绿幕升级为LED屏，通过LED屏实现演员和虚拟特效的实时合成。科幻电影引领着特效技术的创新与迭代，催生了全球顶尖特效公司，引起良性循环，进一步带动科幻电影特效水平的提高。

（二）虚拟现实技术的诞生

1987年杰伦·拉尼尔首次提出了虚拟现实（Virtual Reality，简称VR），并且研发出了第一套真正意义上的虚拟现实设备，是综合利用计算机图形系统和各种现实及控制等接口设备，在计算机上生成的、可交互的三维环境中提供沉浸感觉的技术。简单来说，虚拟现实技术是一种可以创建和体验虚拟世界的计算机仿真系统。1935年，美国科幻作家斯坦利·温鲍姆发表了一本名为《皮格马利翁的眼镜》的科幻小说，小说描述了主角只要戴上一套特殊的眼镜，就可以进入一个前所未有的可以模拟视觉、听觉、味觉、嗅觉和触感的电影世界中去。这本小说的感念其实便是"沉浸式体验"的最初描写，与如今的虚拟现实技术有着异曲同工之妙，这本小说也被公认为是探讨虚拟现实的第一部科幻作品。正是受到这部科幻小说的启蒙，越来越多的人开启了对虚拟现实世界认知的窗口。

（三）虚拟现实技术的核心特征

1.仿真

虚拟现实技术利用计算机产生的三维立体逼真图像使虚拟与现实相交，并且通过电脑技术将虚拟的信息应用到真实世界中去，让真实的环境和虚拟的物体实时叠加到同一个画面或空间中并且同时存在，给存在于模拟环境中的用户提供尽可能的真实感。VR头戴设备以其逼真的立体三维图像让使用者模糊了虚拟与现实的边界，使其完全融入VR头戴设备所营造出来的崭新的世界中，虚拟现实技术的这种仿真技术正是其一大卖点。

2. 破窗

虚拟现实技术的出现打破了屏幕的边界感，传统的影像技术无论从手机到电脑再到大屏幕都存在边界。VR的出现则打破了这扇“窗户”，不再把屏幕死死地钉在一扇窗户中，它所呈现出来的和真实环境中的世界一样，用户的周遭视野所及之处都是影像，没有屏幕的概念，没有边界。用户的观看场景无限制，观看姿势无要求，不像在传统影院中那样只能方方正正地坐着，使用VR设备对用户本身的限制减轻了。这就是随着VR的出现所伴随的全新的影像表达形式。①

3. 交互

使用者可以在虚拟环境中利用相关传感设备实现与虚拟世界中的物品交互，并形成视觉感知、听觉感知、触觉感知、运动感知，甚至还包括味觉、嗅觉、感知等，如用手触摸虚拟世界中的物品时，产生的感觉与在真实世界中触摸物品的感觉是相同的。在电影以及游戏中都将更加体现这一优势，用户不仅是一名观看者，还是一名参与者。例如，在电影或游戏中与虚拟世界中的人物或者游戏NPC（非玩家角色）进行交互，从之前的被动变为主动，使用者可以主观选择自己想要进行的动作以及剧情进度，大大提高了游戏的趣味性。

二、虚拟现实技术在电影产业中的应用

（一）创作环节：剧情设定

1. 虚拟世界观打造

《黑客帝国》三部曲被公认为是美国科幻电影的经典之作，电影对虚拟世界与

① 姜荷. VR虚拟现实技术下影像表现形式的可行性分析及对电影产业格局的冲击与挑战［J］. 当代电影，2016（5）：135.

真实世界之间的矛盾和角逐、所进行的史诗级对话和生动表现是绝无仅有的，电影上映至今20多年过去了，从来没有哪个话题能够像它一样吸引着大众对虚拟世界进行如此深入、如此持久的讨论和思考。20年前的科幻电影所探讨的真实与虚拟的世界就已如此引人深思。科幻主题电影打造出电影本身的世界观不仅可以使剧情本身逻辑通顺，更能够方便观众理解，影片所构筑出来的一个特殊的“世界”使观众仿佛置身于整个虚拟世界。根据世界观可以延伸出相应的符合逻辑的场景设定、人物情节设定和剧情冲突等。

漫威系列电影打造出整个漫威宇宙，漫威先分别将主要的超级英雄故事拍成电影，铺垫好之后再将各个英雄联合一起拍摄“复仇者联盟”系列电影，为电影赚足噱头，这样既保留了每个英雄角色完整的世界观，当他们组队拍摄合体电影的时候，世界观的设定也是统一的。观众观看电影时会自动带入之前的系列电影所呈现出的世界观中，无须再次花费片时讲解电影的世界观。也就是说，同一宇宙的电影构造出自己本身的虚拟世界观，观众便会自动带入，更加方便打造更多系列电影。

2.虚拟角色

从《少年派的奇幻漂流》里用CG（Computer Graphics）制作而来的老虎帕克，到《银河护卫队》的格鲁特（Groot），这些电影角色都是由后期特效制作而成，但在拍摄现场一般用玩偶代替拍摄。这种拍摄方式不但有利于后期的增补背景、光效或道具，而且在后期补拍或插入镜头时，不再需要全部参演人员同时在场，大大减少了时间和空间上的成本。[①]随着电影特效行业的快速发展，科幻电影角色可以不再受到角色限制，运用后期合成即可打造出一个完美的虚拟角色。在虚拟现实技术越来越成熟的今天，我们不难想象到未来可以在VR实景电影中看到更为立体逼真的虚拟角色，由五感带动与虚拟角色互动，给用户带来更为新鲜的体验。

3.游戏化叙事

2018年上映的《头号玩家》更是青出于蓝，电影取材于虚拟现实技术爆发的2016年，电影中呈现的虚拟现实技术、虚拟世界及相关体验装备都与当前科技的发展密切相关。整个电影并非不着边际的科学幻想，而是对未来虚拟现实科技发展进行电影视听语言的预见。

① 张驰.后身体境况：从“赛博格演员”到虚拟偶像［J］.电影艺术，2020（1）：97.

影片实现了电影与游戏跨媒介融合，以电影为载体，承载了许多游戏的内容以及设定，影片以游戏角度展开叙事，使观众轻松游移于电影时空与游戏空间内，游戏的特效加上电影唯美的画面感官给观众带来了双重刺激，两者双赢带给观众新鲜的审美效果。随着越来越多的网游改编为电影，这种游戏化叙事越来越受大众的欢迎。值得一提的是，《头号玩家》导演史蒂文·斯皮尔伯格在影片的一个片段中，在汽车上放了一个二维码，观众扫描二维码后会进入一个影片专属的答题网站，观众需要不断观看电影，解密才能够通关。这也就吸引了更多观众在首次观影后通过不断回看来解答问题。这种互动叙事的采用使得观影生命周期加强，为观众提供了新的观影体验，也使得影片的商业价值通过后期的网络会员播放得到了提升。①

（二）制作环节：虚拟制片

1.虚拟拍摄

演员在提前制作好的虚拟背景前表演，导演监视器上实时呈现合成后的效果，这种直观的拍摄技术称为电影的虚拟拍摄方法。这种拍摄方法的好处是可以将背景的3D场景随着相机的移动而移动，完美地解决了透视同步问题，仿佛演员身临其境一样。虚拟拍摄是以数字资产为基础、仿真融合为目标来进行的，整个过程包含演员、实景、数字场景的全方面融合。虚拟拍摄按照流程的先后顺序分为实时虚拟预演和现场虚拟实拍两种工艺，实时虚拟预演的可视化呈现一般会在电影制作流程的每个实际生产环节之前进行，它可以将虚拟背景和实拍前景画面实时合成并记录下来，还可以在纯虚拟环境中将虚拟角色的表演进行实时渲染，导演手持摄像机就如同在真实场景拍摄一样。通过虚拟预演能够让整个制作团队达成共识，激发导演创意灵感，减少沟通时间，从而节省制作成本，提高制作效率。

2.视觉特效

视觉特效（Visual Effects）从本质来讲就是计算机模拟影像，为了使影视作品能够完成其核心功能，即完整地表达了影片的故事并且与观众产生了精神互动，对特效的真实性提出了一定的要求。电影开拍前期，主创团队会进行充足的镜头设计

① 陈旭光，李黎明.从《头号玩家》看影游深度融合的电影实践及其审美趋势［J］.中国文艺评论，2018（7）：103.

并制订拍摄方案，根据分镜头做出一个动画版本，待到实拍时，这些镜头再逐渐被替换，形成连贯剪辑的绿幕版本，然后在绿幕剪辑版本上做画面的特效。特效构建是一个庞大又精细的工作，如《流浪地球》所构建的景观中一些镜头的纵深能达到几万甚至几百万，某个画面的渲染中，光地面的石头就撒了100亿个。所以特效团队需要通过简单的模型搭建把运动的焦点元素先设计出来，做一些简单的视觉跟踪，再把整段戏的视觉场景搭建出来，然后把镜头放进去。一般情况下，特效团队与导演在拍摄之前用纯三维技术加一些光线效果进行动态预览，在拍摄完成之后，特效团队在拿到拍摄素材后可以进行迅速而准确的处理，做后期预览。

3.虚拟制片

虚拟制片（Virtual Production，简称VP）是一种视听技术，源自好莱坞电影，特点是仿真、交互与实时，2010年前后传入中国，主要应用于影视剧与电视节目的拍摄和制作。虚拟制作由影视工业孕育而成，是极客精神的衍生作品，也是生产效率的倒逼产品，把虚拟计算机图像与真实演员的表演融合在一起，而且在拍摄现场就能把加特效的画面实时做可视化呈现的制片方法。这种技术最初是Epic Games出品的实时3D创作引擎——虚幻引擎（Unreal Engine），引擎技术便是虚拟制片的核心驱动力。虚拟制片包括用CG或VR技术在拍摄前对场景进行可视化处理、搭建虚拟拍摄片场、实时特效、表演捕捉和虚拟后期制作等环节工作。而强大的虚幻引擎在整个过程中起到了关键性作用。比如前期场景设计，可以用VR工具把创意和各种元素都导入虚幻引擎当中，渲染出一个沉浸感极强的VR场景，所有创作者都可以进入那个场景中，预览甚至做深度探索，决定故事在哪些地方以哪些角度展开。

（三）终端环节：沉浸体验

1.空间沉浸

VR电影的出现颠覆了传统电影的观影体验，VR电影借助头戴显示设备并且通过传感器对用户的眼睛、头部以及手部等身体部位进行实时感知与互动反馈，当人们转动头部，画面也会随之转动到另一侧，这样一来观众便可以自主选择观影视角，形成了人与场景之间的互动关系。传统的剧本更加强调镜头的切换，而VR电影则把空间视觉化，可见之处皆为屏幕，自此观众不再是被动的接受者，而是积极与场景互动的参与者。相对传统影院而言，一般视野最好的地方就是影院座位中间的几排黄金观影位置，而VR头戴显示设备将永远处于传统影院的黄金观影位置。用户在家或者任何公共场合、私人场合，都可以随时体验沉浸式VR设备带来的全方面感官享受，不会受到播放时间、播放地点的限制。

2.情感沉浸

VR头戴显示设备可以带来很好的时间和空间的封闭性，在沉浸式体验方面或许并不逊色于传统院线，也更加有助于调动观影者的感官以及观影情绪。VR设备可以模拟同步人们的视觉、听觉以及触觉，也可以在电影故事情节中让更多的用户参与进来，让观影者从被动观看变为主动选择，慢慢增强用户的观影沉浸感，使用户可以在虚拟的世界中放飞幻想。VR设备影像大多是通过第一视角带来的沉浸式体验，赋予用户更加真实的主观视角与在场感，并且在心理感官上也更加认同，能够真正把自己带入电影的故事情节发展中，激发情感共鸣。例如，电影《火星救援》制作公司发布的VR影片中，观众可以自由观看火星地表，画面也会随着头部转动而变化，用户的观看角度不再受到屏幕边界的限制，极大地提高了用户观看的情感沉浸与在场感。

三、虚拟现实对未来电影产业的影响

（一）未来叙事：观众即角色

观众可以选择虚拟角色，观众可以借助数字孪生技术把自己角色化融入电影中。观众可以体验电影创作的各个流程，感受电影行业中场景搭建、演员调度、情节发展等各个环节，加强电影行业与外界的互动。在这个“人人都是自媒体”的新媒体时代，用户可以通过网络平台上传自己创作的剧本，让更多的用户体验电影制作流程并且借助虚拟现实设备根据自己的喜好制作一部属于自己的科幻微电影，通过多方面联动，加强用户与平台之间、用户与电影业界之间的交流，促进电影行业新态势发展。

在未来，利用计算机视觉和人工智能技术，致力于用人工智能颠覆影视制作行业并加速时代数字化进程将会成为一大热点趋势。北京聚力维度科技有限公司（简称“聚力维度”）是一家深耕计算机视觉和人工智能技术的高科技企业，公司致力于用人工智能技术把影视制作从手工时代直接带到人工智能时代。现在的影视行业，在生产制作环节还停留在革命之前的手工作坊时代，影视作品的每一帧画面都是不一样的，需要人工才能生产完成，而聚力维度正在做的就是将人工智能技术与计算机视觉技术相结合，加快影视产业的制作流程，扩大影视制作用户端口，让人人都可以当导演、编剧，制作属于自己的微电影。

（二）未来影院：视觉奇观+社交仪式感

未来的VR电影由于其头戴显示设备的观影自由性，观看时间、空间不再受到任何限制，观众除了可以在具有专业设备的影院体验，也可以购买VR头戴显示设备在家里进行观看，这带动了VR头戴显示设备产业化、规模化的进程。除了VR头戴显示设备，任何在影片中出现的家具、家电、汽车等产品都可能吸引消费者进行购买，因为在VR虚拟世界中，消费者可以产生身临其境的感觉。消费者对产品的性能、质地、材料等更加了解，这导致VR电影从之前的内容消费转变为现在的产品消费。

VR电影产业发展尚在加速成长期，未来VR电影会发展出更多的分支来吸引观众进行消费，电影内容更具个性化，电影方向更加细分化，从之前的大电影主打大众消费到VR电影针对用户的个性化定制，逐渐走向个性化消费。另外，可以针对消费者个人喜好来打造适合自己的VR头戴显示设备，未来VR产业也将更加专注于深耕长尾市场，打造个性化消费体系来吸引消费者。

大学生用户的共享单车使用意愿影响因素研究

——基于山东高校大学生群体的调查

林玉娜*

【摘要】共享单车作为共享经济模式下的一种典型产品为人们的出行带来了极大的便利，也成为新式流行的城市出行方式。目前市场上的大多数共享单车企业开始转向精细化经营，在精准计算和个性化服务方面为用户带来更加优质的骑行体验。本研究以山东科技大学、中国海洋大学、青岛大学三所学校的在校学生为研究对象，基于技术接受模型，探讨感知易用性、感知有用性、感知风险、感知优惠、社群影响五个因素与使用意愿之间的关系。研究发现：感知易用性、感知优惠与使用意愿正相关；感知风险与使用意愿负相关；感知有用性和社群影响与使用意愿相关性不显著。

【关键词】共享单车　技术接受模型　感知风险　使用意愿

一、研究背景

目前市场上共享单车品牌众多、优势各异，尤其自滴滴、美团等企业参与共享单车市场竞争以来，行业内部便加快洗牌，最终形成了以美团（于2018年4月将摩拜单车收购）、滴滴（青桔单车）及哈啰出行（哈啰单车）三足鼎立的竞争格局。

* 林玉娜，北京联合大学应用文理学院新闻与传播系2021级硕士研究生；主要研究方向：新媒体传播。

在发展前期，大多数企业采用粗放式的经营模式进行市场规模的迅速扩张，而到如今，共享单车行业逐渐迈入盈利时期，众多企业纷纷转向更加精细化的运营。如何运用大数据技术和互联网技术，如何合理计算单车投放范围与规模，如何合理地设置停放区域、设计个性化服务，如何完善技术使定位更加精准，从而为用户带来更加优质的服务与骑行体验，是目前大部分企业都要解决的问题。

近4年来，哈啰出行与国内近500所知名高校达成合作，服务学生超过1600万人。截至2021年3月，哈啰出行在山东40多所高校展开运营，包括山东大学、青岛农业大学、山东理工大学、山东科技大学等高校，服务大学师生超过200万人。通过分析用户出行行为，提供具有差异化的服务，从而满足高校学生的出行需求。其中，使用意愿是哈啰出行是否能够长时间服务校园交通，也是其他品牌是否能进入这一细分市场的关键。

目前，国内学者对共享单车的研究多集中于管理方、平台方，采用不同的分析框架，解读共享单车现状并提出合理建议，而对消费者端的研究和效果测量分析涉及较少。因此，本文立足实证调查，通过构建修正的技术接受模型，分析大学生对共享单车使用影响因素及使用满意程度。本研究希望解决以下问题：第一，分析校园共享单车用户使用意愿的影响因素，并通过构建模型对各影响因素间关系进行分析。第二，从理论层面揭示校园共享单车用户使用意愿的作用机理，为企业的运营和后续的研究提供支持。

二、理论假设与模型建构

（一）理论基础与假设

1. 技术接受模型

技术接受模型（Technology Acceptance Model，简称TAM），是由戴维斯（Davis，1989）[①]在理性行为理论（Theory of Reasoned Action，简称TRA）基础上为研究用户对计算机信息系统的接受行为而提出的一个理论模型（见图1）。

该模型认为，个人对某个新事物的使用行为是由其使用意愿决定的，而使用意

① DAVIS F D. Perceived usefulness, perceived ease of use, and user acceptance of information technology[J]. MIS quarterly, 1989, 13(3): 319-340.

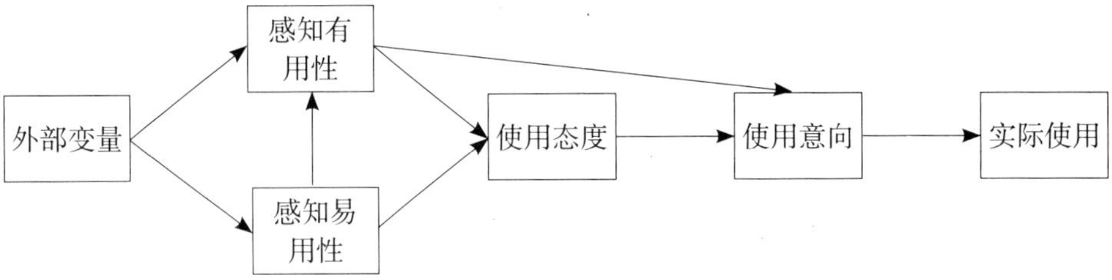

图1　TAM模型示意图

愿又受到使用态度的重要影响，同时，用户在新事物使用过程中的感知有用性与感知易用性影响着其使用态度，感知易用性通过感知有用性对用户的使用意愿有间接的影响作用。但随着研究的深入，学者们发现用户的TAM模型中的使用态度无法被准确地测量，同时也无法良好地测量感知易用性与感知有用性对使用意愿的影响。因此，戴维斯等人①对初始的TAM模型进行了一定的改良，经过修正后的模型被学界称作修正技术接受模型（见图2）。

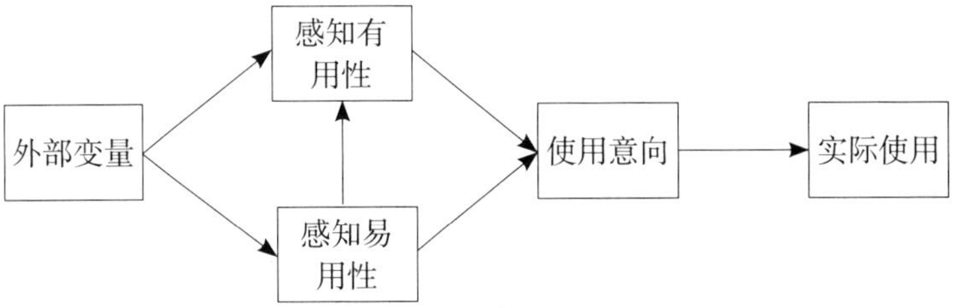

图2　修正后的TAM模型示意图

技术接受模型在使用行为影响因素的研究中被广泛使用。围绕着移动政务APP用户使用意愿、移动健身软件用户使用意愿所展开的众多研究证明，用户使用过程中的感知有用性与感知易用性对其使用意向有直接显著影响，从而影响用户的使用行为，而感知易用性能够通过感知有用性间接地影响用户的使用意向。由此，可以得出以下假设。

H1：用户对共享单车的感知易用性正向影响感知有用性。

H2：用户对共享单车的感知易用性正向影响用户的使用意愿。

H3：用户对共享单车的感知有用性正向影响用户的使用意愿。

① VENKATESH V, DAVIS F D. A theoretical extension of the technology acceptance model: four longitudinal field studies［J］. management science, 2000, 46(2): 186-204.

2.感知风险

感知风险（Perceived Risk，简称PR）的概念源于心理学领域，认为消费者在购买商品时，由于无法准确预知商品是否能达到预期的效果，而可能产生某种不确定且不愉快的结果。感知风险便是消费者在做出消费决策行为时的一种对即将到来风险的主观预测（Bauer，1960）[①]。各种对风险的预判和感知都对用户的使用意愿有负面的影响，因此可以得出以下假设。

H4：用户在共享单车使用中的感知风险负向影响用户的使用意愿。

3.社群影响

社群影响，即周围人群的产品使用体验或行为对用户使用意愿及行为的影响。以往研究显示，社群影响是影响用户持续使用意愿的重要因素，对感知易用性、感知有用性与信任有显著的正向影响（崔洪成，陈庆果；2020）[②]；在APP消息推送时，社群影响对用户的使用意愿有正向影响作用（赵延昇，刘佳；2016）[③]。

由此，可以得出以下假设：

H5：用户的社群影响正向影响对共享单车的使用意愿。

4.感知优惠

共享单车企业会推出优惠活动和优惠政策来吸引用户长期使用。以往研究显示，感知优惠对年轻消费群体的团购呈现直接的正向影响（王燕茹，2014）[④]，感知优惠券价值对用户转发推荐意愿具有显著的正向影响（刘芬，2019）[⑤]。

---

① BAUER R A. Consumer behavior as risk taking[D]//HANCOCK R S, ed. Dynamic marketing for a changing world: Proceedings of the 43rd national conference of the American Marketing Association. Decatur, GA: Marketing Classics Press, 1960(7): 389-398.

② 崔洪成，陈庆果.移动健身App用户持续使用意愿研究［J］.首都体育学院学报，2020，32(1)：75-81，96.

③ 赵延昇，刘佳.用户对APP推送消息使用意愿影响因素分析［J］.大连理工大学学报（社会科学版），2016，37(4)：26-32.

④ 王燕茹，梅佳，迟藤，等.基于O2O模式的年轻消费群体团购行为影响因素分析［J］.商业时代，2014(29)：65-68.

⑤ 刘芬.用户兑现体验对移动优惠券转发推荐意愿的影响研究［J］.技术经济与管理研究，2019(2)：70-75.

由此，可以得出以下假设。

H6：用户的感知优惠正向影响对共享单车的使用意愿。

（二）模型建构

基于上述研究假设，最终在技术接受模型（TAM）的基础上，结合感知风险理论，构建本研究的共享单车使用意愿影响因素路径模型（见图3）。

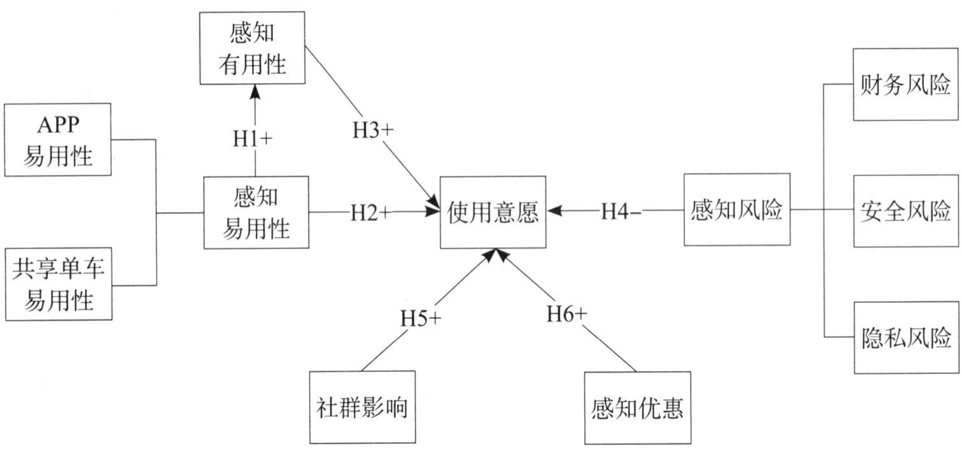

图3　大学生共享单车的使用意愿模型示意图

三、研究设计

（一）研究对象与数据收集

本研究以山东科技大学（青岛）、中国海洋大学、青岛大学三所高校在校生为研究对象，采用方便抽样方法，于2021年5月20日至26日线上线下相结合发放问卷。线下主要集中在人流量较大的餐厅、教学楼进行发放；线上主要利用微信、QQ等社交平台发放问卷。最终收集到问卷413份，经过筛选，最终得到有效问卷335份。

研究样本的人口统计学数据（N=335）如下。

性别：男性161人（48.06%），女性174人（51.94%）；年龄：18岁至24岁318人（94.93%），25岁至28岁17人（5.07%）；教育程度：本科308人（91.94%），硕士及以上27人（8.06%）；月收入（生活费）：1000元以下60人（17.91%），1001元至

2000元212人（63.28%），2001元至3000元43人（12.84%），3001元至4000元9人（2.69%），4000元以上11人（3.28%）；每天使用次数：1次至3次220人（65.67%），4次至10次65人（19.40%），10次以上50人（14.93%）。

（二）研究设计与变量测量

本研究调查问卷采用李克特五点式量表的测量形式，每个测量题项的选项分为1至5的数字选项，分别代表“完全不同意”“比较不同意”“一般”“比较同意”“完全同意”五个选项。具体量表见表1：

表1 量表题项描述及来源

变量	测量指标	测量题项	量表来源
感知有用性	PU1	使用共享单车节省了我的出行开支	Davis
	PU2	使用共享单车节省了我的出行时间	
	PU3	使用共享单车使我的出行更加方便	
APP易用性	PEU1	共享单车 APP 界面清晰、操作简单	
	PEU2	共享单车 APP 开设的功能（如预约车辆）为我的出行带来方便	
	PEU3	共享单车 APP 定位功能准确	
共享单车易用性	PEU4	共享单车性能好，骑行使用良好	
	PEU5	共享单车取车、还车方便	
	PEU6	共享单车租赁点设置以及车辆数量能够满足我的需求	
财务风险[①]	FR1	我担心使用过程中会被额外扣费	刘珈琪
	FR2	我认为共享单车的收费不合理	
	FR3	我认为使用共享单车可能造成我额外的金钱损失	
安全风险	SR1	我担心使用共享单车出现故障时会产生人身安全问题	
	SR2	我担心使用共享单车 APP 时会出现手机信息安全问题	
隐私风险	PR1	我担心通过 APP 解锁共享单车时个人信息被泄露	
	PR2	我担心使用共享单车后容易收到垃圾信息	
	PR3	我担心共享单车 APP 平台会收集并使用我的个人资料	

① 刘珈琪，柯湾，刘春.基于TAM-ECM 模型的共享单车用户持续使用意愿影响因素研究［J］.软科学，2019，33（7）：116-121.

续表

变量	测量指标	测量题项	量表来源
社群影响	SI1	我周围很多人使用共享单车这种出行方式	
	SI2	我使用共享单车会受到周围人的意见和建议的影响	
	SI3	我认为共享单车是一种流行的出行方式	
感知优惠	PB1	我认为使用共享单车出行更省钱	
	PB2	我认为共享单车的月卡等活动很优惠	
	PB3	共享单车的优惠政策促使我继续使用单车	
使用意愿①	WU1	我愿意继续使用共享单车	赵敏等
	WU2	需要出行时，我会优先考虑使用共享单车	
	WU3	我会把共享单车这种出行方式推荐给身边的人	

四、模型分析与结果

（一）测量模型的信度与效度分析

在验证假设之前，需要对问卷的信度和效度进行分析。本研究采用SPSS（统计产品与服务解决方案）软件进行信度的分析，得出克隆巴赫系数如表2所示。9个变量的克隆巴赫系数均在0.65以上，其中7个变量的克隆巴赫系数在0.7以上，且问卷整体的克隆巴赫系数达到0.876，说明测量指标信度较好。

表2 问卷信度分析结果

变量	测量指标	基于标准化项的克隆巴赫系数	删除项后的克隆巴赫系数	问卷整体的克隆巴赫系数
感知有用性	PU1	0.762	0.848	0.876
	PU2		0.589	
	PU3		0.522	

① 赵敏，王善勇.电动汽车共享的使用意向研究［J］.大连理工大学学报（社会科学版），2018，39（3）：32-38.

续表

变量	测量指标	基于标准化项的克隆巴赫系数	删除项后的克隆巴赫系数	问卷整体的克隆巴赫系数
APP 易用性	PEU1	0.673	0.551	0.876
	PEU2		0.493	
	PEU3		0.668	
共享单车易用性	PEU4	0.684	0.665	
	PEU5		0.494	
	PEU6		0.574	
财务风险	FR1	0.852	0.837	
	FR2		0.815	
	FR3		0.721	
安全风险	SR1	0.814	—	
	SR2		—	
隐私风险	PR1	0.916	0.890	
	PR2		0.867	
	PR3		0.877	
社群影响	SI1	0.722	0.558	
	SI2		0.736	
	SI3		0.559	
感知优惠	PB1	0.741	0.719	
	PB2		0.617	
	PB3		0.622	
使用意愿	WU1	0.758	0.759	
	WU2		0.637	
	WU3		0.605	

本研究使用SPSS软件对数据进行“降维—因子分析”，最终得出问卷整体的KMO值为0.851（>0.7），巴特利特球形检验显著度为0.000（非常显著），说明调查问卷的效度较高。

表3　问卷效度分析结果

<table>
<tr><td colspan="3">KMO 和巴特利特球形检验</td></tr>
<tr><td colspan="2">KMO 取样适切性量数</td><td>0.851</td></tr>
<tr><td rowspan="3">巴特利特球形检验</td><td>近似卡方</td><td>4412.514</td></tr>
<tr><td>自由度</td><td>325</td></tr>
<tr><td>显著性</td><td>0.000</td></tr>
</table>

（二）模型适配度与假设检验

本研究从APP易用性与单车易用性两个方面衡量用户对共享单车使用的感知易用性，从财务风险、安全风险与隐私风险三个维度衡量感知风险的大小，因此将感知易用性、感知风险作为二阶潜变量构建结构方程，结构模型如图4所示。

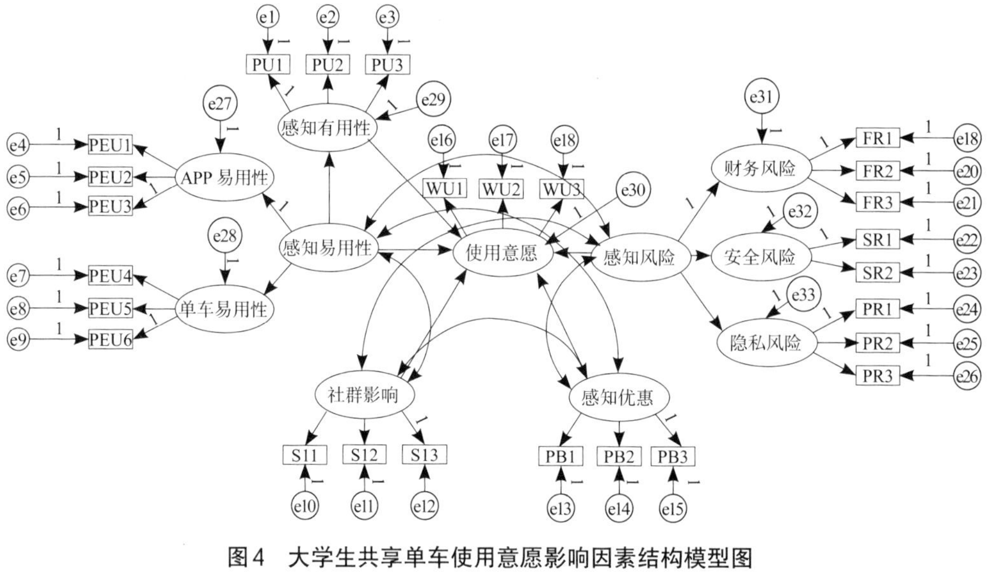

图4　大学生共享单车使用意愿影响因素结构模型图

在使用结构方程对假设进行验证之前，首先要对模型适配度进行检验。模型适配度主要用于检验数据与理论模型的契合程度，模型拟合度指标主要包括绝对适配度指数（RMSEA、GFI、AGFI）、增值适配度指数（TLI、CFI、IFI）和简约适配度指数（χ^2/df、PNFI、PGFI）。本研究也将从以上三个方面出发，采用AMOS 26.0判别假设模型与数据之间的契合程度，进行检验。由表4可见，各项指数均符合检验标准，说明数据与模型适配。

表4　模型适配度分析结果

类别	指标	检验标准	检验结果	适配度判别
绝对适配度指数	RMSEA	≤ 0.08	0.048	符合
	GFI	≥ 0.9	0.900	符合
	AGFI	≥ 0.8	0.869	符合
增值适配度指数	TLI	≥ 0.9	0.937	符合
	CFI	≥ 0.9	0.948	符合
	IFI	≥ 0.9	0.949	符合
简约适配度指数	χ^2/df	≥ 1，≤ 5	1.722	符合
	PNFI	≥ 0.5	0.733	符合
	PGFI	≥ 0.5	0.690	符合

五、结论与建议

（一）结论

统计分析的结果支持模型假设，从图5的结构路径图和表5的假设检验可以看出，除了社群影响和感知有用性对使用意愿的假设没有获得验证以外，其他5项均获得支持。

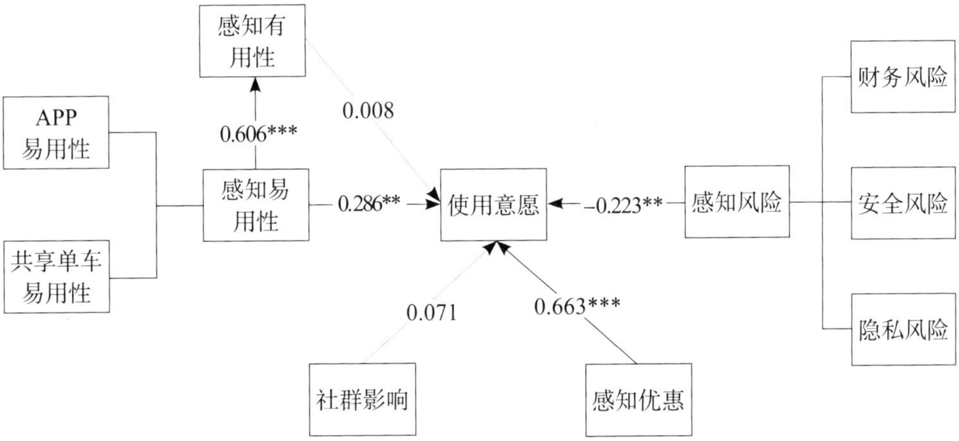

图5　结构模型标准化路径系数示意图

根据AMOS 26.0的拟合度结果得出各个变量之间的路径系数及其显著性，从而对本研究的假设进行验证，得出表5。

表5　研究假设验证结果

假设		路径	标准化系数	C.R.	P值	检验结果
H1	用户对共享单车的感知易用性正向影响感知有用性	感知易用性→感知有用性	0.606	6.103	***	显著
H2	用户对共享单车的感知易用性正向影响用户的使用意愿	感知易用性→使用意愿	0.286	2.949	0.003**	显著
H3	用户对共享单车的感知有用性正向影响用户的使用意愿	感知有用性→使用意愿	0.008	0.123	0.902	不显著
H4	用户在共享单车使用中的感知风险负向影响用户的使用意愿	感知风险→使用意愿	−0.223	−2.858	0.006**	显著
H5	用户的社群影响正向影响对共享单车的使用意愿	社群影响→使用意愿	0.071	0.799	0.424	不显著
H6	用户的感知优惠正向影响对共享单车的使用意愿	感知优惠→使用意愿	0.663	6.594	***	显著

注：*表示 $P<0.05$，**表示 $P<0.01$，***表示 $P<0.001$

由表5可知，感知易用性对感知有用性的影响路径系数为0.606，且P值在0.001之下，检验结果显著，表明假设H1成立；感知易用性对使用意愿的影响路径系数为0.286，且P值在0.001之下，检验结果显著，表明假设H2成立；感知风险对使用意愿的影响路径系数为−0.223，且P值在0.01之下，检验结果显著；感知优惠对使用意愿的影响路径系数为0.663，P值小于0.001，检验结果显著，表明假设H6成立。

而感知有用性与社群影响对使用意愿的影响路径系数结果表明不显著，说明假设H3与假设H5不成立。

研究结论分析如下。

1.感知易用性对感知有用性、使用意愿呈显著正向影响

在共享单车使用过程中，感知易用性主要包括共享出行APP的易用性与共享单车的易用性两个方面，APP界面的清晰程度与易操作性、定位的准确性与功能服务

的便捷性都是影响用户体验的关键因素，尤其是在当下互联网时代，大学生对手机终端的使用越来越频繁，共享出行APP在服务功能方面要更加智能化和人性化、界面操作更加简洁、定位更加准确，减少用户使用APP的时间成本与精力成本。同时，共享单车本身的骑行舒适度和操作灵活度（如车座高度和车身设计）都直接影响用户的骑行感受，取车、还车的方便性与租赁点的设置距离远近以及车辆数量能否满足自身使用需求，都对用户的易用性感知产生很大的影响，从而直接影响用户的使用意愿。

2.感知风险对使用意愿的影响显著

本研究将感知风险划分为三个维度，分别是财务风险、安全风险与隐私风险。在财务风险感知方面，共享单车（电动车）收费设有报错功能，根据实际情况及时返还额外扣除金额；在安全风险方面，校园内设有工作人员对共享单车进行定期检查，对故障车辆进行维修，同时共享单车在校园内的骑行范围有限，校园内骑行速度也相对较低，因此其安全风险也会大大降低；在隐私风险方面，大学生在注册使用APP时对个人信息的收集和权限的设置敏感度较低。

3.感知优惠对使用意愿呈显著正向影响

数据显示，哈啰单车在三所高校投放中都使用了多种价格优惠策略，如骑行月卡、优惠红包、签到奖励金等优惠，更有针对大学生开设的学生专享骑行卡，这些都能够提高校园用户的使用黏性和积极性，直接影响到校园用户的使用意愿。

4.感知有用性、社群影响对使用意愿的影响不显著

校园共享单车服务于在校师生，在校师生通勤往返于固定的地点，大多数受访者使用时长为每次10分钟以内，更多是基于时间紧张或是否容易获得共享单车（电动车）的感知易用性。因此，感知有用性和社群的相互影响对共享单车使用意愿的影响都不显著。

（二）建议

针对上述研究结论，对在校园内投放单车的共享单车企业提出以下几条建议。

1. 优化功能和服务，提高感知易用性

在共享单车的实际使用过程中，一方面，经常出现找车不方便、还车定位不准确致无法立即还车等情况，针对这一问题，企业应当及时对APP的定位功能及车身GPS（全球定位系统）设备进行优化，帮助用户在短时间内找到距离最近的单车，同时在还车时对停车点定位精确，尽量减少不必要的时间成本。另一方面，在单车骑行舒适度方面，也曾出现过座椅高度调节困难、刹车装置不灵敏、脚踏板松动或链条掉落等问题。因此，企业应派在校工作人员对校园内的共享单车进行定期检查，对故障车及时进行维修或报废替换，保证用户在骑行时的舒适感和易操作感，保障用户的骑行安全。

2. 合理安排租赁点，提高感知有用性

在校园中，大多数出行距离较短，大学生多选择以步行代替单车骑行。因此，企业在投放单车、设置租赁点时，应当提前做好排查工作，除了在学生经常出入的教学楼、宿舍楼等场所，还应根据出行距离与方便程度在距离教学楼或其他公共场所较远的宿舍楼设置租赁点时，适当提高共享单车的数量。同时，在共享单车的实际使用过程中，经常出现上下课高峰期共享单车大量集中于教学楼或餐厅某一场所，导致其他场所的学生无法使用单车的情况。针对这一问题，在校工作人员也应当在骑行高峰时间段对单车进行合理的分配，避免出现一处单车泛滥而另一处无单车可用的情况。

3. 定期推出优惠活动，提高感知优惠

研究表明，感知优惠对大学生的共享单车使用意愿有一定正向促进作用，因此定期的优惠活动和奖励政策也有利于维持大学生用户对单车的使用意愿。针对这一现象，企业应当继续推出优惠活动，开设骑行卡、签到奖励金、学生优惠卡或骑行距离兑换优惠红包，或在节假日推出主题活动等奖励形式，一方面吸引新用户对单车的使用，另一方面也能够维持老用户的使用意愿。

微信公众号标题构成策略和计算研究*
——以影评类爆款文为例

罗　茵**

【摘要】微信公众号中爆款文标题是优秀标题的典型样本，基于定量的微观研究既可以为写作提供参考价值，也能更好地说明其独特的风格构成。采集微信公众号影视评论类头部的4个公众号731篇爆款文标题，分为训练集和测试集，以语言风格理论为指导，以训练集为对象，结合语言形式标准和词表，归纳出爆款文标题生产的易懂、煽情和卖点三大策略共15种具体手段，再用测试集检验得出影视类爆款文标题风格非常一致的结论，并进一步设计爆款文风格密度算法，发现爆款文标题风格在其他内容领域也有适用度和区分度。

【关键词】微信公众号　爆款文标题　风格计算　写作策略　风格密度

好标题的构成规律是很多新闻从业者和研究者都关注的问题。微信公众号（简称“公众号”）文章的“阅读”设置为文章的读者接受效果提供了可靠的数据。据调查，相对比较活跃的公众号有90万个，一天能产出70多万篇文章①，其中仅有非常少的文章获得非常高的阅读量，成为爆款文。所谓的“爆款文”一般不包括新

* 本文系国家语委“十三五”科研规划2019年度一般项目（项目编号：YB135-124）的研究成果之一。

** 罗茵，博士，北京联合大学应用文理学院新闻与传播系讲师；主要研究方向：新闻类写作。

① 网易H5：2019年微信公众号文章数据报告 九成原创文章阅读不过万［EB/OL］.（2019-11-06）. http://www.199it.com/archives/961913.html.

闻事件的报道，而主要指评论类的文章，而且其阅读量往往超过10万并且“在看”量、评论回复量和点赞量也都达数以百千乃至万计。一篇爆款文是标题构拟、选题立意、谋篇成文、配图版式等因素共同作用的结果，而从订阅号信息的方寸间就要开始争夺读者，标题无疑是要发挥凸显度的。标题既要凝练文章关键信息，还要最大程度引起读者关注，但受长度的制约能调动的语言手段和数量非常有限，因此爆款文标题制作策略是有限的、有规律的，可以视为标题的一种风格。

标题的研究基于定量的不多见。相关的研究有清博大数据①统计了标题党的名词、动词、形容词的高频词来说明其写作套路；邹贞等②以“科普中国”公众号为对象，从长度分布、核心词频率、标点使用、组块分解等方面分析其标题制作特点；陈衍森③用定量的方式对比了《人民日报》和人民网评论标题标点符号的使用差异。有关风格的研究有曾毅平、朱晓文④对率先使用计量的方法了解文学作品风格的成功经验进行了介绍；Douglas Biber等⑤的研究提出语篇使用的审美风格类型可以通过词汇、句长、标点反映。陈芯莹等⑥用了包括词长、句长在内的12个指标对比了两位作家作品的风格。

在使用词汇、选择句式等写作策略方面，标题与篇章中的句子相比有较大不同。本文的研究思路是，首先对标题中使用的写作策略和手段方法进行主要基于形式标准的拆分细化研究，并辅助一定的主观归纳，然后按标题逐条统计各项策略手段，接着进一步设计爆款文风格的计算方法，最后进行对比检验。

一、语料的选取和预处理

（一）典型爆款文标题样本的选取

爆款文标题语料的选取。首先，样本选取应考虑同类文章的爆款文标题，以尽

① 清博大数据.大数据告诉你“标题党”有哪些套路［J］.新闻与写作，2016(6)：112.

② 邹贞，张志敏，陈玲.科普类微信公众号原创标题的制作：基于“科普中国”微信公众号的案例研究［J］.青年记者，2019(6)：78-79.

③ 陈衍森.《人民日报》与人民网评论性新闻标题之比较［J］.记者摇篮，2019(4)：110.

④ 曾毅平，朱晓文.计算方法在汉语风格学研究中的应用［J］.福建师范大学学报（哲学社会科学版），2006(1)：14-17.

⑤ BIBER D, CONRAD S. Register, genre, and style［M］. 2rd ed. Cambridge: Cambridge University Press, 2009: 111-139.

⑥ 陈芯莹，李雯雯，王燕.计量特征在语言风格比较及作家判定中的应用：以韩寒《三重门》与郭敬明《梦里花落知多少》为例［J］.计算机工程与应用，2012(3)：137-139.

可能减少因专业领域内容差异过大造成的干扰；其次，应选取同一个编辑部的原创文章，因其一般有一以贯之的写作要求，所以符合此两点的标题容易形成具有研究价值的语言分布规律。本文选取公众号中的影评类文章标题为主要研究对象，收集了影评类头部排名的四个公众号“sir电影”“整点电影”“独立电影”“电影派”。这四个公众号符合上述两点标准，选题范围有限且有较高密度的发文，还能做到每篇阅读量最低也在数万以上，甚至经常连续多日多篇达到10万以上，足见其写作的技巧高且稳定。

随机选择日期并逐日收集以上四个公众号[①]标题，分别是“sir电影”319条，“整点电影”219条，“独立电影”169条，“电影派”169条，一共876条。为了保障文章足够“爆”，删除广告和阅读量为8万次以下的样本，最终得到标题731条。这731条标题的“阅读”量平均为9.8万次，“在看”量均值为1709.6次，符合爆款文标准。

对照语料的选取。一般标题的语料从传统媒体，主要是人民网、光明网、《新京报》等媒体搜集了文艺评论文章标题86条、社会新闻评论101条，作为参照数据。本文后文凡提到与一般标题的对比，未经特别说明的均指与此数据进行的对比。

其他类型语料和非爆款文语料的收集。选取“丁香医生”“十点读书”连续多天的文章各15篇，“阅读”量均为10万；同为文艺类评论的公众号“新京报・书评周刊”15篇，“阅读”量均值不到4万，“在看”量均值仅200有余，“北青艺评”影评内容17篇，仅2篇阅读量超过5000，“在看”量仅为十位数，因此将这二者归入非爆款文。[②]

（二）标题语料的预处理

本文采用哈尔滨工业大学“语言技术平台（LTP）”（简称“LTP”）的分词系统为

① 微信公众号“sir电影”标题来源时间为2020年1月9日至4月17日、7月11日至7月25日；“整点电影”的标题来源时间为2020年1月1日至4月17日、7月8日至7月25日；“独立电影”的标题来源时间为2020年1月28日至4月17日、7月16日至7月25日；“电影派”的标题来源时间为2020年1月1日至4月17日、7月9日至7月25日。

② 微信公众号“丁香医生”标题来源时间为2020年7月18日至7月25日，“十点读书”的标题来源时间为2020年7月15日至7月25日，“新京报・书评周刊”的标题来源时间为2020年7月12日至7月25日，“北青艺评”的标题来源时间为2020年4月23日至7月25日。

语料进行分词，并进行人工校对，用自编软件对结果进行统计。该分词系统一共能标注包括名词、动词、形容词、代词、区别词、副词、数词、介词、连词等在内的13种词类，其中名词还分别标注为普通名词、方位词、人名、地名、时间名词等7个小类。把所有语料均进行分词整理，并统计相关数据。将731条标题随机分为600条的训练集和131条的测试集。用训练集的数据归纳方法和计算，用测试集的数据加以比对和验证。

二、爆款文标题的生产策略归纳和指标提取

徐颖[①]、陈衍森[②]等多位学者均指出，好的标题应该口语化、能打动人、贴近热点。把爆款文标题与一般标题对比发现，前者中连词、介词词频明显低，而代词、数词、副词的词频则明显高，在某些词汇的使用上也具有明显倾向性。本文将之归纳为标题的三个生产策略，即易懂策略、煽情策略、卖点策略，每个策略由若干个具体手段实现。在设计和归纳这些语言手段时，提取标准应具有可操作性，且在标题中出现比率不能太高（如不能高于90%），太高没有区分度，也不能太低（如不能低于10%），太低没有适用性。

（一）易懂策略的归纳和指标提取

降低标题理解难度是获得尽可能多的潜在读者群体的先决条件。主流媒体语言使用更为正式，书面化色彩更为浓重。而以娱乐为主要诉求的影评类自媒体文章，必须先保证阅读理解容易。标题易懂策略主要体现在使用短句、短词、数字词、第三人称代词和指示代词4种手段。

1.使用短句

标题尽可能使用短小分句。首先算出标题总字数与标题内表停顿的标号总数之比。如果该标题中没有使用表停顿的标点，则标号数记为1。经统计，爆款文标题分句字数均值为7.4字。用直方图观察，取分布最高的区间4—9字/分句为标准。易

① 徐颖.新时代媒体人的温度与竞争力：试析新媒体环境下爆款文的基本特质［J］.编辑学刊，2019（6）：37.

② 陈衍森.《人民日报》与人民网评论性新闻标题之比较［J］.记者摇篮，2019（4）：110.

懂的标题是口语化的标题。汉语的口语一般句子短小、结构简单，句间较少使用连词。爆款文标题中连词词频低，标题句子字数少，结构简单，符合口语化特点。

2. 使用短词

标题尽可能使用单音节词。首先用标题的字总数与词总数之比得到标题的平均词长。标题的平均词长均值为1.46字/词，同样用直方图取数据分布最高的词长区间1.1—1.8字/词为标准。王世友[①]指出，现代汉语的全民常用核心词主要是单节音词。单音节词占比高，词汇理解的难度就相对低。

3. 使用数词

在标题中使用数字，以数词词性为判断标准。其中，“一”是高频词，需要剔除其中表示非数值的样本。另外，LTP把年份、月份分为数词的情况，归入下文卖点策略的第4点。标题中出现的数字主要用于表示影评中较权威的豆瓣10分和常规五星评分法、剧集数、时长、观众数、拍摄周期、经费、获奖数量等，以及少量的专有词，情节中出现的某些人物、事件（如死亡）数量等。数据直观，有说服力，如豆瓣评分高低，即表示质量的高低。

4. 故意模糊指代

故意模糊人物、事件的准确名称，以第三人称代词、指示代词为判断标准。爆款文标题非常频繁地采用模糊指称法，目的在于回避专有名词，降低理解难度，引起读者好奇心。

（二）煽情策略的归纳和指标提取

评论类文章必然要给出或弹或赞的价值判断和感情渲染。主流媒体为了彰显客观冷静的立场，用词往往较中性含蓄。爆款文深谙以情感作为“一种关系表达的内容”[②]的重要性，标题刻意表现强烈的主观化情绪，以达到吸引读者的目的，具体发展出6种手段从不同角度展示主观情绪。

---

① 王世友. 现代汉语单音词的范围、性质和地位［J］. 语言文字应用，2000（1）：82-87.

② 喻国明，耿晓梦. 未来传播视野下内容范式的三个价值维度：对于传播学一个元概念的探析［J］. 新闻大学，2020（3）：64.

1.使用情感词

使用表达人喜怒哀乐诸情感的词表达作者的态度。情感词的确认以情感词典为筛选标准。筛选情感词需要两类词表。一个是基于现成的汉语情感词典（表），本文选用《中文情感词汇本体说明文档V1.0》（大连理工大学信息检索研究室编辑），其中分为7类感情（好、恶、哀、乐、惧、怒、惊）的共27 466个词，但该词表未收单音节词，因此还选用了《情感分析用词语集（beta版）》（知网HowNet）中“负面评价”“负面感情”“正面评价”“正面感情”4个表中的单音词1165个，用这两个词表为范围，与标题词汇对比筛选得出。

训练集标题中使用“好”“恶”类的词最多。“好”类包括尊敬、赞扬、喜爱、祝愿的情感，如“爱、对、好、美、新、爱情、宝藏、创造、热血、认真、天才、如饥似渴”等；“恶”类包括烦闷、憎恶、怀疑的情感，如“丑、蠢、恨、坏、骂、焦虑、空虚、剥削”等，二者约占总量的70%。其次是“哀”“乐”“惧”类，均约占总量的10%。“哀”类包括悲伤、失望、内疚的情感，如“哭、错、可惜、心疼、舍不得、绝望、离婚”等；“乐”类包括快乐、安心等情感，如“笑、成功、青春、喜剧”等；“惧”类包括慌、恐惧、羞的情感，如“怕、痛、危险、噩梦、耻辱”等。“怒”“惊”类最少，一共约占总量5%。

2.使用表达态度的词

明确表达自己或赞美或贬斥的态度观点。本法是对上面“1.使用情感词”方法的补充，主要以自拟词表为标准，表示肯定赞美、嫌弃詈骂以及引起不适生理反应的词。其中，詈骂词的使用反映出作者为博出位无不用其极，极大挑战了作为正式发布文章的标题的底线，即使能起到一时效果，但对公众号的格调和形象塑造只会有害无益，应该加强对其的监管。

3.用附加词强化感情态度

用非情感词的其他词类来辅助表达主观意图，选取标准以表示语气的副词为主，还包括表示语气的连词“但”、形容词“突然”、介词“凭（什么）”。

语气副词无疑是汉语“主观性”表达的重要方式之一。[①]经考查，在本方法

① 史金生.语气副词的范围、类别和共现顺序［J］.中国语文，2003（1）：17-31.

中排除了其中4个高频副词：主要用于否定客观事实的“没”，难以确认语义类型的“就”，表示劝阻的“别”（见下面“6.给建议的词”），表示范围的“全”（见下页“2.使用宣告权威的词”），其他副词都是符合本指标的词。

4.使用问号、叹号

在标题中使用标点符号以强化情感，主要以使用问号和叹号为标准。为了统计的平衡性，标题同一个位置出现多个问号、叹号时，仅记为1次使用。不少学者，如邹贞①等已经注意到问号、叹号在标题表意和传播中的作用。以书面形式出现的问号和叹号不仅能给读者标题的强烈情感，也常常起到夸张的修辞效果，其中问号、叹号的连用，甚至连用10个叹号，均体现出夸张的作用。

5.让读者有带入感

使用代词让读者把自己代入标题情感，以使用第一、第二人称代词为判断标准。使用第一人称“我、我们”有两种意图：其一，让读者有代入感，这是写作中第一人称使用的常规效果；其二，文章作者以行业权威“我”的形式出现，更有利于说服或建议读者认同自己的专业观点。

6.给建议的词

用带有主观化的词语劝告、祈使、暗示读者接受自己的态度观点。符合该方法的词包括动词小类中的能愿动词“敢、能、会、可以”等、表示建议希望类的动词“请、劝、让、建议、求、需要”等，以及副词“别”。

（三）卖点策略的归纳和指标提取

爆款文标题中较为特别、能吸引注意的内容，就是标题的卖点。卖点策略与标题文章所涉及的专业内容关系比较密切。对于影评类标题，频繁出现卖点内容的有禁忌敏感类、权威类、知名类、最新近和流行类。本策略具体使用了5种特定词汇。

---

① 邹贞，张志敏，陈玲.科普类微信公众号原创标题的制作：基于“科普中国”微信公众号的案例研究［J］.青年记者，2019(6)：78-79.

1.使用禁忌敏感词

使用中国文化中比较禁忌、避讳或敏感的词。以自编词表为选取标准，该词表一共有98个词，涉及名词、动词和少量形容词。

所谓禁忌敏感词主要指带有色情暴力意味或与之有关的词汇，以及与个人隐私有关的、违背道德或触犯法律规定的词汇。这些词的密集使用与影视剧情节内容有关。随着对公众号内容监管力度的加强，相当一部分只为博取眼球但选题低俗的公众号被封号整改。

2.使用宣告权威的词

标题中明示、暗示宣告代表了某种权威，以增强说服力和影响力，主要以地理名词和其他专有名词两个名词小类，并配合少量其他特定词构成词表为标准。

强化权威的手段有：表示覆盖空间范围广，如“全世界、全民”等；表示时间长，如“全程、史上”等；少量泛指，如代词“每个，一切”，副词“全”；区别词“唯一、绝世”等。

3. 使用名人名字

使用名人的名字，以名词中的人名小类为标准。借用名人名字是标题吸引关注度讨巧又省力的手段，爆款文中出现的人名主要是明星及当红剧作角色等。

4. 使用蹭热点的词

采用让标题蹭某个时事热点或借应时应季的方法，以名词中的时间名词小类、数字词的年月，配合新闻时事自编词表为标准。

5. 使用新词语

在标题中尽量使用新词、流行词，以自编词表为标准。积极使用网络流行语、新词新语甚至自创新词产生的新鲜感、时尚感也是爆款文吸引读者的重要手段。新词新语自编词表主要以名词、动词、形容词为主。

三、统计结果分析

根据训练集数据倾向归纳出上述三大策略15个手段，除了易懂策略中的1和2是纯形式法、煽情策略中的4是标点符号外，其他12个都直接与某个词对应。在具体标题中一个手段一次只能匹配一个词，同一个词一次也只能匹配一种手段。以此为原则具体匹配训练集和测试集每一条标题，分别得到如下结果。

（一）策略和手段使用总体情况

手段使用频率为该种手段使用次数与标题总量的比值。统计显示，所归纳的15个具体手段与标题总量的比值介于15%—90%区间，均值为46%，分布率较为恰当，说明归纳的方法具有一定的区分度，也有足够的复现率。其中短句法和短词法用量最高，而煽情策略中的3也是大部分标题偏爱的方法，另外模糊指代法、数字法和名人名字法也都是使用频率接近或超过50%的方法，说明这些方法使用更简便易行，表达效果也好。图1反映了具体数据对比。

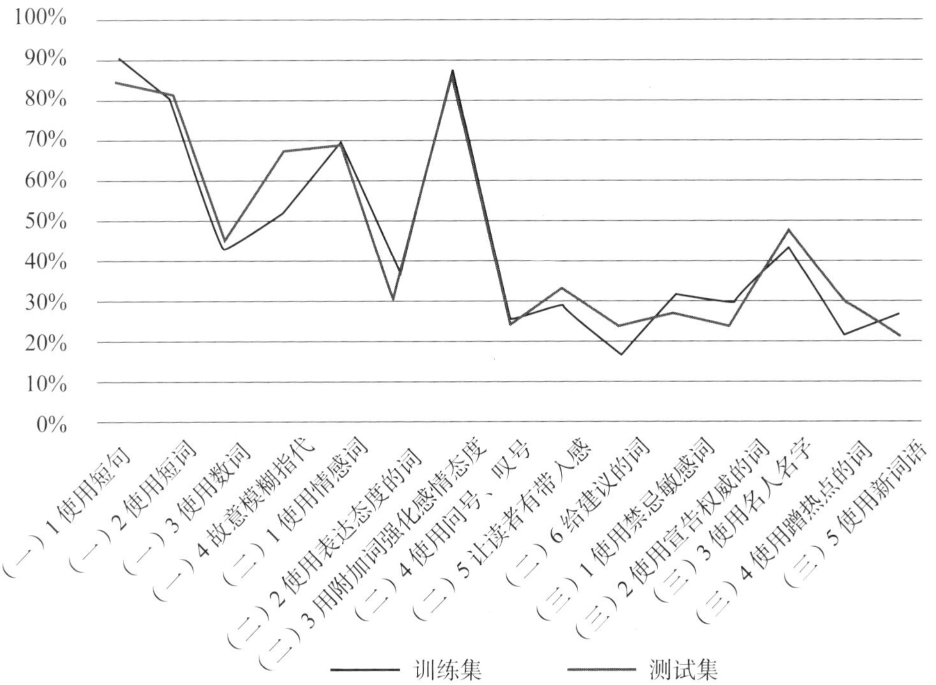

图1　爆款文标题15种手段使用频率对比情况

按照三种策略把相应的手段频次分别累计，可以看出训练集和测试集的数据分布非常近似，其中易懂和煽情策略总用量相近，均几乎相当于卖点策略的一倍之多，这说明二者是爆款文标题最主要、最常用的构成。具体数据见表1。

表1 爆款文标题各策略和手段使用总量

策略类型	训练集		测试集	
	手段用量（次）	各手段频率之和	手段用量（次）	各手段频率之和
易懂策略	1592	2.65	365	2.79
煽情策略	1562	2.6	346	2.64
卖点策略	896	1.49	193	1.47
合计	4050	6.74	904	6.90

（二）标题使用语言手段及策略搭配情况

经检验，所有标题都至少满足上述一个具体方法，同一个标题中使用方法次数的极小值1和极大值13都出现在训练集中。训练集和测试集标题所使用的方法均值分别为6.75次/条和6.85次/条，两个集合内部方法数量的标准差为1.78和1.74，说明每个标题使用的方法数量总体分布比较均匀。

因为是以词为单位进行匹配，因此一个标题中可能使用多个相同的方法。在个别标题中最多可能使用4次相同方法的有煽情策略中的5，卖点策略中的3、5；最多出现3次的方法有易懂策略中的3，煽情策略中的1、2、3，卖点策略中的1、2；同时出现2次的方法有易懂策略中的4，煽情策略中的5和卖点策略中的4。

只要有一个手段符合，该标题就使用了这个方法所属的策略。据此统计，有近八成的标题同时使用了三种策略，而“易懂”加“煽情”则占了近15%，“易懂”加“卖点”为5%左右，只使用一种策略的标题大概只占1%。这说明爆款文标题在语言的使用中往往综合考虑了多方面的策略，以期达到最高的效果（见表2）。

表2 爆款文每条标题的策略配合使用情况

策略的搭配	训练集		测试集	
	符合的标题量（条）	与标题总量比	符合的标题量（条）	与标题总量比
易懂+煽情+卖点	474	79.0%	104	79.4%
易懂+煽情	87	14.5%	17	13.0%

续表

策略的搭配	训练集		测试集	
	符合的标题量（条）	与标题总量比	符合的标题量（条）	与标题总量比
易懂＋卖点	29	4.8%	8	6.0%
易懂	4	0.7%	1	0.8%
煽情＋卖点	2	0.3%	1	0.8%
卖点	3	0.5%	0	0.0%
煽情	1	0.2%	0	0.0%
合计	600	100.0%	131	100.0%

（三）爆款文标题的风格

由于训练集和测试集在多类数据分布中很相近，因此将表2的结果带入SPSS进行一致性检验，得到表3的检验统计量，其中Kendall’s W① 系数为0.955，显示两个集合一致性程度非常高，说明影评类爆款文731条标题虽然来源于四个公众号，但其内部数据分布非常一致，换句话说，影评类爆款文的写作策略具有高同质性。

由上述数据可以将爆款文风格归纳为通俗直白、主观情绪感染力强、善于造势和借势增强吸引力。四个公众号都使用了近似风格的标题，应该是对该类标题传播效果不断改进、相互学习后殊途同归的结果。

总之，新媒体对公众号爆款文的追求，正代表了行业“无所不在的数据使整个传播过程处于数据驱动的版图之下”① 的趋势。爆款文标题因为能照顾用户感受，深入揣摩用户心理，高效率回应用户需求，具有巨大的传播价值，从而形成了一股标题写作的强势风格。

表3　检验统计量

N	2
Kendall’s W①	0.955
卡方	11.455
df	6
渐近显著性	0.075

① 喻国明，耿晓梦.未来传播视野下内容范式的三个价值维度：对于传播学一个元概念的探析［J］.新闻大学，2020（3）：66.

四、爆款文标题风格的解释力

本文所构拟的爆款文标题策略方法是基于影评类内容归纳的，这是否能说明其他内容的爆款文标题构成呢？是否能将之与影评类非爆款文标题风格相区分呢？受计量语言学中"词汇密度"概念的启发，本文提出了"爆款文风格密度"概念。

所谓的"爆款文风格密度"（简称"风格密度"），是指每个标题所使用的具体方法总数与该标题的词总数的比值。假设15个具体手段中的每一个对造成"爆款"的作用均相同，则比值越大，其风格密度越高，其爆款文风格越明显。如果爆款文标题的风格归纳方法是合理的，则不同类型爆款文的风格密度应该比较近似，而与非爆款文风格密度有较明显的差距。

根据所收集的非爆款文语料统计，以密度值0.5作为分界线，得到的风格密度值计算结果如表4所示。

表4　爆款文标题风格密度检测情况

爆款文标题风格密度值	爆款文				非爆款文	
	影评类（训练集）	影评类（测试集）	丁香医生	十点读书	北青艺评	新京报·书评周刊
密度均值	0.8	0.82	0.61	0.62	0.5	0.44
密度值 0.5 以上的标题数量占比	96.0%	98.7%	93%	93%	41%	20%
密度值 0.5 以下的标题数量占比	4.0%	1.3%	7.0%	7.0%	59.0%	80.0%

从表4可以看出，虽然三类爆款文内容没有交集，但其风格密度值均大于非爆款文标题，其中影视类爆款文密度值最大，是"新京报·书评周刊"的近2倍；虽然"北青艺评"密度均值为0.5，但内部低于0.5值的标题数量更多。下面三个例子分属3类爆款文，密度值均为0.75，都有12个词，使用了9次方法（均为3个"易懂"、5个"煽情"、1个"卖点"）。对比示意：

（1）今年最好的电影，却有一半人骂是烂片（独立鱼电影，2020.7.20）。

（2）一个专坑中国人的"健康建议"，却有可能致癌（丁香医生，2020.7.20）。

（3）《甄嬛传》曹贵人：一个人最大的悲剧，是不会知足（十点读书，2020.7.22）。

上述3例标题从易懂性、较强烈的主观感情氛围的营造上有相似之处，可以归为较典型的爆款文风格。与之相对的，下面例（4）、（5）标题长度相近，都由11个词构成，分别只使用了上文策略中的3个或4个方法。二者的风格密度值分别为0.27、0.36。

（4）余欢水的故事其实讲的是男人们的失乐园（北青艺评，2020.4.23）。

（5）刘慈欣作品漫画版出版，如何理解“中国科幻新浪潮”（新京报·书评周刊，2020.7.24）。

（4）、（5）两例是主流媒体典型标题风格，比较书面语化，其评价用词典雅含蓄（“男人们的失乐园”），需要一定专业知识（专业术语“科幻新浪潮”），不煽情，不故作惊悚之词，与其爆款文风格密度值低的判断是比较吻合的。

同时，由于公众号的主打内容不同，对爆款文标题策略的使用也体现出一些倾向性。主打科普文的“丁香医生”标题中“卖点”策略整体用得很少，累计占比数量只有0.6，而相应的“易懂”和“煽情”策略数量比重更大，这符合“丁香医生”标题写作最主要的诉求，即如何让科普知识“易懂”，并且主要通过“煽情”吸引、打动读者，引起共情。另外，标题内容也会对风格密度值有影响，主要是涉及较多名人、影视娱乐等内容的标题，风格密度相对比较高，而涉及社会、科技等的风格密度值就非常低，说明娱乐类等软新闻比较容易制作出爆款文风格的标题。

从上述数据细节分析中可以发现，“爆款文风格密度”算法总体能对爆款文风格和非爆款风格有较明显的区分度，达到了预期的目的，同时也可以说明本文所研制的爆款文标题写作策略不具有较好的解释力。

本文以风格计算理论为引导，以影评类微信公众号爆款文为例对标题的写作进行了微观分析，在对标题风格的构成策略和手段中尝试解释其原理，并通过计算验证了该类标题风格的一致性，还进一步用“爆款文风格密度”对其他内容的文章标题进行了检测，证明该设计对不同类型风格的区分是有效的。新闻传播效果与语言的使用规律密不可分，其交叉领域尚有更多的研究空间值得探究。

影视文化传播

新媒体视域下主旋律影视传播的新逻辑与新动力

——以《觉醒年代》为例

陈　彤*

【摘要】2021年党史题材电视剧《觉醒年代》的热播，激发了新媒体平台中各年龄段的受众，尤其是青年群体对革命历史等主旋律文化的空前关注与讨论。通过对《觉醒年代》的成功传播进行分析，可以发现新媒体时代主旋律影视的传播已经呈现出从线性到非线性的逻辑转变。同时，大众参与的二次创作、实时介入的观点输出、群体聚集的深度认同也催生了促进主旋律影视传播发展的新动力。在了解主旋律影视传播的时代背景基础上对其传播逻辑变迁与传播动力创新进行探索，在面对"百年未有之大变局"之时，对讲好中国故事、弘扬中国文化、传递中国价值具有极其重要的现实意义。

【关键词】新媒体　主旋律影视　传播逻辑　《觉醒年代》

2021年是中国共产党成立100周年。一部讲述1915年到1921年中国先进的知识分子与热血青年苦寻马克思主义救国之路、创立中国共产党的重大党史题材电视剧《觉醒年代》火爆"出圈"，激发了新媒体平台上的广泛关注与讨论，甚至在播出后至今持续发酵，豆瓣平台上的评分从9.1分升至9.3 分，评分人数较剧终后上涨10

*　陈彤，北京联合大学应用文理学院新闻与传播专业硕士研究生；主要研究方向：网络文化与新媒体。

多万人。微博平台上一条内容为“一句话证明你看过觉醒年代”的微博被转发超过7500次；在第27届上海电视节白玉兰奖公布入围名单中，《觉醒年代》入围八项提名后，#觉醒年代yyds#话题登上微博热搜第五位；优酷APP的数据显示，35岁以下的青年观众占比接近六成。《觉醒年代》在网络上甚至引发了青年群体为了看懂剧情自发地学习党史的热潮。这部主旋律影视题材电视剧在新媒体传播中无疑取得了前所未有的成功。

主旋律影视传播向来存在“说教性强、观赏性弱、观众接受度低”的问题。① 在党的百年华诞与“两个一百年”奋斗目标历史交汇的关键节点，如何在保证传播内容和质量的前提下，扩展传播广度、拓深传播深度，使主旋律影视传播具有深入人心的力量，吸引广大受众，尤其是青年受众的关注，从而增强民族凝聚力、提升文化自信是亟须讨论的问题。《觉醒年代》不仅打破了主旋律电视剧与热度流量的圈层，也为当下主旋律影视新媒体传播中存在的诸多壁垒做出了良好的示范。

一、线性到非线性——时代背景下主旋律影视传播逻辑的转换

主旋律影视是一个特定概念，早在1987年中国电影局就提出“弘扬主旋律，提倡多样化”的口号。主旋律电影就此诞生。它是指以弘扬社会主义时代旋律为主旨，激发人们追求理想的意志和催人奋进的力量的影视作品。因此主旋律影视在价值观念上更多地承载着当今社会积极向上的主流意识形态。而主旋律影视传播在媒介的更新迭代中不断变换着自身的传播逻辑。在大众传播时代，电影与电视从诞生之日起就采用单向流动的线性传播逻辑，受众在固定时间、固定地点进行观看。从Web2.0到Web3.0，传播逻辑从单向流动的线性传播向双向交互的非线性传播转变，受众开始主动接受或进行选择。这种转变并不是突然而至，而是形成于新媒体与传统媒体相互挑战的时代背景之中。

（一）线性

在传统媒体时代，传播媒介相对固定，电影、电视成为主旋律影视的主要呈

① 郭人旗.《觉醒年代》火爆“出圈”对党史文化传播的有益启示［J］.新闻世界，2021（5）：3-6.

现形式，这一时期的主旋律影视作品集娱乐和宣传于一身，是官方红色政权意识形态的传播载体。主旋律影视把中华人民共和国成立前期的革命文化首先镶嵌在电影中，让观众在潜移默化中接受革命教育，使之成为大众的一种集体无意识，深植于普通民众的记忆之中。其意识形态性不言而喻，通过追述革命的历史，传播内容中革命与战争的画面展现了中国共产党为统一中国、解放广大人民群众付出的巨大努力，充满现实感和时代感。例如，《小兵张嘎》《地道战》《开国大典》等，为了营造更纯净的政治环境，充当了宣传意识形态的工具。厚重的革命文化是红色经典电影中的革命底蕴，在文艺为政治服务的年代，这一时期的传播方式以电影为主，国内直至20世纪七八十年代，彩色电视才开始在普通家庭普及起来。电视虽然改变了电影对地点的限制，让人们足不出户就可以在屏幕上观看内容，但仍然延续了电影的线性传播逻辑，人们要在相对固定的场所、特定的时间观看安排内容。不同的是，人们在电视屏幕前可以通过更换频道来改变观看内容，比影院观影拥有更多自由度。

（二）非线性

随着社会时代的变化与发展，我国逐渐迈入了中国特色社会主义思想发展的新时期。在我国主流意识形态的引领下，影视制作技术水平不断提高，社会上关于主旋律题材的影视作品陆续出现在大众的视野中。其呈现主要以我国历史以及时代发展的重大历史事件为影片的原点，从而延伸出相关的时代故事以及革命精神，通过影视技术的加工实现新时代主旋律电影对大众思想认识水平的提高与发展。在这一时期，媒介环境也进行更新迭代。2010 年之后，因为网速的提升，互联网新媒体平台拥有了播放长格式、专业化、高清等最重要的技术支持。手机、平板电脑使人们养成了随时随地使用互联网观看电影的习惯。互联网主旋律传播的商业化大门也被开启，主旋律影视传播产业出现非线性传播的转向，电视不再是主要且唯一的收看方式。在如今的主旋律影视传播中，将历史题材故事以文本重构的形式来实现主流文化的传播与发展，在文本重构的过程中通过影视化的拍摄、制作与剪辑来赋予经典历史题材作品时代魅力，进而在如今商业化市场的包装下，社会传播者能够充分在市场运作的基础上将主旋律影片予以商业化包装，从而实现商业化对影视作品的市场推动作用。[①]《觉醒年代》在登录CCTV1的同时，也在优酷、爱奇艺同步播出，

① 孙珊.新时代背景下主旋律电影的形态建构与传播策略［J］.新阅读，2020（7）：69-70.

除此之外，有关《觉醒年代》二次创作的内容[①]也在网络空间中广为传播。

非线性传播的成熟，一方面让新媒体平台拥有更强的为用户服务的意识。目前新媒体平台吸引用户来获取商业价值，这让主旋律影视传播也参与到市场化的运作当中，进一步激发了主旋律影视的创作热情，调动其创作活力，促进传播内容优质发展。另一方面，非线性传播突破了时间上的约束。原来线性传播中的观众由于可以自己掌控观看节奏而获得了更多的选择权。因此，观众逐渐转变为用户，观看行为转变成使用行为。

二、新媒体视域下主旋律影视传播新输出形式

（一）大众参与的二次创作

在短视频时代，与冗长的40分钟电视剧集相比，几十秒的短视频更加符合受众碎片化的阅读习惯，这些二次创作短视频是对近期热播或受欢迎的电影、电视剧或其他节目等视频进行剪辑，利用拆解的片段重合成为融入自身情感与逻辑的新内容产品。由于二次创作的技术门槛很低，它们的作者大多是各个新媒体平台的自媒体或者普通观众，正是这些内容创新再生产的二次创作产物，推动了《觉醒年代》与其背后所蕴含的主旋律影视在网络空间的广泛传播。《觉醒年代》播出之时正值2021年的影视春节档，与话题度颇高的综艺节目和偶像“涌现”的青春剧相比，《觉醒年代》这部主旋律党史题材电视剧虽然口碑良好，但所吸引的目光十分有限，直至播出后针对这部电视剧的解说视频、混剪合集等形式的二次创作内容在抖音和B站[②]等新媒体平台集中爆发，这段以《新青年》为主线贯穿1915年到1921年的建党前史《觉醒年代》才引起了强烈的关注，成为现象级作品。这些将剧情与细节深度提炼的产品，相较传统报刊中主旋律影视严肃说教的方式更加生动有趣，大大激发了大众参与传播的积极性，不失为受众认知主旋律影视、引起民族感情共鸣的有效手段。

---

① 二次创作（re-creation，又称再创作）是指使用了已存在的文字、图像、影片、音乐或其他艺术作品进行仿作、改编等创作模式。

② 哔哩哔哩（英文名称：bilibili）现为中国年轻世代高度聚集的文化社区和视频平台，该网站于2009年6月26日创建，被粉丝们亲切地称为“B站”。

（二）实时介入的观点输出

非线性的传播模式同样改变着受众的收看行为和收看习惯，受众主动选择合适的时间、地点、平台完成收看行为，各个新媒体平台为了吸引用户也逐渐创作出新的功能。弹幕就是其中之一，是受众在新媒体平台观影时实时的评论性字幕。美国学者亨利·詹金斯在《文本盗猎者：电视粉丝与参与式文化》中提出电视时代的观众会通过评论、改写和盗用等方式参与到节目内容再生产的过程中。[①]弹幕就是这种介入式文化在新媒体时代的新表现。当密密麻麻的弹幕划过屏幕时，观看内容的受众又变成了新的内容的传播者和生产者，将发送的触觉体验与视觉观看相融合，在弹幕的交流中，受众既可以提出观点、提出问题，又能够进行回答，极大丰富受众的用户体验感。爱奇艺视频平台的《觉醒年代》播放量破千万人次，弹幕的数量几乎达到上限峰值，弹幕内容中不仅有新的重要历史人物登场的“预警模式”，还有对党史及真实历史人物的科普小知识。在弹幕的加持下，每一集剧情都成为科普党史知识、传播主旋律影视、引起情感共鸣的小工具。

（三）群体聚集的深度认同

超话[②]，即超级话题，是新浪微博推出的社区讨论功能。在《觉醒年代》超话页面上端还有“帖子”“精华”“视频”“安利大赛”“史料科普”“剧情讨论”等专区，《觉醒年代》的粉丝成为“新青年”。这一原本被应用于追星一组的讨论社区也与主旋律电视剧相融合，观众在“超话”中尽情地讨论剧情，甚至将剧中的历史人物作为自己的偶像组建“超话”社区，进行发帖评论。受众的自主创造力被大大激发，许多受众自发地写起人物小传或影评感悟。在播出后的两三个月，《觉醒年代》“超话”阅读量仍在10万+，传播力度进一步提升。“超话”成为这部主旋律影视剧受众的活跃地，形成以喜好产生情感共鸣的特殊关系网络，这种网络不仅具有传播力，甚至还具有一定的消费力，不仅形成了主旋律文化的社群传播，还为主旋律影视传播培养出具有黏性的忠实受众。

可以看出，主旋律影视作品背后所蕴含的革命历史文化作为国家与民族的优

① 曾一果.弹幕背后青年群体的情感需要与价值诉求［J］.人民论坛，2021（10）：34-37.

② 超话是新浪微博推出的一项功能，拥有共同兴趣的人集合在一起形成的圈子，类似于兴趣部落。

秀文化，具有丰富的精神内涵，以优质内容作为基础，运用新媒体平台中新的传播手段增强受众的参与度，不拘泥于一种或几种渠道，将同一内容进行不同形式的输出，实现主旋律影视跨媒体的联动传播，更好地把握受众的互动偏好，提升传播有效性。

三、主旋律影视传播新逻辑持续发展的新动力

（一）利用新媒体讲好中国故事的持续创作能力

非线性视听习惯下的受众掌握着收听、收看的主动权。对他们来说，重复教科书式的手法或支离破碎的情节大都会遭到鄙弃，受众审美的提高对主旋律影视传播的质量有了更高的要求，他们更注重视觉元素的冲击性与故事情节的独特性和真实性。绝大多数主旋律影视作品以革命历史为题材，有的以真实的历史事件、历史人物为原型，有的虽出于艺术虚构，但也依托一定的历史背景。凡是受到好评的历史题材电视剧，往往在历史审美化上有所作为，让观众在欣赏“历史”的过程中受到了艺术和美的熏陶。《觉醒年代》塑造了“五四运动”时期不同阵营的多个历史人物，不论是李大钊的刚毅质朴，还是陈独秀的激情正直，抑或蔡元培的包容儒雅，每一个都很出彩，他们既讲述着属于自己角色的语言，构建出历史的图景，又对当代观众讲述着穿透时空的道理，给人以思想启迪。在各个新媒体平台中有利用音乐和镜头剪辑出只有几句台词的视频来烘托《觉醒年代》中的高光片段，这样简单的剪辑方式往往具有极佳的传播效果，相较于长剧情的说明，这类视频不仅能够引起共鸣，也能够吸引受众二次创作出更多的传播内容。主旋律影视传播所蕴含的历史内容丰富，蕴藏着无限的创作可能。

（二）主动设置文化议题，唤醒受众精神内驱力

《觉醒年代》的火爆也从侧面反映出当代受众在社会发展过程中对理想和信仰的呼唤与对国家民族文化的认同，主旋律影视作品也就成为引导人们重塑信仰与理想、寻找精神支柱的最好文化资源与精神纽带。新媒体逐步进入人们的生活，并逐渐构建着新的媒介环境，主旋律影视想要扩大传播效果，就需要进入这一环境内，主动设置文化议题来掌握话语权。通过优质内容吸引受众后，这些议

题能够与受众之间进行互动，在频繁的网络实践中建立自我身份认同、寻求归属感，进一步激发受众内心的民族凝聚力，塑造良好的价值取向，唤醒受众的精神内驱力。

《觉醒年代》抓住了建党100年、五四青年节等时间节点。2021年五四青年节当天，将《觉醒年代》中的台词或视频与“五四运动”联系起来，掀起网络中的讨论热潮。在新浪微博中，“共青团中央”官方账号发布了#五四特别版错位时空#，将《觉醒年代》有关青年运动的动人情节与流行歌曲相结合，获得了5.8万点赞量、1.8万转发量，增强了内容的热度和参与度，因节日氛围，受众源源不断地贡献话题与内容，生产“集体回忆”，带来巨大的浏览量和转发量，产生了强大的传播涟漪效应。当前，传播主旋律影视时经常面对的一些问题是，传播内容的历史资料十分陈旧，没有与时事热点进行有效结合，也没有提炼出历史素材中的核心精神内涵，使得传播难以受到广泛关注[①]，实现预期的传播效果，发挥价值引领的作用。但在《觉醒年代》全剧终后，年轻观众纷纷请求剧组售卖剧中的周边产品。呼声最高的是鲁迅因军阀混战、政府无为，到教育部辞职时手里拿着的那块“不干了”的木牌，以及剧中贯穿全局的《新青年》杂志和剧中提到的其他杂志报纸；剧中鲁迅“根本无可救药”、蔡元培“救救孩子”等台词和镜头被做成表情包，在社交平台广泛传播；一些观众们还在旧书网上购买影印版本的《新青年》创刊号，自发收集相关周边产品；还有人去当地的博物馆、纪念馆参观“打卡”，搜寻这段光辉历史的痕迹；在清明节，上海市龙华革命公墓陈延年烈士墓前放满了鲜花；在淘宝平台上，带有《新青年》字样的衣服、帆布包等纪念品月销量超过1000件。传播效果虽然会随着时间慢慢减弱，但我们发现在主动设置文化议题进行“造梗”是加深受众印象的有效手段，并且具有一定时效性，话题性的内容往往更能吸引受众关注。主旋律影视的新媒体传播也需要结合时事热点，主动设置文化议题进行传播，在仪式的感召下，受众总会被历史温度中的人性之美所感动，获得一种同气相求、惺惺相惜的共情体验。

（三）主流话语把控下经济力量参与的市场驱动力

新时代背景下，资本敏锐地嗅到了市场的价值并对其进行开疆扩土，但主旋律

① 周婵.中共党史文化的新媒体传播研究［J］.文化创新比较研究，2020，4(1)：68-69.

影视传播的政治作用同时也要求主流话语一边利用资本进行更好的创作，一边严格进行质量与内容的把控。

主旋律影视传播承担了传播主流意识形态价值观的思想任务，以往以革命范式、宏大叙事指导下的主旋律影视通常采用激荡的革命史诗情节再现、英雄模范的典型事迹传递先进价值观，实现情感动员，以此达到观影群众对主流意识形态的认同，潜移默化地使群众接纳主流意识形态。当影视遇上非线性传播的视觉时代，主旋律影视传播的成功与否很大程度上取决于影视作品能否被受众关注和喜爱。在资本参与影视生产与传播的过程中，影视作品通过资本运作变成了一个个大热IP，这让市场嗅到了主旋律影视的甜头。在2015年《战狼》票房破5亿后，各个主旋律电影蓄势待发，《红海行动》《湄公河行动》也获得了良好的市场和口碑，在《觉醒年代》推出之前，以改革开放为背景的《大江大河》和以西海固地区脱贫攻坚故事为背景的《山海情》也收获了观众的喜爱。可以看出在受到资本的青睐后，主旋律影视传播更加与时俱进，精品佳作不断浮现。

此外，主旋律影视作品也在多元的话语中相互制衡，在博弈中健康、和谐发展。在活跃的市场驱动之下，主旋律影视传播所必备的严谨性不能被各式各样的传播形式左右，主流话语必须占据主导位置。相关部门对主旋律影视作品不仅要给予支持，也要进行审查。2006年11月23日，国家广电总局下发了《关于加强和改进历史题材影视创作管理的通知》。通知指出，对历史题材电视剧实行备案公示管理和审查管理制度，对历史题材影片实行电影剧本（梗概）备案和电影片审查制度，对重大革命和重大历史题材影视剧实行选题立项、剧本审查和成片内容审查三个环节的管理制度。[①] 以公权机关为代表的对主流话语的把控可以确保主旋律影视生产创作的健康发展。

结语

任何一个底蕴深厚、昂扬向上的民族都不能忘记从自身的传统和历史中汲取发展的动力与营养，并始终将其视为巨大的精神财富。当前我国的综合国力与国际地位急速提升，物质的极大丰富带来了人们对国家与民族文化的急迫追寻和认同。主旋律影视运用非线性的新逻辑和“利用新媒体讲好中国故事的持续创作能力”“主

① 李嘉敏. 中国红色经典电影的话语权力变迁研究［D］. 广州：华南理工大学，2020.

动设置文化议题唤醒受众精神内驱力”“主流话语把控下经济力量参与的市场驱动力”推动着主流文化的重建，带动整个社会心理、精神的重新建构，用文化认同引领社会各方面认同的跟进和提升。虽然主旋律影视的新媒体传播仍存在着诸多不足，但《觉醒年代》的成功为主旋律影视的新媒体传播提供了新的范本。

新媒体的兴盛为主旋律影视传播摆脱了闭塞的传播环境，构建了多元专业的传播平台。由于缺乏丰富的传播手段与平台，于2007年播出的同样以新文化运动为历史背景、口碑良好的《恰同学少年》豆瓣评分虽然也有8.9的高分，但知名度远不及《觉醒年代》这般使人耳熟能详。与在电视机前观看的那一代观众相比，随着传播互动手段的丰富，主旋律影视传播也迎来了新机遇。日渐繁荣的各类新媒体传播手段、互动环境更加便捷多样，优质内容也更容易进行传播。在传播之前，内容的精心雕琢是必不可少的，面对如今有着高需求、高审美的受众，主旋律影视也应该改去旧面貌，生动鲜活起来。在传播过程中，相关媒体应该利用各类新形式支撑优质内容，激发受众的创造力，探索如何促进受众日益成为主旋律影视传播建设中的积极力量，并不断挖掘主旋律影视中的价值内涵，激活主旋律影视基因，讲好中国故事，传递好中国声音，以促进主旋律影视高质量传播。

"后真相"时代以艺术真实塑造文化记忆*

——以《觉醒年代》为例

刘丽丽** 周春霞***

【摘要】"后真相"时代对宏大叙事的消解使得任何历史叙事都变得异常艰难。在此接受语境下，作为庆祝中国共产党成立100年的优秀重大题材影视剧《觉醒年代》通过对艺术真实的追求冲破历史虚无主义的枷锁，重塑了大众的集体文化记忆。

【关键词】"后真相"《觉醒年代》 艺术真实 文化记忆

中国共产党成立100年之际，一部反映建党前后先驱们前赴后继投身革命为中华民族寻找发展道路的优秀电视剧《觉醒年代》在众多重大题材影视剧中脱颖而出，获得了观众和网友们的一致好评和追捧。有必要追问的是，《觉醒年代》成为2021年年初的爆款影视剧背后有着怎样的逻辑理路？在"后真相"时代如何重建受众对历史文化的认同与信任？这部重大题材电视剧对日后相关影视剧的拍摄有何启示？如何通过重大题材影视剧来讲好党史、国史？本文将通过《觉醒年代》试图回答上述问题。

---

* 本文为北京联合大学2018年度"人才强校–百杰计划""改革开放四十年北京城市景观书写变迁研究"（项目编号：BPHR2018CS02）的阶段成果。

** 刘丽丽，北京联合大学应用文理学院新闻与传播系2020级硕士研究生；主要研究方向：影视传播。

*** 周春霞，文学博士，北京联合大学应用文理学院副教授；主要研究方向：影视理论、文化研究。

一、"后真相"时代对宏大叙事的消解

新媒体技术的发展应用虽提供了交往便利，但也使人们进入所谓"后真相"时代。所谓"后真相"，通常是指一种感性、情感、价值优先压倒甚至屏蔽了理性、事实、真相在凝聚共识中的基础性作用的现象。[①]"后真相"起初是哲学领域的概念，后来随着新媒体的推波助澜，在英国脱欧、特朗普政选等政治事件发酵中成为反抗主流、反对权威的网络热词。"后真相"的立场先行、真相被搁置已经成为这个时代的标志。概言之，正如有学者所指出的，"后真相"时代主要表现出两大特征：一是被原有社会秩序规定的真相界定者和界定方式正在受到公众前所未有的质疑，二是公众与真相提供者之间原本较为稳定的契约关系变得飘忽不定。[②]

在"后真相"时代的接受语境下，重大题材影视剧的生产、传播与接受皆受到此现象的影响。从生产的角度而言，创作者既要突出重大历史题材的历史真实性，又要极力吸引观众的注意力，满足观众的审美趣味。虽然两者之间并非完全对立排斥的关系，但是要想调和好两者之间的关系也并非易事。重大题材影视剧进行了多种尝试，如改革开放初期对红色经典作品的人文主义式改编、青春偶像式改编。例如，作为"十七年"时期重要的红色经典作品《青春之歌》，出现了1958年电影版献礼片《青春之歌》，1999年版、2006年版《青春之歌》分别进行了各种风格的尝试。当然在此过程中，也存在着一些影视剧生产的误区，如围绕英雄人物过多编织感情戏等。这些影视剧生产观念虽然竭力将主流意识形态与观众的审美趣味相结合，但是不可避免地出现了一些误区。

从传播的角度而言，非理性舆论下的网络喧哗冲击着重大题材电视剧的题材选择、价值立意、视听语言乃至美学追求。新媒体时代各种不同立场和价值观的众声喧哗显示出生活在网络社会中的大部分群体并没有建立起历史主义视角，追求视觉景观无形中削平了历史深度，从而产生历史意义的平面化、消费化、娱乐化现象。将历史人文景观嵌入网络媒体中的视频、图像甚至是表情包中，通过"声音+图像"

① 李腾凯."后真相"时代历史虚无主义传播的新变化及其应对［J］.理论导刊，2020（12）：57-63.

② 胡翼青.后真相时代的传播：兼论专业新闻业的当下危机［J］.西北师大学报（社会科学版），2017（6）：28.

的模式构建历史伪景观，使人们在无形之中接受网络历史中的“真相”，而这种非理性的网络喧哗会使受众陷入历史虚无主义的危局，尤其是青少年群体，一旦陷入虚无主义的黑洞就会迷失人生方向。

与上述两种角度相辅相成的是，观众在接受重大历史题材电视剧时，逐渐产生了怀疑乃至不信任的态度。一方面，重大题材影视剧本身在创作生产过程中的误区令群众无所适从。对历史史实的理解不足与过度阐释造成的“神剧”同样使观众产生了强烈的不信任感。另一方面，“后真相”时代对影像的真实性产生了极大的怀疑。“后真相”并不是真相的对立面，它没有崇尚假象和撒谎，也并没有怀疑真相的存在，而是怀疑媒体或其他信息提供主题呈现的那种“真相”，并不是真正的真相，而判断的依据则是信息提供主体是否有足够的善和诚意。[①]随着网络社会的发展和商业文化的普及，人们的消费理念发生了颠覆性的变化。商业资本在利益的驱动下，以受众的消费口味和消费需求作为影视内容创作的“风向标”，资本巨头在文化产业市场“跑马圈地”，从产品的定位到形式都蒙上了“娱乐化”的外衣，原本的政治、历史都成为娱乐场中供民众消遣娱乐的商品。

二、《觉醒年代》的艺术真实

通过对创作理念及文本做细致分析之后不难发现,《觉醒年代》巧妙地处理了宏大叙事与历史细节、英雄群像与个体性格、政治斗争与生活情趣三对矛盾，实现了艺术真实，从而破解了“后真相”时代带来的立场先行、认同危机对宏大叙事的消解等艺术难题。

1.在求真务实的宏观格局与细节化的情节安排中寻求艺术真实

《觉醒年代》这部重大题材影视剧在消费主义时代，通过对历史真相的追求冲破对历史解构的枷锁，以高度的理性和直逼学术的严谨性让观众有掌握知识点的爽感。

电视剧《觉醒年代》展现了从新文化运动、“五四运动”到中国共产党成立的这段波澜壮阔的历史画卷，由于历史题材重大，因此需要通过视听语言手段来展现

① 胡翼青.后真相时代的传播：兼论专业新闻业的当下危机［J］.西北师大学报（社会科学版），2017，54（6）：28-35.

中华民族所处的存亡绝续关头。该剧没有陷入资本市场的旋涡，相反强调了对历史背景细节真实的把控。历史学家吴晗认为，历史题材电视剧首先要明确历史和历史剧之间的联系。所谓的联系就是历史剧必然要受历史真实性的约束，在时代背景、主要人物和事件等方面绝不能凭空捏造，历史剧是不可以不受历史真实性约束的。[①]为了还原老北京黄沙漫天的景象，剧组实地调研，专门从河北运送沙土；为了还原民国时期下层民众的悲惨生活，演员服饰的做旧感都是剧组一点点打磨出来的；剧中的箭杆胡同从材料到砖块上的纹路都是道具组一砖一瓦等比例复刻还原。大到场景搭建，小到剧中人物的生活用品，无论是材质还是大小，剧组都力求真实还原。

在剧情安排上，《觉醒年代》始终依托大量史实，以真实客观的角度看待“觉醒年代”的那段历史，剧中很多细节化的情节安排更是让观众印象深刻。比如，受到西方文化熏陶的辜鸿铭却依旧对新文化运动持反对立场，身边常伴的上茶端烟的仆人也暗示了保守派骨子里的反抗思想，暗示了新文化运动想要在全国展开的困难性；再如，胡适先生带裹小脚的太太出席活动时，江冬秀因怕给胡适丢人而退缩，但在众人的掌声和鼓舞下，俩人相互搀扶着走向席位，简单的一个小情节设计不仅代表了江冬秀个人冲破封建思想的第一步，同时也昭示着中华民族正在冲破封建思想的束缚，朝着新思想迈出了关键的一步；剧情的开头，陈独秀之子陈延年在码头打工午休时，就着一碗清水，啃着发霉的大饼，却发现碗里有一只挣扎的蚂蚁，于是他用手指轻轻地将蚂蚁捞起放在了身旁的野草上，这里的蚂蚁就像当时在水深火热的生活中挣扎的中国人民。

《觉醒年代》的编剧龙平平在接受《中国文艺报道》专访时说道：“对于重大历史题材的创作，要做到大事不虚、小事不拘。”剧中南陈北李相约建党的过程，在党史记载中只有一句话，“1920年春节前，李大钊送陈独秀从天津乘船去上海，在路上，相约建党”。龙平平为了尽量还原历史细节查阅大量史料，才有了陈李二人在海河大地上面向难民宣誓的场景；为了更贴近伟人的真实形象，龙平平和导演四处打探，从人物性格、行为到称呼，就连李大钊与妻子之间“姐”与“憨坨”的称呼也是通过李大钊后人才了解到的。龙平平在进行艺术创作的过程中，是在查阅大量资料、尊重史实的基础上加上适当合理的想象，充实故事情节，在真实与虚构之间拿捏有度，实现了艺术真实与历史真实的协调统一。

① 吴晗.论历史剧[J].文学评论，1961(3)：53.

2. 在生动鲜活的人物形象与个性化的人格塑造中寻求艺术真实

在《觉醒年代》的人物塑造中，摒弃以往红色剧中过分神化或娱乐化人物形象，坚持塑造饱满的角色与鲜活的人物。张永新导演在中央广播电视总台央视《面对面》专访的节目中说道："书中的一个个名字是有血有肉的鲜活个体，要在保留他们革命家、政治家身份的同时，更注重从细节入手刻画作为普通人的他们。"李大钊与妻子儿女相处的温情、陈独秀父子间真挚淳朴的爱等，通过对历史人物烟火气细节的展现避免了人物形象建构的扁平化，让剧中的人物不再高高在上，而是可敬可爱，让故事情节叙事更加真实、更加丰富，从而更能引起观众的共鸣。

《觉醒年代》中令人深刻的一幕就是蓬头垢面出现在日本早稻田大学的长椅上的陈独秀，他吃着别人的盒饭，穿着破旧不堪的衣服，还因为言辞过激被其他学生唾弃。这一形象的出现很显然颠覆了观众以往对陈独秀的认知，也颠覆了大众对以往历史人物的认知，但真正看完整部剧之后就知道，正是一个有思想、有性格、有灵魂的人物才会有这样的表现，似乎这一切又合情合理。剧中的李大钊这一形象，面对学生时是慷慨激昂演讲的北大教授，面对陈独秀时是保持谦逊的新思想者，面对妻子赵纫兰又是听姐姐话的"憨坨"，正是多层次的人物表现才将李大钊的角色诠释得更加鲜活饱满。从走路姿势到书法字体，鲁迅先生的扮演者曹磊一直在模仿和揣摩，演员的细致认真也增添了角色的鲜活度。同时，该剧通过不同学派学者之间的思想碰撞和言语交流来展现不同流派之间的对立冲突，更具有戏剧张力，让观众产生心理共鸣，获得一致好评。

3. 在残酷严肃的政治画面与张弛有度的艺术表现中追求艺术真实

对历史题材影视剧"真实"的界定，从新中国成立以来各方都持有各自观点，定义的角度、立场都不尽相同。历史学家吴晗认为历史剧既不是历史教科书，更不是历史论文，它除了受历史真实性的约束以外，主要还是戏。是戏，就得有矛盾、有冲突、有情节；要收到艺术效果，还必须有所突出，集中，夸张。[①]著名红学家李希凡认为，历史剧和历史虽然有关系，但是性质上却是完全不相同的东西——历史剧是文艺作品，而历史是过去的事实记录。因此可以总结出，历史题材的影视剧

① 吴晗.论历史剧［J］.文学评论，1961（3）：52.

不等同于历史，历史题材的影视剧的艺术真实也有其存在的必然性，历史题材的影视剧创作应是将艺术真实融入历史真实后呈现出来的艺术化写实。

主旋律的红色影视剧是历史文化传播的一个重要的方式和途径。在此之前，很多影视剧遭遇市场瓶颈的原因就是过于刻画历史题材的严肃性，总是以宏大的叙事格局来搭建整个影视剧的故事框架，往往使观众们敬而远之；要么为了争夺市场份额，迎合受众猎奇的心理，大量庸俗化、低质化的故事情节层出不穷。而《觉醒年代》在严肃的政治画面与艺术表现之间做到了张弛有度，很好地实现了历史真实与艺术真实的协调统一，既有新思想者为了国家发展而奔走呼号的大国之爱，也有他们之间彼此惺惺相惜的友情之爱，更有与妻子之间相濡以沫的爱情。

三、艺术真实与文化记忆

何为文化记忆？德国学者扬·阿斯曼认为："文化记忆即我们心存的传统，它通过千百年世代相传文本、图像和仪式的重复性积淀而成，不仅铸成了我们的时间意识和历史意识，也铸成了我们的自我观和世界观。"扬·阿斯曼认为："我们今天面临的不是记忆难题的自我消解，而是它的强化。其原因在于，如果不想让时代证人的经验记忆在未来消失，就必须把它转化为后世的文化记忆。这样，鲜活的记忆将会让位于一种由媒介支撑的记忆，这种记忆有赖于像纪念碑、纪念场所、博物馆和档案馆等物质载体。"[①]在新媒体时代下，人们对文化记忆的回忆、传播和传承都产生了极大的变革，影视剧成为重构文化记忆的重要载体，其特点就是通过影像中的文化记忆来激发个体对历史事件的想象和思考，将传统的历史文字符号转化为视觉符号，以平民化的叙事策略来加强个体对历史的回忆，从而完成构建文化记忆的历史使命。记忆是最深刻也是最不可或缺的参照[②]，只有记忆才能建立起身份[③]。因此记忆是历史存在的意义，影视剧则是对历史的重构和解读，而《觉醒年代》作为红色影视剧中的一股清流，完美地契合了"后真相"时代下大众对历史文化记忆认同和自我身份认同的需求。

---

① 阿斯曼．回忆空间：文化记忆的形式和变迁［M］．潘璐，译．北京：北京大学出版社，2016：6.

② 赵静蓉．文化记忆与身份认同［M］．北京：生活·读书·新知三联书店，2015：156.

③ 格罗塞．身份认同的困境［M］．王鲲，译．北京：社会科学文献出版社，2010：385.

1. 艺术真实唤醒集体文化记忆

《觉醒年代》引发的观剧热潮无疑是人们对历史觉醒的镜像式表达。网友对《觉醒年代》的评论对象主要集中在影片的剧情片段以及教育意义上，其次是呼吁当代青年要扛起时代责任，同时对于影片中的演员、导演和编剧也有一定的关注度。可以注意到的是，网友并没有仅仅停留在对电视剧本身的欣赏和评价上，而是想要通过对这些历史事件的探讨唤醒大家对历史的集体记忆，并在集体的认同下重拾自己的爱国主义情怀。《觉醒年代》讲述了20世纪初中国的社会风情和当时的百态人生，真实的历史画面和生动故事情节将人们对历史的文字感受带到了视听世界，将历史上的重要事件转换为文化符号，为人们了解这段历史提供了一个生动的讲述方式。该剧开篇就通过时代背景交代了此时的中国正处于内忧外患的风雨飘摇之中，以辛亥革命为代表的资产阶级革命派因为脱离中国实情而得不到广大人民的支持；想要复辟帝制的袁世凯在经过复辟失败被人们唾弃而死之后，流亡海外的革命者纷纷回国，率先接受历史唯物主义思想的李大钊成为带领中国探索社会主义道路的革命家，在与封建势力和资产阶级势力做斗争的过程中，以陈独秀、李大钊为代表的充满新思想的革命家们通过实际行动来为中国人民争取幸福，为被封建思想禁锢三千多年的中国另觅新路，生动地再现了马克思主义在中国存在的合理性以及逻辑性，唤醒国人对这段历史的回忆。

《觉醒年代》虽然是在讲述重大的历史格局，但是在讲述的过程中通过故事情节的安排来丰富历史画面感，从而提升了观众的观看带入感。在张勋复辟时期，北京街头上有代表封建势力的官员在拱手作揖、身穿西装却头顶长辫的伪资产阶级、唾弃王旗高挂的新青年，不同阶层的人物心理反映了动荡时期的中国寻找新出路的困难性；巴黎和会外交失败后，北京大学学子联合北京师范大学在内的十三所高校学子到天安门前集会，他们打出“外争国权、内惩国贼”的口号，强烈要求中国代表拒绝在巴黎和会上签字，一场以学生主体为开端的彻底反帝反封建的爱国运动在全国逐渐展开，慷慨激昂的游行画面、振奋人心的游行誓词都是激发国人历史觉醒的引子。

2. 艺术真实激发爱国主义的精神情怀

《觉醒年代》通过对革命先驱的塑造，让观众再次认识到了历史发展是历代革命志士们努力奋斗的结果，国家和人民从“站起来”、“富起来”到“强起来”，需要代代革命志士的努力。重大题材影视剧恰恰反映了中国革命的历史，讴歌了中国共产党的奋斗，赞扬了中国革命烈士的奉献，同时也弘扬了中华民族的爱国主义精神和革命英雄主义情怀。影视剧作为历史文化传播的途径，成为新时代青年人接受科普历史的重要方式和手段，从宏观的角度来说，重大题材影视剧再现了中华人民共和国在战争革命中诞生、在反抗外来侵略中成长、在自我革命中不断发展的历史故事，用历史真实重塑中华民众的集体文化记忆，激发个人的爱国主义情怀；从微观的角度来说，重大题材影视剧通过真实感人的个人形象以及生动真实的故事情节将“英雄主义”纳入爱国主义之中，通过对历史英雄人物的建构来实现个人情感上的认同，增强青少年的民族自尊心和自豪感。

在《觉醒年代》中，整部影视剧贯穿着“觉醒”二字，从以陈独秀、李大钊等先进知识分子的觉醒，到中国工人阶级的觉醒，再到全体中国人民的觉醒，以《新青年》杂志的创办作为线索，暗示了在民不聊生的近代中国，只有实现中华民族的觉醒才能获得中国的觉醒，这也是《觉醒年代》想要传达的爱国主义精神的思想先导。《觉醒年代》的视频评论区打破了以往的局面，出现了好评一边倒的意外场景。从这些正面评论中可以看出，正是因为该剧唤醒了国人对于这段历史的集体记忆，所以才增强了个体的集体认同感，激发了个人爱国主义情感的宣泄，也从侧面表现出了国人对于中国人这个身份的身份认同感。重大题材影视剧不仅能让国人不忘历史，还能让国人感叹今日之中国来之不易，今日之生活得之有幸，也从历史的角度向大家阐释了中国共产党在中国存在并领导中国人民取得胜利的合理性与逻辑性。

总体而言，在“后真相”时代下被淹没的艺术真实，在该剧中又重新“觉醒”过来。《觉醒年代》这部电视剧让很多人热血沸腾，人们深刻感受到了思想的光芒、理想的魅力和青春的力量，以及那个壮怀激烈年代在中华民族觉醒和复兴之路上的分量，这是中国革命历史题材影视剧创作的巨大突破，也为以后红色主流影视剧的拍摄贡献了新的思路和方案，对未来红色革命史的传播具有重要的启示性作用。

文化地理学视域下的河北电影*

杜晓莹**　杜剑峰***

【摘要】随着中国电影研究的不断深化，文化地理学的研究方法开启了中国电影研究的新视角、新向度和新方法，文化地理学为我们提供了一种新的理论视域，可以弥补中国电影在空间认知上的盲区，校正中国电影在地缘文化上的缺失，从而实现中国电影研究的空间转向。在河北电影中，无论是对景观的审视、地域性格的凸显，还是民间文化的挖掘，都揭示了其隐含的文化地理学特征。论文从河北电影中的地理景观、燕赵风骨和民间形态三个维度，概括分析河北电影的在地性特征，并揭示河北电影在赓续民族传统、厚植家国情怀、回应时代需求方面的贡献。

【关键词】文化地理学　河北电影　地理景观　燕赵风骨　民间形态

长期以来，中国电影的研究范式是以文本为中心，即将不同历史时期的电影文本从其生产环境中剥离出来，集中对文本编码的审美层面和影像本体层面以及文化内涵主旨层面进行研究。中国电影在研究方向上主要集中在时间维度，一方面是对中国导演的代际研究，从“第五代”开始，上下推衍，形成了中国电影导演代际研究维度；另一方面是从社会政治维度，对中国不同时期电影发展的研究。对于这两方面的研究，中国电影几代学者对之的研究方兴未艾，成果显著。但是，对于中

*　本文系北京联合大学2020年度教育教学研究与改革项目——《基于文化地理学的〈文化传播前沿〉课程建设》（研究生教育类项目，项目编号：JY2020Y003）成果之一。

**　杜晓莹，北京联合大学应用文理学院新闻与传播学2021级硕士研究生；主要研究方向：城市影像创意与制作。

***　杜剑峰，北京联合大学教授，硕士生导师；主要研究方向：城市影像与文化传播。

国电影空间维度的研究，则显得相对薄弱，甚至存在明显的缺失。“中国电影这种空间维度的缺失，不仅直接导致了我们对于中国地缘电影认知的缺失，也使我们对中国电影空间认知处于缺失的状态。”[①]文化地理学的研究方法开启了中国电影研究的新视角、新向度和新方法，文化地理学为我们提供了一种新的理论视域，可以弥补中国电影在空间认知上的盲区，校正中国电影在地缘文化上的缺失，从而实现中国电影研究的空间转向。文化地理学就是研究不同地区、不同空间的文化在其起源和演变过程中与地理环境的关系及其形成的文化景观，它强调关注地理和空间的影响，从文化地理学的视域研究电影，会获得一种独特的认知经验和审美效果。事实上，世界上构成广泛而深刻影响力的电影和电影品牌都是地缘因素决定的。

河北电影虽然起步较晚，但是中国电影的重要组成部分，它的产生和发展是和整个中国电影事业紧密联系的。1926 年，天津渤海影片公司拍摄的无声喜剧片《大皮包》可以看作河北电影的开端，但河北电影正式起步于1982的《哪吒》，该片是一部以河北梆子为蓝本制作的电影。经过近百年的发展，尤其是新中国成立后，河北电影在创作数量和质量上都有大幅提高。然而在新时期，随着山东、河南、山西等地区电影的兴起，河北电影一度呈现尴尬的“洼地”。在经历了漫长的“寒冬”，河北电影在2009年开始发力，逐渐走出“洼地”，随着一批精品力作的问世，2013年形成和出现了“河北现象”。河北电影是以河北的历史传统、现实生活与地域特色为题材，表现河北的物质文化、行为文化、观念文化、精神文化及其文化自身的传承与变迁的电影。它既是河北地域文化的集中表现，也是燕赵文化、燕赵风情的充分展示。在河北电影中，无论是对景观的审视、地域性格的凸显，还是民间文化的挖掘，都揭示了其隐含的文化地理学特征。

1.“粗犷”与“平和”：河北电影中的地理景观

不同的地理环境生成了不同的民族、不同的群落，也成就了不同的文化。文化地理学是文化研究的一个重要组成部分，“通过文化地理学的方式，文化除了被破解为其他的东西之外，还可以被理解为一种不同的空间、地点和景观的问题”[②]。

---

① 贾磊磊.中国电影的地缘文化分析：兼论中国电影研究的空间转向［J］.当代电影，2020（1）：121-125.

② 鲍尔德温，朗赫斯特，麦克拉肯，等.文化研究导论［M］.陶东风，等译.北京：高等教育出版社，2014：133.

从文化地理学上看，河北地处中纬度沿海与内陆交接地带，地形地貌复杂多样。从地貌上看，山地、高原、丘陵、平原、盆地五种基本地貌类型齐全。大的地貌单元在分布排列上井然有序，地势高低相差悬殊，从西北向东南依次为坝上高原（包括张北高原和围场高原，是内蒙古高原的南缘）、燕山和太行山地、河北平原（华北平原的主要组成部分，由山麓平原、冲积平原和滨海平原组成）三大地貌。这样的地形地貌对河北境内的气候、水文、生物、土壤等都有一定的影响，自然也影响着这里的人群的生活方式。通常来看，北部高原部分海拔、纬度高，适于游牧或半游牧，中部山地、丘陵则适合农耕、狩猎及多种经营，南部的河北平原则适合农耕，河北大地为农耕文化与游牧文化的共存和交叉准备了物质条件。由于河北平原的土质是冲积而成的“次生黄土”，缺乏优质黄土的“自行肥效”能力，虽气候温润、降水量多，但不能使作物长得更好。河北平原土地较硬，植被茂密，不利于耕作。河北这种土质和气候条件，必然弱化该区域的农耕性，强化其游牧性，因而农耕文化与游牧文化的交融性也更明显，使古老的燕赵之地既有游牧文化的粗犷，又有农耕文化的平和，兼具刚柔相济的复调特征，随着代代不息的战争和移民，使胡汉交融不断发展和深化。

河北影片无论何种题材，都会或多或少地展现出河北独具特色的地理景观和自然风貌。即使是战争题材，它也是在河北这一独特的地理空间中、独特的历史空间中、独特的文化空间中发生发展的，也会表露出河北电影的在地性特征。在河北农村题材的电影中，除了展示河北人民特有的人文风貌外，还有大量的镜头展示河北自然地理景观、农业发展特色。《青松岭》（1965）、《艳阳天》（1973）、《青松岭》（1974）、《金光大道（上）》（1975）、《金光大道（中）》（1976）、《小兵张嘎》（1963）、《远山姐弟》（1992）、《姐弟俩》（2014）等影片中展现了河北地区的地质地貌特征。例如，电影《艳阳天》讲述了东山坞农业合作社麦收时节十余天时间里发生的故事，“麦收时节”的乡村成为影片的重要景观。电影《金光大道》表现土改后的第一个春天，共产党员高大泉在春耕时节缺少农具、缺少耕畜的艰苦条件下，带领芳草村的农民搭犋、换工，互相帮助，种完了全部土地，并且组织了天门区第一个互助组，影片不断出现田野里农民春耕的情景。《青松岭》呈现出山区农村秋后的丰收景象，被群山包围的村庄，山路上奔跑的马车，典型的河北村庄和农家院。在电影《小兵张嘎》中，大量的白洋淀地区的自然风景推动着影片的发展。主人公小嘎子在河水中捞鱼、芦苇、船只等都体现了白洋淀的地区特色，当地人民及八路军在芦苇中与敌人斗智斗勇，推动着影片故事情节的发展。电影《远山姐弟》中呈现的小村中的山、水、农作物及牲畜，全方位地展现了当地农村的自然风貌。在电影《姐弟俩》中，影片在叙事的过程中穿插大量的农作物及当地农村的住宅空境，体现了河北当地的农业种植情况和农村风貌。

2.“慷慨”与“悲歌”：河北电影中的燕赵风骨

特定的文化是有疆域概念的，文化的疆域特征体现为具象的文化景观、文化标志，也表现在无形的气质与风情之中。燕赵文化性格形成于战国末期。在邦国林立、大师并起的战国时期，面对着社会的急剧变化和国家间激烈的竞争，各国统治者为了完成从分封制向君主官僚政治体制的过渡相继变法图强，以期经济发达、政治开明和文化繁荣，寻找自己的优势，培养自身的文化个性。跻身“战国七雄”的燕和赵，其业绩功勋也不可小觑。在变革图强、激烈竞争的过程中，燕赵地域条件所决定的胡汉交融的潜在基因及远古祖先遗传的潜意识积淀日益以显性的形式表现出来，并在现实斗争中得到丰富和补充。燕赵文化刚柔相济，以刚为主的雄浑、追求进步的本色、不屈不挠的勇气、非凡的智慧和坚定的毅力，逐渐完善为燕赵文化的深层精神，即文化性格，并物化为燕赵的学术经典《荀子》。“如果说战国初期各国变法图强之际，燕赵性格得以孕育和培养，又以《荀子》进行了初步阐发和揭示，那么，到战国末期，燕赵儿女面对强秦压境，家破国亡的危险时刻所表现出的英雄壮举，则最终使燕赵文化性格发展成熟。”[①]“慷慨悲歌”并非仅仅是刚烈、勇悍，其中还含有深沉的感情。“风萧萧兮易水寒，壮士一去兮不复返”，包含多么复杂的情感和难以言说的人生况味。“‘慷慨悲歌’，可阐释为：不惜牺牲的反抗精神，不欺其志的侠义性格，不媚流俗的豪爽情怀。”[②]“慷慨悲歌”是对燕赵文化的集中概括，燕赵大地见证了很多中国历史上重大事件的发生。例如，慷慨悲壮的荆轲刺秦王、文化融合典范的胡服骑射等，家喻户晓的成语“老马识途”“围魏救赵”“破釜沉舟”“背水一战”“实事求是”“金石为开”等，众多古代先贤伯夷、叔齐兄弟，战国时思想家、教育家荀况，西汉哲学家董仲舒，清朝思想家、教育家颜元等，这

① 崔志远.燕赵风骨的交响变奏：河北当代文学的地缘文化特征［M］.北京：作家出版社，2001：31.

② 崔志远.燕赵风骨的交响变奏：河北当代文学的地缘文化特征［M］.北京：作家出版社，2001：31.

些历史事件、成语典故、古代圣贤都彰显了河北大地厚重的文化历史积淀。

河北电影在古代历史的取材中，备受导演关注的历史事件是“荆轲刺秦王”，很多电影表现内容和剧情推衍都离不开这段悲壮的历史，这则历史故事将燕赵文化体现得淋漓尽致。在陈凯歌执导的影片《荆轲刺秦王》（1999）中，“悲歌起易水，壮士出燕赵”，以燕国名士荆轲为创作题材。在影片中，荆轲极其孤傲，重义守信，在得知自己的身份可能已然暴露之时，依然决定孤身上殿，寻找刺杀秦王的时机。在这一段中，张丰毅饰演的荆轲视死如归、目光坚定，把燕赵儿女的侠义精神演绎得淋漓尽致。在电影中，赵国孤儿们在面对秦王时，不仅没有害怕，反而目光炯炯，死死盯着秦王，刻进赵国人基因的英雄侠义气概尽显。在电影《神医扁鹊》（1985）中，扁鹊一生心怀天下，不贪图荣华富贵，不计名利，常年风餐露宿，奔波在外行医。扁鹊为增进医术，周游列国，在行医的路上扁鹊替百姓治愈瘟疫、救助太子、揭露巫术、劝解齐王早日就医等。扁鹊虽屡次遭遇嫉妒和追杀，但他没有向权势妥协，依然践行着治病救人的医德。电影中扁鹊曾救助过一个身患瘟疫的穷苦百姓老石公，在扁鹊被追杀之时，老石公毅然穿上扁鹊的衣服引开追兵。身份地位低微的小人物与不畏生死的英雄大义相得益彰，凸显河北儿女与生俱来的英雄气概。电影《董存瑞》（1955）通过影像语言凸显出河北人民传承与发扬燕赵精神，董存瑞身上映照出了燕赵风骨。电影中董存瑞由一个顽皮、不守纪律的见习期的小八路军在战争中逐渐成长为一名真正的共产党员。在解放战争的一场战斗中，董存瑞承担了炸毁碉堡、解放隆化的任务，为大部队反攻扫清障碍，在找不到地方放炸药之时，为了保障总攻的成功，为了新中国的建立，他不惜用身体托举起炸药，以身炸碉堡。电影中董存瑞呈现的精神与荆轲如出一辙，他们生活的年代虽然相差较远，但是这种舍生取义的大侠气概在燕赵儿女身上从未间断，一直传承发展。在战火纷飞的革命战争时期，河北人民舍生取义、大义凛然，形成了鲜明的河北红色文化。燕赵风骨在《新儿女英雄传》（1951）、《鸡毛信》（1954）、《平原游击队》（1955）、《回民支队》（1957）、《狼牙山五壮士》（1958）、《战斗的青春》（1959）、《红旗谱》（1960）、《野火春风斗古城》（1963）、《小兵张嘎》（1963）、《地道战》（1965）、《平原作战》（1974）、《解放石家庄》（1981）、《新兵马强》（1981）、《剑吼长城东》（1990）、《烈火金刚》（1991）、《敌后武工队》（1995）、《浴血太行》（1996）、《平原枪声》（2001）、《走出西柏坡》（2001）、《太行山上》（2005）等影片中也得到生动体现，多彩纷呈的作品组成慷慨悲歌的交响，以雄浑苍凉的基调回荡在大河上下、大江南北，回荡在神州大地。

3.“古朴”与“深厚”：河北电影中的民间形态

民间风俗。河北的民俗文化自古有之，且种类丰富。民俗文化是人们在日常的生活与生产劳作中逐渐形成的，具有很强的地域性，其产生与发展都受地理环境因素和历史文化传统的影响，都是在特定的地域空间传播发展，具有强烈的地方特色。河北省复杂多样的地形地貌影响了河北人民的日常生产和生活方式，在历史发展过程中及人民群众的自发传承中，河北省形成了很多备受欢迎的民俗文化形态，如乐亭皮影戏、唐山皮影戏、唐山评剧、吴桥杂技、邯郸成语典故、蔚县剪纸、丰宁剪纸、武强木版年画、乐亭大鼓、徐水狮舞、昌黎地秧歌等，这些民俗文化的传承意义重大。在电影《新儿女英雄传》(1951)中，就有俩人站在村子里表演快板这种通俗化、大众化的艺术形式。快板是群众都喜爱的艺术表演形式，而快板的宣传内容是为了抗战胜利而采取的地主减租减息的政策。电影通过快板这种民俗艺术形式反映当时的社会现实，突出电影的主题思想，使受众产生共鸣。在电影《地道战》中，武工队和人民群众齐心协力将日本打败之后，人民群众上街敲锣、打鼓、舞狮子，通过这些民俗活动表达战争取得胜利的喜悦之情。在电影《人·鬼·情》(1987)中，河北梆子演员裴艳玲特别演出，在影片中主人公秋芸内心世界不断外显，形成内心真实的世界与现实的客观环境双重并置的结构。通过这个平行结构的设置，河北地域特有的、多样的民俗形象，红灯笼、窗花剪纸、皮影、傩戏、龙舟等在影片中一一呈现。电影中的这些民俗形象不是简单地随机出现，而是与剧中人物有内在联系，只有长期生活在这一地域环境、了解地域文化的人才能充分理解其寓意。这些民俗文化形象与在电影设置的具体情境中的主人公相联系，推进电影的节奏，烘托电影的氛围，进而表达影片所要讲述的寓意。电影《青松岭》(1965)中出现的插曲，其创作借鉴了唐山民歌音调，使歌曲具有地方特色。河北地域的方言是在与自然环境的互动中逐渐形成的，具有本土特色。电影《唐山大地震》(2010)、《燃烧之城》(2016)等运用河北唐山方言，反映唐山地域文化。河北地域的音乐文化也被大众喜爱，影视作品中出现的音乐文化元素有评戏、皮影戏、河北梆子等戏曲文化。音乐在电影中运用可以烘托气氛、渲染情绪，用音乐来表达某一场景，使影片的故事内容变得立体，有感染力。

民间宗教。宗教文化是河北地区精神文化及心理状态的反映。除承德的皇家寺庙和宗教文化外，河北省内的宗教信仰总体呈现出多、杂、散的特点。河北虽然不是民族大省，但居民除汉族外，还有回族、满族、蒙古族、朝鲜族、壮族等53个少数民族。河北的宗教既有本土宗教，如佛教、道教等，又有外来宗教，如基督教、伊斯兰教和天主教等。现存的宗教遗址包括保定普宁寺、正定隆兴寺、正定临济寺、定州清真寺、赵县柏林寺、鹿泉龙泉寺、石家庄谛音寺、石家庄毗卢寺等。此外，河北省很多地区内还有一些民间信仰的庙宇，如奶奶庙、关帝庙、三义庙、玉皇庙、河神庙、土地庙等，这些民间信仰的庙宇分布在各个村落中。河北省“过庙”的习惯由来已久，甚为普遍。旧时的庙会内容比较复杂，有的还带有较浓的宗法观念和封建迷信色彩，如栓婴许愿、求雨祈福、驱魔修德等。高跷、舞狮、龙灯、旱船、跑驴、竹马、杂技、武术等绚丽多彩的民间艺术形式，多在庙会期间表演。例如，电影《白毛女》（1951）根据20世纪40年代流传在晋察冀边区一带“白毛仙姑”的民间故事改编而成，片中喜儿被地主黄世仁逼得家破人亡，只身逃到深山，靠着山中奶奶庙中祭祀的供品充饥，直到被八路军和大春解救。观众在电影《地道战》中提到的敌军进村的必经之路会看到关帝庙。电影《遥不可及》（2021）的故事发生在河北邯郸，完成学业的李承望在父亲李建国的要求下选择了结婚，在婚礼的过程中他回忆起和父亲相处的时光，发现从小到大自己和父亲从未有效地沟通过，于是承望在婚礼结束时试图让父亲明白自己的内心，最终在承望仿佛定格的眼神中，父亲似乎读懂了自己的儿子。影片具有浓烈的生活质感，父与子的冲突、传统因袭的力量、人生道路的抉择、生活的抗争与妥协等，都引发了观众的思考。尤其影片独具地域特色和生活特质的空间、时空交错的结构、民俗与民间宗教的展示等，都颇具艺术表现力。剧中一家老少三辈坐车来到乡下舅舅家，一下车就在院子里忙着杀鸡宰鹅，只有奶奶忙里偷闲，爬到山上的寺庙（河北邯郸武安的圣景寺）里静心拜佛，祈求着一家人的平安。河北地区的居民信仰的出发点大都是祈福避灾，活动方式大多是参加庙会、求神问卜、在家早晚跪拜诵经等。宗教信仰有其存在的群众基础，在河北地区十分盛行。宗教信仰在乡村生活中发挥很重要的作用，人们信仰宗教更多的是对现实困境无法找到出口的一种情感的寄托。

“人是社会化的存在，其生存方式离不开环境条件和群体组织方式，区域文化的特质不仅是二者融合的结果，也同时构成其精神产品的地方性与时代性特点。因此，文化植根于社会，而社会则是人与环境所融合的关系总和。”[①]采用文化地理学

① 王晓路.文化地理与文艺研究［J］.社会科学研究，2021（1）：62.

的理论资源和分析视角研究河北电影，可以弥补在以往的研究中存在的盲点，使之更加符合人文学术的内在规定性。在漫漫的历史长河中，伟大的中华民族不仅创造出光辉灿烂的中华文明，也塑造出独特的精神气质，家国情怀宛若川流不息的江河支流，流淌着民族的精神道统，滋润着中国人的精神家园。河北人民自古积极进取、热情好战，形成独特的河北文化特质。河北电影成为新时代社会主义国家意识形态建设的重要组成部分，不仅传承历史，更关注现实。这些电影充满浓郁的河北地理特征、人文景观及区域特点的文化符号，具有鲜明的地域文化特点，这些地域符号能够回应时代需求，唤起受众对民族、国家的想象。河北电影的创作不仅聚焦历史，同时也关注现实，以河北省丰富的历史文化为素材，在近一百年的时间里制作拍摄了许多优秀的作品，传承河北文化，赓续民族传统，厚植家国情怀，回应时代需求，给我们留下了一笔宝贵的精神财富，丰富了中国人的精神家园。

中外运河主题纪录片叙事策略比较研究
——以《京杭大运河》和《我与大运河》为例

齐 溦*

【摘要】自大运河被列为全国重点文物保护单位并成功申报世界文化遗产以来，大运河的保护及其文化传承便逐渐引起社会的重视，走入国人的视野。本文重点选取习近平总书记作出最新重要指示前后的中外京杭大运河纪录片为参考对象，从叙事主题、叙事视角与叙事结构三方面进行叙事策略比较研究，以期通过分析其异同之处，对今后的运河主题纪录片创作有所裨益。

【关键词】《京杭大运河》《我与大运河》 叙事策略

大运河是我国古代劳动人民利用与改造大自然的劳动结晶，是迄今世界上最长的古代运河。从古至今，大运河都对中国南北地区之间的经济发展与文化交流起到了重要的推动作用，对中华民族的繁荣与发展产生了巨大影响。2006年，京杭大运河被列为全国重点文物保护单位。2014年，大运河成功加入世界文化遗产行列。自此，运河及其文化便受到社会各界的广泛关注。2019年，习近平总书记强调，要"充分挖掘大运河丰富的历史文化资源，保护好、传承好、利用好大运河这一祖先留给我们的宝贵遗产"①。此后，社会上便掀起了以运河为主题的纪录片创作浪潮，

* 齐溦，北京联合大学应用文理学院新闻与传播系2020级硕士研究生；主要研究方向：城市影像创意与制作。

① 中办、国办印发《大运河文化保护传承利用规划纲要》明确大运河文化带建设方向、目标和任务［EB/OL］.（2019-03-26）. https://www.jstv.com/s/yunhe/a/20190326/1553588619647.shtml.

诞生了诸如《一条河，一座城》《这里是通州》《我与大运河》等优秀的运河主题纪录片。

由中日共同首次采用4K格式制作的纪录片《京杭大运河》，开播于2019年2月。节目邀请了在中日两国均具有较高知名度的日本一线影视明星田边诚一担任主持人。以京杭大运河为主干，把杭州作为起点，主持人沿着运河一路逆流而上，途经有“东方水都”之称的苏州、美食城市扬州、明清时期陶瓷贸易重点往来都市聊城等城市，最终经通州入京，抵达北京的紫禁城。一路上，主持人亲观、亲历运河沿岸人们的生活，探寻中国悠久的运河文化，展现当代中国运河与人民的风采。

纪录片《我与大运河》于2021年6月播出，以“行运”“栖居”“造物”“寻味”“传艺”“追梦”这六集讲述京杭大运河沿岸，24个“小人物”与“大运河”的故事。该纪录片以小切口、小故事，阐述大主题、大命运。大运河既是中国古代的“大动脉”，也是中国今天的“大河唱”。纪录片《我与大运河》借助镜头讲述京杭大运河是如何沟通南北的：大运河从来都不是一条河，而是一个无所不在的水系，也是一种连接彼此的愿望。[①]

“叙事遍存于一切时代、一切地方、一切社会……它跨越国度、超越历史、超越文化，犹如生命那样永存着。”[②]叙事是一个动态的交流过程。叙述者通过一定的叙事手法，将所要叙述的内容传达给接收者，以此达到交流信息的目的。纪录片的叙事策略主要包括叙事主题的确定、叙事视角的选定以及叙事结构的框定。一部纪录片的主题是这个特定故事的潜在中心思想。[③]好的主题往往能够引发观众的共鸣。叙事视角是观察事物时所站的角度。“‘叙述人’是联系作者与人物的中介，是沟通故事与观者的桥梁。”[④]叙事结构主要是指“一部具体影片的结构（组织）关系和表达方式”[⑤]。如果叙事主题是纪录片的内核，那么叙事结构便是支撑的骨干。

纪录片通过复现现实世界与真实世界建立联系，并通过视听等方式为人们再现真实世界某部分的表面现象或者再现其形式。[⑥]运河是人通过改造大自然与其共同

① 参见：《纪录片〈我与大运河〉央视首播》，https://appm.hangzhou.com.cn/article_pc.php?id=426534。

② 张寅德.叙述学研究［M］.北京：中国社会科学出版社，1989：2.

③ 伯纳德.纪录片也要讲故事［M］.孙红云，译.北京：世界图书出版公司，2011：19.

④ 李显杰.电影叙事学：理论和实例［M］.北京：中国电影出版社，2000：225.

⑤ 李显杰.电影叙事学：理论与实践［M］.北京：中国电影出版社，1999：324.

⑥ 尼科尔斯.纪录片导论［M］.陈犀禾，刘宇清，译.北京：中国电影出版社，2016：12-13.

完成的宏伟作品。运河主题纪录片则基于运河，聚焦于运河历史、运河文化、运河沿岸的城与人。它们将自古沉淀下来的运河文化进行符号化呈现：借助时空变化，从不同的角度探究运河历史、传承、思考和展望等内容，充分展示大运河的古今风貌，由此全方位解读与大运河有关的政治、经济与文化价值，构建独属于中国大运河的纪实影像。

一、叙事主题

在传播学中，符号是信息的外在形式或物质载体，人类通常使用符号或符号体系来沟通和传递信息。[①]运河故事及文化的传播离不开符号化叙事。叙事主题则是所叙述之事的核心。叙事主题的确立也将影响之后影像叙事视角的选择与影像内容的建构方式。

（一）《京杭大运河》：以今溯古的宏观叙事

随着世界社会经济的进步与文化发展交流，现代社会中的人们大多通过媒介对作为“他者”的地域文化进行信息接触。与过往的“读万卷书，行万里路”有所不同的是，当下的人们在亲身经历前，就已经对目标地域的特征、文化等具有初步了解。纪录片作为一座文化沟通的桥梁，在作品的创作之初，便要针对传播受众考虑适合的叙事主题。

《京杭大运河》是一部中日合作制作纪录片，其受众群体的文化存在一定差异。影片确立以今溯古的宏观叙事主题，能够从整体上将京杭大运河的历史脉络、地理走向以及人文轶事传播给观众。纪录片《京杭大运河》还采用了在两国均享有盛名的日本影视演员田边诚一作为“导游”，令其亲身游历这一“水上丝绸之路”。通过代表权威人士的博物馆馆主等人的答疑解惑，田边诚一带领观众以今溯古，从如今的大运河一窥过去的风采。一路上，田边诚一还与生活在京杭大运河两岸船上的人们交流，品尝沿岸美食，欣赏沿途风景。感慨之时，他还结合自己在日本时的经历抒发情感。

对于宏观叙事主题运河纪录片来说，让传播受众在接受故事的过程中由浅入深、以今溯古，一步步了解运河文化的内涵与价值，是这类叙事主题的运河纪录片

① 郭庆光.传播学概论［M］.北京：中国人民大学出版社，1999：43.

的主要任务。此外，纪录片在构思叙事视角主体时，也可合理采用明星出镜，利用名人效应，部分消弭观众对作为“他者”的文化陌生感和隔阂感。

（二）《我与大运河》：忆古惜今的微观叙事

与纪录片《京杭大运河》及国内过往宏观叙事的运河主题纪录片有所不同，纪录片《我与大运河》采用微观叙事主题，以小人物见证大历史，同时忆古惜今，对运河人民未来的生活与运河文化的传承进行了展望。

以往的部分运河主题纪录片主要通过画面展示加画外音解说的叙事手法进行运河文化传播，但过多的解说词会强化纪录片中的宣传意味，因此也就需要观众付出更多的耐心与注意力来进入纪录片营造的意境中。[①]随着社会的发展、时间的流逝，画面展示加画外音解说这种不受观众青睐的模式，在纪录片中已日趋减少。针对当下纪录片的媒介环境而言，纪录片《我与大运河》这类聚焦小人物、小故事的微观叙事主题，反而更贴近观众的日常生活，更受观众的喜爱。

同时，文化是在不断进化的，人们对文化的认识也是会发生变化的，对某种文化的原真性概念也必然随之发展。[②]因此，文化创新也不是一味地追求某种“原汁原味”，而是保持对变化的敏锐关注。这与运河主题纪录片《我与大运河》故事的特质相对应。

纪录片《我与大运河》制作组历时四年，遍访大运河流域的27座城市，拍摄了上百个人物故事，从中挑选出24个小人物，以如今生活在沿岸人们的视角回望过去；并且这24个人物对运河文化的热爱，也让观众对运河文化的传承未来充满了希望与信心。这种自信有别于以今溯古的宏观主题下深沉的运河文化及其年代感所带来的文化自信，作为一个运河人，更是一位中国人热爱中国文化时所产生的群体自信。

二、叙事视角

法国学者热奈特将叙事视角分为全知视角、内视角与外视角。[③]全知视角，也

① 夏洁.中央新闻纪录电影制片厂人物纪录片研究［D］.长沙：湖南大学，2017：30.

② 阮仪三，林林.文化遗产保护的原真性原则［J］.同济大学学报（社会科学版），2003（2）：4-5.

③ 热奈特.新叙事话语［M］.王文融，译.北京：中国社会科学出版社，1990：129.

称为零视角，是一种宏观的叙事方式。内视角则多以第一人称的方式出现，因此属于一种限知视角。外视角是指叙述者本身与所叙述的内容无关的一种客观叙事视角，只记录事情，不加以评价。因此，外视角也常常被称为观察视角。外视角与纪录片追求本真的理念相契合，纪录片的拍摄过程其实就是一种外视角叙事过程。而在纪录片中，外视角也常运用提出问题的方式进行叙事。[①]

通过叙述人的叙述视角以及对此视角的确认与划分，能够辨认出作者意图及故事的重心与指向。因此，在同样的故事中采用不一样的叙事视角，也会影响观众对内容的看法与见解。合理地运用叙事视角或将多视角组合，有益于体现纪录片的艺术价值、文化价值与商业价值。

（一）《京杭大运河》：身份集中的主持人视角叙事

纪录片《京杭大运河》既采用了主持人内视角叙事，同时也采用了全知视角与外视角的叙事视角，将这几种叙事视角有机地结合到了一起。

中日著名影视演员的身份使田边诚一成为一种与他国观众紧密相连的文化符号。在纪录片《京杭大运河》中，纪录片的内视角叙述身份集中在田边诚一一个人身上。他带领影像前的观众沿着京杭大运河这一主线，遵从历史上运河的发展轨迹，从杭州出发，一路逆流而上。田边诚一首次进行系统的运河之旅，这样的“第一次”与大多数他国观众的经历具有高度的契合性。因此，由田边诚一沿途体验而产生的好奇感与新鲜感，能够在最大程度上感染观众。他作为纪录片中的内视角叙事主体，与运河博物馆馆主等权威人士的交流，将运河历史展现在了观众面前，其中就包含运河建设意义、历史发展轨迹以及重要历史节点等。

历史叙事的功能在于“告诉读者怎样才能找到关于事件的图标，使得事件变得‘熟悉’起来”[②]。这与纪录片的内视角叙事有着异曲同工之妙。顺漕运之路而上，望着波光粼粼的水面，田边诚一不禁忆起自己学生时代参加赛艇运动的往事。他对河水的特殊感情，也使得他与运河间产生了跨越国际的纽带。这种情感纽带也感染着影像外的观众。同时，田边诚一还与运河沿岸的人们交谈，亲身参与运河河畔人

① 刘蔚平.风貌类视听作品跨文化传播的创作启示：以《从〈中国〉到中国》为例［J］.新闻论坛，2020（6）：78.

② 怀特.作为文学虚构的历史本文［C］//张京媛.新历史主义与文学批评.张京媛，译.北京：北京大学出版社，1993：168.

们的生活，品尝运河沿岸美食，探寻运河文化物质遗产现存地。在这一特定“文化符号”的内视角引导下，即便是完全不了解中国运河文化的国外观众，也可以通过田边诚一的叙述和参与联想到自身，从而对某部分运河文化产生共情，一定程度上减少了他国观众对运河的隔阂感。

内视角展示由纪录片拍摄者这一外视角全程记录着。同时，全知视角的安排在纪录片《京杭大运河》中，也在调和着国外观众对运河文化的接受程度。全知视角的叙述者在片中没有固定的观察位置，而是站在上帝视角，从跳脱于片中故事人物之外的视角来叙述。言外之意，纪录片中的画外音、字幕等都可以看作全知视角。首先，全知视角详细介绍某种事物，加强观众对其理解。例如，田边诚一品尝黄酒时，介绍黄酒；品味叫花童鸡时，画外音插入解释了叫花童鸡名字的由来。其次，全知视角也起着连接纪录片的作用。在田边诚一及其他人物有所动作前，全知视角画外音进行了衔接性的叙述。并且，全知视角的存在也部分消弭了运河文化的陌生感。例如，介绍中国运河建设的历史时期时，全知视角叙事将其与日本历史进行了比照。全知视角叙事将隋朝隋炀帝扩建京杭大运河这段历史时期，与日本的飞鸟时代进行连接，使他国观众对运河被修建的历史时间有了更清晰的认知。

（二）《我与大运河》：身份联结的群像视角叙事

纪录片《我与大运河》中以群像视角为内视角，通过外视角的记录拍摄与全知视角的人物关系连接，以小见大，串联起人物故事与主题。该纪录片的全知视角的作用主要体现于起、承、合。起，即每一位新人物出现前，全知视角会进行引导叙事。承，是指在人物联结与故事关联的时候，全知视角起连接作用。合，即在每一集结束的时候，全知视角都会进行总结性的叙述。

群像视角的叙事经常是以点带面，通过选取典型人物或事件，客观展现某一类群体生活形态，进而反映某种社会现实状况或者一种人文现象，由此引发受众的关注与思考。[①]内视角则经常表现为以片中人物视角经历、体验叙事过程。它能够带领观众走近片中人物的故事，给予观众身临其境的体验感。纪录片《我与大运河》制作组花费四年时间，遍寻运河流域沿经的城市，从拍摄到的上百个人物故事中择取了其中既符合主题又互有关联的24人作为群像内视角叙事主体。例如，年逾古

① 赵人杰.近年来人文社会纪录片创作中的叙事研究［D］.保定：河北大学，2020：12.

稀的老北京摄影家刘世昭，时隔三十年再次骑行大运河，用他的镜头记录这几十年间人们生活方式的改变。他带着三十年前拍摄的油饼师傅照片故地重游，在与当地居民的对话中，观众通过他的内视角感受到了运河沿岸人民、中国劳动人民的质朴之情。在“造物”这一集中，代表传统的高级工艺美术师仇庆年与年轻画家张虹洋因画而识，他们二人的视角展现出当下年轻人也在悄无声息中担起了运河文化的传承。他们不仅认可传统文化、运河文化，还对它怀有一份不输于老一辈人的热爱。

这些画面并不是分开的访谈，而是通过他们的工作和生活将二者乃至多者进行联结，以他们的视角来看这些故事，感受他们与人、与运河的关联。纪录片以一种平视的方式聚焦人物生活，更能够贴近热爱运河文化乃至中国传统文化的普通人的生活方式，对于观众来说更有代入感，也更容易让叙事富有人情味。这种平视的群像叙事视角也摆脱了传统的、固有的显性刻板教化，通过隐性的情感交流使观众产生共情，获得普适价值。

三、叙事结构

素材服务于内容，内容服务于主题。在纪录片叙事这一动态过程中，时间和空间是两个重要的组成维度。纪录片《京杭大运河》的渐进式叙事结构与纪录片《我与大运河》的交织式叙事结构，都在建构各自纪录片叙事内容上体现出其独特的优势。这样的选择也有助于各自内容的传播与主题的突出。

（一）《京杭大运河》：渐进式叙事结构

纪录片《京杭大运河》采用渐进式叙事结构，使观众对京杭大运河有了系统且大概的印象。“好的纪录片叙事无一例外都取决于深入的调查研究。”[①]时间与空间渐进叙事，以此为脉络构架影像，能够提高叙事的逻辑性并增强纪录片的叙事性。纪录片《京杭大运河》完整地讲述了田边诚一顺古代漕运方向，逆运河而北上，沿途体验运河人情、溯源运河传统等这一事件的起因、经过、发展和结果，并依照时间与空间顺序依次展开，充分体现了其线性叙事特征。[②]

纪录片中，镜头跟随担任主持人的田边诚一的步伐不断逆流而上，通过时间、

① 伯纳德.纪录片也要讲故事［M］.孙红云，译.北京：世界图书出版公司，2011：115.

② 杨明秀.打造长沙城市旅游品牌策略探讨［J］.经济师，2003(3)：237.

背景的不断变换，以及内视角的叙述，达到叙事内容的线性流动变化。时间上的渐进叙事变化有清晨的西湖湖畔、朗日下的东关街、黄昏的运河水道等。空间上的叙事表现为从杭州的中国京杭大运河博物馆、山外山菜馆、西湖湖畔，到苏州的御窑金砖厂、盛风苏扇厂、得月楼，再到扬州的水上漕船、东关街、大明寺、扬州宴，柳城的土桥闸遗址、运河人家，最后经通州入京，拜访三教庙后至什刹海，最终到达“水上漂来的”紫禁城。

渐进式纪录片格外注重现场感、故事性，以及人物形象、行为状态和镜头感等。这不仅是在为叙事做准备，而且已经开始建构叙事。因此，内视角的叙述内容也成为渐进叙事的一部分。例如，从山东聊城往北京通州开车时，田边诚一说道：“哇，中国真是太广阔了！从聊城到北京走高速也要7个小时左右。”观众可以反推出，田边诚一是于前一日中午在运河人家吃饭、聊天，体验伞棒舞的时间则更为提前一些。这样的叙事同样帮助观众加深了有关纪录片的时空变化。

（二）《我与大运河》：交织式叙事结构

较之以往的运河主题纪录片与《京杭大运河》的渐进式叙事结构，纪录片《我与大运河》采取了交织式叙事结构。过往纪录片基本遵循了故事的开始、发展、高潮、结局的脉络走向，采用线性渐进式的时空顺序叙事方式，便于顺应观众的日常认知。[①]而交织式叙事结构与渐进式结构叙事不同，指的是围绕同一主题的不同故事如板块一样共同构成一部完整的纪录片。相比渐进式叙事结构，它更多地强调了故事板块间的平行性和并列性。

传统的运河主题纪录片一般采用跟踪拍摄、同期声运用、大量全知视角叙事等叙事手段，强调历史科普的纪实风格，对运河文化进行“编码”。比如纪录片《话说运河》就是沿着运河流经的城市，逐集对运河历史及其文化进行介绍与展示。而纪录片《我与大运河》的故事是非线性的。它的时间、空间、次序等服务于统一主题，通过使用旁白、字幕、声音等进行“黏合”，让纪录片的叙事有了更多的可能性。纪录片《我与大运河》将24个人物故事分为六个主题——行运、栖居、造物、寻味、传艺、追梦，各自主题下的叙事内容进行板块式堆砌，呈现同一主题，如“寻味”主要讲述运河文化中的饮食文化。叙事内容一共由四个人物故事板块交织

① 牟向前，吴菖.纪录片《电子竞技在中国》的叙事策略及人文价值探究［J］.当代电视，2021（5）：80.

而成：水稻种植合作社创始人吴吉亮，高邮咸蛋创始人周玉军，黄酒酿造师张璐，以及年过古稀的淮扬菜大师居长龙。他们与运河饮食文化的故事，以及各自对该文化的理解，共同形成了“寻味”主题的故事与精神内核。观众也能够更有效地理解叙事内容及其主旨，同时还增强了影片本身的吸引力和可看性。

结语

通过对纪录片《京杭大运河》和《我与大运河》叙事策略的比较可以看出，二者在叙事主题、叙事视角及叙事内容上均有不同。在叙事主题上，《京杭大运河》以今溯古进行宏观层面叙事，而《我与大运河》是忆古惜今贴近民生的微观层面叙事。在叙事视角上，两部纪录片均采用了全知视角、内视角与外视角。《京杭大运河》更倾向于将内视角叙事主体集中在一个叙事者身上，即影视演员田边诚一；《我与大运河》则采用了更贴近大众生活的群像视角。在叙事结构上，《京杭大运河》采取传统渐进式叙事结构，而《我与大运河》则采用交织式的板块堆砌叙事，组成多个故事主题。

纪录片《京杭大运河》通过由浅入深的线性叙事介绍了整条京杭大运河的历史及风土人情。时间流逝而过，现在的运河没有成为冷冰冰的遗迹，也没有阻断与人的关联。运河畔的人们也不再只是回运河寻根，运河文化也不再无人传承，运河独有的魅力也吸引了诸如爱德华等他国友人前来定居。再度思考如何在当前互联网环境下进行运河主题纪录片的叙事时，不妨看一看《我与大运河》。有人情味的微观叙事也许更能引起观众精神层面的共鸣。不过，随着运河主题纪录片的不断发展，其叙事策略也必定会更加完善，相信未来会有更多的纪录片能够传达出更深沉的“运河情”。

空间理论视域下对电影《天安门》的解读

陆涵昀*

【摘要】依托于列斐伏尔对空间生产划分下的“三元辩证法”理论，我们分析得出，首先，天安门作为一处地理空间是北京有代表性的建筑；其次，天安门作为精神空间，在封建社会时期是皇权的象征；最后，在电影的叙事空间中出现的天安门是人们对那个时代的致敬，也是缅怀。在新中国成立之际，经历过开国大典的天安门象征着人民当家作主。《天安门》作为2009年的献礼影片，讲述了舞美队及士兵在28天内完成对于天安门的修缮工作，在这过程中展现了他们对于天安门的精神寄托，以及时代思想的转变。

【关键词】空间生产理论　天安门　电影

列斐伏尔在论述“空间是如何生产的”这个问题时，分别从现象学和语言学的范畴将空间生产分别划分为三个维度。从语言学出发，空间分为“空间实践”（spatial practice）、“空间再现”（representations of space）和“再现空间”（spaces of representation）这三元。从现象学出发，空间成为“感知的”（the perceived）、“构想的”（the conceived）和“生活的”（the lived）空间。其中，“空间实践”是物质性的，“空间再现”是想象性的，“再现空间”则是开放性的，它包含物质性的同时也蕴含想象性的，可以说电影叙事空间是它的代表之一。

天安门作为北京最具代表性的地理空间，见证着中国百年来的沧桑巨变。从明

*　陆涵昀，北京联合大学应用文理学院新闻与传播系2020级硕士研究生；主要研究方向：城市影像创意与制作。

朝时期的“承天门”，以“门”的功能性作为开始，它是皇权的象征；民国时期称作“中华门”，它是爱国志士心系国家、向当权者表达抗争的地方；在中华人民共和国开国大典那一刻，它见证了一个新国家的诞生，见证了人民从此“站起来”的力量；在如今的21世纪，它依旧见证着国家“富起来”“强起来”的蜕变。从地理空间到精神空间，再到将天安门的地理空间意义和精神空间意义囊括在内的电影叙事空间中，天安门的内涵意义也在不断地改变。影片《天安门》是新中国成立60周年的重点献礼片，被称为“红色电影第一人”的叶大鹰担任导演一职。影片根据当年为举行开国大典而布置天安门的舞美队长苏凡的真实经历改编而成，以一个小人物的视角见证开国大典这一宏伟历史时刻。影片用城楼的改造作为故事导引，用28天完成对城楼的重新修建，最后出场的大红灯笼即至今悬挂在天安门城楼上的八盏超大红灯笼，不仅成为开国大典主席台舞美设计的核心，也成为串起整个故事的线索。

一、空间理论

列斐伏尔在《空间的生产》一书中提出了一个社会空间理论——用社会和历史来解释空间，他认为空间并不是简单的容器，而是具有丰富社会内涵的载体，而如今主宰人类生活的显然已经不是“自在的自然空间”，而是“社会空间”。“社会空间”中承载着社会关系的生产，并赋予这些社会关系合适的场所。在论述“空间是什么”这个问题时，列斐伏尔引用了“空间生产”这个概念，空间本身并不存在，它是被生产出来的，视为社会产品。它们既是社会生产的结果，也是社会生产的前提。所以，在理解何为“空间”时，列斐伏尔将其理解为在三个维度的生产过程，这三个维度成为矛盾的辩证整体，而空间存在于这三个相互关联维度的生产过程中，即语言学中的“空间实践”、“空间再现”和“再现空间”，和现象学中的“感知的”、“构想的”、“生活的”，这三维度也被称为“三元辩证法”，在理解三维度时要将它们视为同等的，而不是独立的原点。所以，在基于列斐伏尔空间生产理论解读电影《天安门》时，从语言学角度出发理解天安门的含义，即“空间实践”：作为物质空间的天安门；“空间再现”：作为精神空间的天安门；“再现空间”：电影叙事空间中的天安门。①

① 施密特.迈向三维辩证法：列斐伏尔的空间生产理论［J］.杨舢，译.国际城市规划，2021，36（3）：5-13.

天安门在封建帝制统治王朝下象征着皇权，在新中国成立之时象征着中国共产党的胜利与人民当家作主，在如今它不仅成为国家举行重大庆典的重要场所，也已经成为人们日常生活活动的地方。

二、“空间实践”：作为物质空间的天安门

所谓“空间实践”，可以是物质的、实体的，如城市的街道。它是和我们的日常生活息息相关的存在形式，是经验性的、可以感知的，是体现躬耕意义上的存在。天安门首先就是作为一处建筑物而存在，发挥“门”的作用。

（一）明清时期的天安门

在明清时期，天安门首先作为一处地理空间，发挥“门”的作用，有人们生活的“痕迹”。天安门曾经是明朝与清朝的皇城正门，始建于明永乐年间，建成于明永乐十八年，体现着威严，距今已经有550年的历史了。它面对着天安门广场，是北京中轴线和东西长安街的交接处。天安门在最初建造时完全模仿了南京承天门的建筑造型，故起名承天门。承天门于天顺元年（1457）被焚，成化元年（1465）重建后，明末又遭兵焚。在1644年，承天门毁于战火。第二年，清朝顺治帝发布命令，重新修建承天门，在清顺治八年改名为天安门，并一直沿用至今。[①]

（二）民国时期的天安门

1900年夏天，英法联军侵入北京城，由于清政府的媚外政策，天安门城楼遭到了野蛮的破坏，1903年和1906年分别重建。民国成立之后，朱启钤积极改造北京旧城，拆旧街千步廊为天安门广场，拆皇城城垣，改造与打通东西长安街、南北长街，开通了京城东西南北方向的交通要道。他使昔日的长安左门和长安右门封闭不通的所谓“天街通衢”被打通，历经明清两朝几百年的皇家御地，现在老百姓也可任意通行，平民百姓终于看到了天安门的尊容。而与此同时，紫禁城的功用也从集权政治中心向传统文化中心过渡。天安门从皇家御地转向民众活动聚集地，也为之后的“五四运动”、开国大典打下基础。

① 白木，周艳琼.天安门的历史与重建［J］.湖北档案，2003（Z1）：82-84.

（三）新中国时期的天安门

1949年1月31日北平宣告解放，2月12日在天安门广场上北平市民与解放军一同庆祝北平和平解放、欢度新中国成立后的第一个元宵节，就在此次庆祝会上毛泽东主席画像首次悬挂在天安门城楼上。中华人民共和国成立后，在改革开放一系列政策扶持下，北京经济高速发展，人们的生活变得越来越好。一提到北京旅游景点，大家首先想到的就是天安门和故宫，自1988年1月1日起，人们在售票处买票可以登上城楼俯瞰整个天安门广场。天安门逐渐演变成一个带有生活气息的空间，并且在1949年开国大典后在人们心中成为代表着北京与中国的带有人民大众性的地理空间。

历史上新政党在取得政权之后往往会大规模建造或重修旧日的政治空间。1789年法国大革命后，新政府除了另立国民公会、颁布新法令之外，还建造了崭新的广场、建筑物和纪念碑，以示新的共和理想区别于传统皇权。[①]在中国共产党取得政权之后，重新修建天安门也成为重建北京的计划之一。在电影《天安门》的叙事中，就体现了天安门在28天内开国大典前后的外貌改变过程，影片首先展现了天安门的破败荒凉、满目一片灰暗，乌鸦在城楼上空盘桓，金水河是臭的，广场上杂草丛生，士兵骑马而过，两侧的楼梯上是一块一块的枯草，走上城楼推门而入的大殿里到处都是灰尘，蜘蛛网也结在了房梁上。此时城楼斑驳得不像样子，天安门整体不再是鲜艳的红色而是褐色，与28天后鲜艳、干净的红色天安门形成了强烈的对比。

三、"空间再现"：作为精神空间的天安门

所谓"空间再现"，它可以作为一种抽象观念进行表达，必须通过某种形式的载体或者符号才能实现自身，否则难以从想象转变为现实，在"空间再现"被表现出来之前，它只能被看作一种精神空间。[②]

---

① 洪长泰.空间与政治：扩建天安门广场［J］.冷战国际史研究，2007(00)：138-173.

② 侯金钊.列斐伏尔的城市空间生产理论述评［D］.沈阳：辽宁大学，2015：19-20.

（一）封建时期皇权的象征

在人们的社会关系中，天安门在古代又是帝王权力的象征。皇帝冬至到天坛祭天，夏至到地坛祭地等活动以及皇帝大婚、出征都要在严格的制度下从天安门出入。在天安门城楼的五个门洞中，只有中间的门洞等级最高，由皇帝出入，这里是帝王重大活动专用通道和礼仪之地，且像“金凤颁诏”“金殿传胪”等隆重典礼也是在天安门城楼前举行。这体现着那个时期人们对于皇权的敬重，也是皇权对于人们的威慑。

例如，在影片《末代皇帝》（1989）中溥仪带着婉容与文秀乘坐小轿车从午门驶出皇城，随后的士兵们欢呼蜂拥涌入皇宫。历史上，1924年11月5日上午，冯玉祥派出的国民军包围了紫禁城皇宫。当天下午，溥仪离开了皇宫，随后搬到后海甘水桥的“醇王府”。溥仪的离开宣告封建王朝的结束。

（二）民国时期爱国的象征

这个时期的天安门广场是人民群众政治集会和革命斗争的场所。1919年5月4日，中国爱国的知识分子在天安门城楼前发起了“五四运动”，1925年的“五卅惨案”震惊了北京，北京的学生、工人以及爱国市民在天安门举行国民大会以及后来的追悼会。1935年12月9日，天安门广场爆发了“一二·九运动”。天安门广场符号化地承载着爱国内涵，发挥着交流作用，成为政治性的活动场所。陈独秀说过，封建与共和是两不相容之物，要想存其一必先废其一，要想使民众觉醒、国家强大，就要将民众心中住着两千年的大山彻底推倒。

（三）新中国时期人民的象征

在新中国成立之际，天安门是开国大典的见证者，是毛主席宣布中华人民共和国成立的地方。它象征着中国共产党的胜利，象征着人民当家作主，象征着自由与和平。自1988年1月1日起，老百姓买票可以登上城楼，天安门离普通人的生活更近了一步，不再那么遥不可及，也体现了它的人民性与平民性。

在电影《天安门》中的28天里，天安门不再是灰暗的色调，有了红色的装点，不管是白天还是夜晚，天安门都是明亮的。这红色象征着为了新中国成立，中国共产党带领着的无数将士抛头颅洒热血、不畏艰难的精神。在修缮的过程中，人们将自己对于新中国成立的期待都融入双手，新中国的筹建中也有自己的一份力量。大家的热情与之前破败不堪的广场形成了强烈的反差，给人以冲击力，也达到了极高的艺术效果。在影片中有这样一幅场景，舞美队长田震英带着自己的兵去汤池子找会扎灯笼的老师傅，里面的大爷觉得解放军来汤池子很稀奇，在聊天时问田震英他算不算人民，田震英说他算。大爷又问，谁来登基？田震英说现在的中国不是皇帝的天下了，是老百姓的天下。这也是新中国即将成立之际对老百姓们旧有思想的纠正。

四、“再现空间”：电影叙事空间中的天安门

正是因为电影创作者对电影叙事空间的独特处理，最终指向了更深的文化空间内涵，同时也构成了虚实结合的叙事特性。电影《天安门》讲述了在北京和平解放之际，晋察冀军区政治部抗敌剧社舞美队队长田震英接到上级任务在28天内对破旧不堪的天安门城楼进行全面整修，为开国大典的成功举办保驾护航的任务。虽然城楼被损坏得极其严重，但是田震英和他的队友没有退缩，尽管在修缮过程中遭遇了种种失败的打击和生命的威胁，但是在怀着对开国大典的敬畏和热切想见到毛主席的信念中，他们没有放弃，而是咬牙坚持。最终，舞美队在开国大典举行前夕出色地完成了任务，让八个大红灯笼高高地挂在了城楼上，成为舞美设计的核心。在影片《天安门》的叙事空间中，天安门不仅作为地理空间出现，同时也是战士们的精神空间。而电影的叙事空间就可以被理解为列斐伏尔对空间维度认识的“再现空间”，它是一处既包含物质也包含精神与想象的空间，它将“空间实践”与“空间再现”内涵于内。“再现空间”内的事物通过象征意义来表达深层含义，并且与艺术紧密相连。“再现”的也是艺术家、作家和哲学家视野中的想象和虚构空间，各种象征性的空间，它“是一个被动体验的或屈服的空间，是被想象力改变和占有的空间”①，而电影正是一门“时空艺术”，在虚实结合的叙事所营造的空间中，影片《天安门》最终也成为观众们想象的落脚点。

① 李春敏.列斐伏尔的空间生产理论探析［J］.人文杂志，2011（1）：62-68.

（一）需要修缮启用的天安门

影片开头是1949年9月，那时的天安门是破败不堪的，杂草丛生，上空盘旋着乌鸦，城楼入口是用木门闩着的，上楼需要砸锁，满目疮痍。这些影像都是对皇权逝去、军阀割据、“城头变幻大王旗”时破败不堪中国的表现，而砸锁这一动作，象征着斩断旧社会的锁链、迎接新的充满希望的未来。主人公田震英曾说，从1921年建党到1949年，中国革命的胜利用了28年，而我们也是用28天的时间完成了天安门城楼装饰工程。无论是晚上还是白天，城楼前都是人潮涌动，解放军们在努力地修建广场，在这样紧张而又热烈的盛景下，红旗招展，号声嘹亮。当舞美队想把象征着战士鲜血的红旗都插在城楼上做装饰的时候发现整体不对劲，当把象征着革命的东西都罗列在天安门上的时候发现天安门没有了庄严肃穆的感觉。在大家为如何装饰天安门发愁时，队长戏剧性地梦见了红灯笼，于是，红灯笼成为最终敲定的方案，并得到了毛主席的肯定。红灯笼也是体积从小到大这样一个试验的过程，最终的8个大红灯笼代表着光荣。在这28天里，天安门作为物质空间在人们对它的修缮下焕然一新，人们作为实践主体也成为空间生产的一部分。

（二）作为情感寄托的天安门

在对天安门装点的过程中，毛主席的镜头展现起初是很困难的。据导演讲，毛主席留下的影像大多是20世纪六七十年代的，技术上很难完全统一在1949年的形象上，现有的资料和技术只能做成20世纪60年代的毛主席形象，因为留下来的资料片都是翻版且被拷贝了好多次的，技术难度上风险极大。但是为了让观众满意，也不缺失这部影片的亮点，最终还是没有让演员来演毛主席，而是把这部电影的演员形象放到了毛主席纪录片中，最终完成的那个长镜头的毛主席形象确实太有说服力了，一下子就给了观众满足感。[①]导演为什么费尽心思一定要把毛主席形象拍好，让观众满意，在一定程度上是因为在1949年10月1日这一天，毛主席在天安门城楼上，在四万万人民的注视下，宣布中华人民共和国成立了。天安门成为新中国成立的见证者，见证了一个国家的新生，在那样一个历史性的时刻，演员是替代不了的。

① 叶大鹰.人民万岁：电影《天安门》创作谈［J］.艺术评论，2009（10）：12-17.

由郭柯宇扮演的教师所拉的手风琴声与孩子们的歌声在影片中一共出现了三次，战士们看着孩子们唱歌，伴着歌声仿佛看着新中国即将诞生，眼里充满对未来的希望，未来是美好的，而这种美好是即将要实现的，且隐含着难以言表的激动之情。

（三）推动思想转变的天安门

舞美队队长找到为皇家做灯笼的蔺师傅，希望他能为新中国做灯笼。蔺师傅作为清朝遗老一直秉持着为皇帝做灯笼的想法，后来在队长的游说下，他从被他的诚意打动，决定为新中国做灯笼，到后来主动“牺牲”房梁上的竹子，最后又向着八个大红灯笼敬礼，清晰地反映出了在开国大典前后他的思想转变。他不仅是天安门城楼上大红灯笼的制作者，更是旧社会和新中国秩序更替的见证者。最后，蔺师傅把长辫子剃了，并向毛主席鞠了一躬。导演设置这个人物，传神地描绘出新政权建立前后人们的微妙心态，也表达出了时代的更迭，一个伟大的时代即将来临。影片中还有一处，在田震英带着蔺师傅走上天安门城楼的时候，蔺师傅摘下帽子就要下跪，他说这是皇上走的道，老蔺家几代做灯笼也没上过天安门。田队长告诉他，现在是新社会了，没有皇上了。影片也借着蔺师傅的角度介绍了天安门在封建帝制时的皇权专制，并与现在的新社会形成了鲜明对比。现在的天安门上到处都是解放军在修整城楼，老百姓也是可以上天安门的，现在的天安门是人民的天安门，它象征着人民当家作主。

结语

在影片的最后，年迈的舞美队队长田震英和妻子一起在天安门城楼合影。为他们合影的小孙子问：“爷爷，你觉得现在的天安门和你们那时候的天安门有什么不一样？”田震英说：“还是他们那时候布置出来的样子，只是更新更气派了。”孙子问他：“你们没立功，也没授奖，忙活半天也没握上毛主席的手。”但是爷爷告诉他，他们的灯笼在天安门上挂了60年。此时的天安门是一个国家的象征，承载着一个民族的爱国情感，来天安门广场参观的人们都会在天安门城楼前合影。在时隔60年后，天安门见证着祖国的强大，时间在流逝，但是人们对待国家的情感是不变的，就像那八个大灯笼一样，它还能一直挂下去。

电影《天安门》作为新中国六十华诞的献礼片，具有一定的象征意义。电影作为一种时空表现艺术，已经不只是反映创作者自设的情感内容，而成为可以呼应时代、感召人心的文化产品。作为地理空间的天安门，它不仅是一座建筑物，也是人们日常生活活动的场所；作为精神空间的天安门，它承载着人们在不同时期的情感与精神寄托；在电影叙事空间中，我们可以用多视角的方式感知世界，感受着更深刻的社会关系与精神内涵。在《天安门》中我们看到了在小人物叙事中人民对于新中国起始年代的强烈情感，而这也正是大时代的情致使然。

媒介文化与社会

京味儿文化在北京地铁公共空间中的表达
——以地铁8号线为例

乔 谦*

【摘要】北京地铁已不仅是北京市民出游的主要交通工具，也成为国内各地，乃至海内外旅游者来京的必经之地，担负着传播北京城市文化的重要责任，堪称京城的“门面担当”。而京味儿传统文化作为北京文化的基本形态之一，是京城地方文化核心所在，凝结了这座都市所特有的文化魅力与风格。在地铁公共空间的设计中融入传统京味儿文化符号，是表达北京文化底蕴的主要手法。论文选取北京地铁中的“地下中轴”——北京地铁8号线，探讨京味儿文化在地铁公共空间的表达，分析所呈现的京味儿文化符号对传统京味儿的传承，以期为基于地域文化的地铁公共空间设计提供一些参考。

【关键词】京味儿文化　北京地铁　公共空间

北京作为千年文化古都，拥有多种文化形态，京味儿文化就是北京文化形态的基本形态之一。对北京而言，“京味儿”是北京文化性格的基因构成之一，其独特的文化韵味成为北京的城市标识与品牌。因为有了它，“能够感受到古老的北京与新时代的北京的某些奇妙关联”。如今的北京，城市的现代化发展进程加快，城市整体面貌、北京人的生活方式以及北京人对于文化的需求早已发生巨大变化，但是作为文化“基因”的京味儿文化特色及传统依然根深蒂固地存在于未来北京文化的丰富和发展中。

* 乔谦，北京联合大学应用文理学院新闻与传播系硕士研究生；主要研究方向：城市影像创意与制作。

一、京味儿与京味儿文化

什么是京味儿？赵园先生在《北京：城与人》中说过，"'京味儿'是由人与城间特有的精神联系汇总发生的，是人感受到的城的文化意味。'京味儿'尤其是人对文化的体验和感受方式"[①]。作为一种地缘文化景观，京味儿是北京地域所产生的特定的文化现象。"味儿"就是"共性"的意思。作为地域文化中的一种，京味儿文化是北京独有的传统文化对北京人心理意识潜在的影响和塑造，早已成为北京人潜意识里不可或缺的一部分。[②]

而京味儿文化是在北京城市发展进程中，尤其是从清中后期以来，历经民国时期、现当代北京城市发展，由出生、成长于这里的民众群体在长期历史变迁和传承积淀过程中逐渐形成的一种北京城特有的文化形态，是北京文化的重要组成部分，也是折射北京都城气质的文化表现。京味儿文化是极具地域特色和京城风格的文化形态。它是北京各阶层民众的生活习性、语言特色、服饰风格、饮食特点以及社会交往模式等基本生活形态的文化集成。京味儿文化伴随着北京市的建设而丰富，在不同的历史阶段演化出不同的表现方式，是一种动态的都城文化。同时，京味儿文化又是北京文化的重要组成部分，是北京文化民众化、生活化的延伸，它依托于北京文化，并成为北京文化结构中颇具活力的文化基因。因此，京味儿文化的基本内容、主要表现方式和主要范围以及京味儿文化对北京城市生活、社会形态的影响进行探讨和交流，便显得格外重要。

北京是千年古都，拥有大量文化遗产。北京文化或京味儿文化是在社会历史发展过程中，由汉族、回族、满族等多个民族共同创造的。从商周时期的燕国到现在的中国首都北京，在漫长的历史长河中保存了丰富的物质文化遗产和非物质文化遗产，具有独特的魅力，为世人瞩目。

北京16个区散布着数不胜数的古文化遗址，长城、故宫、颐和园、天坛、周口店"北京人"遗址、明清皇家陵寝，被联合国教科文组织列入了世界文化遗产名录。除了这些举世闻名的文化遗址之外，京味儿还突出地表现在饮食、文学、艺术方面和影视创作方面。

① 赵园.北京：城与人［M］.北京：北京大学出版社，2002：13-14.

② 李琼.冯小刚喜剧电影研究［D］.株洲：湖南工业大学，2017：9-10.

从饮食方面来看，北京的菜系大致可以分为宫廷菜、官府菜、名店菜、家常菜等几类。我们熟知的满汉全席就是宫廷菜；官府菜如谭家菜，当然在人们日常生活中占主导地位的还是名店菜和家常菜。在饮食文化中，家喻户晓的还是北京的糕点和风味小吃。糕点如现在仍可见的有“京八件”、蜜饯、果脯等。风味小吃最为丰富，像豆汁儿、焦圈儿、炒肝儿、爆肚、豌豆黄等不仅是老北京人的最爱，也是外地人到北京来首选尝试的风味小吃。

从文学方面来看，最具代表性的就是京味小说。老舍是京味文学的代表，小说和话剧创作的成就很高，他留下的《骆驼祥子》《四世同堂》《茶馆》《龙须沟》等作品至今影响深广，其作品也多次被改编成电视剧、电影、话剧。此外，除了我们熟知的老舍，还有现代著名作家刘绍棠，代表作有《中秋》《蛾眉》《蒲柳人家》《春草》《地火》等；著名作家、编剧王朔从1978年开始发表了《玩的就是心跳》《看上去很美》等中、长篇小说，后来进入影视业，电视连续剧《渴望》和《编辑部的故事》都大获成功；现当代著名小说家、散文家，京派小说的传人，被称为“中国最后一个士大夫”的汪曾祺的代表作有《大淖事》《受戒》《羊舍的夜晚》等。这些作家、作品成为中国文学史上的宝贵财富。

从艺术方面来看，北京文化在戏剧、曲艺等方面表现很出色。就拿国粹京剧来说，它已经享誉海内外，闻名世界，并且在2010年，京剧被联合国教科文组织列入世界文化遗产名录。北京自金元以来就有诸宫调、说书等说唱艺术在社会上流传。像我们熟知的京韵大鼓、北京琴书、评书、相声等，都是曲艺范畴中具有代表性的一部分。像马季、牛群、冯巩等都是著名的相声演员，为我国曲艺事业的传承和发展做出了巨大贡献。

二、京味儿文化在地铁空间的设计表达

截至2020年12月，北京市轨道交通路网运营线路达24条，总里程727千米，车站428座（包括换乘站64座）。每天都有数以万计的人在地铁公共空间出入，地铁公共空间无疑成为宣传北京城市文化的最佳场所。

（一）京味儿文化应用于地铁空间的必要性

地铁是一种轨道交通，具有高效、大运量、环保的特征。“1965年北京第一条

地铁线的开工，开启了我国地铁建设的历史。50多年来，北京地铁事业蓬勃发展。到2025年，北京地铁将形成线网由30条运营，总长1177千米的轨道交通网络。”大量地铁线路的竣工极大地缓解了城市的交通拥堵问题。不过，如今摆在眼前的问题已不是地铁数量的多少，而是转移到了地铁公共空间中所呈现的精神层面和文化层面上。[①]北京地铁由于其自身自带客流量大的属性，成为展示京味儿文化的绝佳平台，更是游客们了解北京、了解京味儿文化的首要通道。将京味儿文化融入地铁公共空间的设计中，不仅可以彰显地域特色，更重要的是可以传承和发扬京味儿文化，对北京城市品牌的建立、城市名片的形成具有重要作用。

（二）京味儿文化在地铁公共空间的表现

京味儿文化内容丰富，形式多样，要想在地铁公共空间中通过设计等方式表现出来，实属不易。综观北京地铁8号线的公共空间，大概可以总结为以下几种表现形式。

一是再现。顾名思义，再现就是将传统京味儿文化符号以缩小或者放大的方式，抑或其他的方式再一次展现在我们面前。北京地铁8号线最典型的就是鼓楼大街站，壁画《晨钟暮鼓》以“鼓”为设计元素，将中国古代十二时辰的计时哲学与节气习俗印记在鼓面上。而且吊顶也同样以“鼓”为元素，展示了鼓楼大街最典型的传统京味儿文化符号。

二是象征。在文章写作中，象征指根据事物之间的某种联系，借助某人、某物的具体形象，以表现某种抽象的概念、思想和情感，在这里可以理解为运用某种图案或形式来象征京味儿文化，将文化含义蕴含其中，通过象征手法表现出来。比如，北京地铁8号线中什刹海站的壁画《秋荷映像》就是运用了这种手法。在北京，荷塘泛舟是一代代北京青年的记忆，作品将站厅空间作为一个整体，荷叶、荷影蔓延开来铺满墙面、吊顶，营造如画的秋荷映像。

三是抽象。抽象是将京味儿文化符号做简单化处理，将复杂的京味儿文化形式进行抽象和提炼，使京味儿文化符号融入空间设计作品，既符合现代人的审美，又起到了传承和发扬传统文化的作用。比如，在北京地铁8号线的安德里北街站，壁画《古都记忆》便是采用这种方式。壁画以东、西两黄寺经典建筑形式为创作题

① 王佳仪，马英.“地下中轴”：地域文化在北京地铁8号线站内空间的表达［J］.艺术教育，2020（12）：170-173.

材，以两黄寺不同的建筑风格和形制为切入点，设计了一面文化墙，在保留建筑独有的特点的前提下，进行了壁画创作，以新的创作方式展现在大众面前，让过往的乘客即便不亲临两黄寺也可以亲身体会到北京建筑的京味儿文化。

三、北京地铁8号线公共空间京味儿元素探析

2020年12月11日，北京地铁8号线全线贯通，贯穿南北中轴线，这就意味着乘坐8号线，可以一口气走完中轴线。中轴线对于北京来说就是生命线，可以说没有中轴线就没有如今的北京城。从永定门到钟鼓楼，全长7.8公里的中轴线是古都北京的中心标志。[①]如何将京味儿文化中最有魅力的部分融入地铁空间的设计中来，将宣传京味儿文化、塑造城市品牌的作用发挥到极致，显得尤为重要。

北京作为世界古都及历史文化名城，中轴线上汇集了城市中最具价值的众多代表性遗产，成为世界上独一无二的中轴线。2018年7月启动的中轴线申遗确定了从南至北14处遗产点：永定门、先农坛、天坛、正阳门及箭楼、毛主席纪念堂、人民英雄纪念碑、天安门广场、天安门、社稷坛（现北京中山公园）、太庙（现北京市劳动人民文化宫）、故宫、景山、万宁桥、鼓楼及钟楼。这里凝聚着这座城市文化基因的生成与绽放，这里有璀璨的历史，有数不清的珍奇瑰宝……

（一）京味儿生活百态

老北京的风土人情，青砖灰瓦、长袍马褂、小袄布鞋、四合院、人力车、大碗茶等，更是令人神往。如今时过境迁，老北京已然成为国际大都市，但是这些遥远的记忆依旧值得回味。

北京地铁8号线天桥站的文化墙可谓汇集了老北京的市井风情。除了《天子祭天》（见图1）描绘了皇上每年冬至去天坛祭天，仪仗行至天坛的盛况之外，剩下的四幅都记录了老北京人的风土人情。《天桥小吃》描绘了老北京的各种小吃，炒肝儿、茶汤、艾窝窝等；《天桥百戏》主要描绘了在天桥表演的杂耍艺人和说唱艺人，很多家喻户晓的民间艺术家都是从这里走出来的；《天桥买卖》描绘的是各种胡同走宅门的小买卖，让人不禁想起电影《城南旧事》中刻画的场景；《天桥遗韵》（见

① 韩静华，徐玲玲，罗文彬.地域文化对北京特色地铁站点设计的影响［J］.包装工程，2016（14）：38-42.

图2）描绘的是百姓的生活，将百姓的生活百态展现得淋漓尽致。在南锣鼓巷站，文化墙是用琉璃封存北京老物件，拼贴成老北京典型的人物形象剪影。在地铁空间的设计上，南锣鼓巷站最引人注目的是那几根红色的柱子。颜色是经典的中国红，顶上还绘有中国典型的祥云图案，可以说京味儿十足。

图1 《天子祭天》

图2 《天桥遗韵》

（二）京味儿标志空间

要说北京蕴含京味儿的空间，必然少不了胡同、四合院，还有那些令人印象深刻的标志性建筑，如天坛、鼓楼等。

在地铁8号线的安德里北街站，文化墙的作品《古都记忆》（见图3）创作以东、西两黄寺经典建筑形制为创作题材，将现存的建筑还原到了地铁站内的文化墙上；珠市口站的《老城故事》以记忆中的城南胡同作为灵感，再现了很多名胜古迹。不管大家是来北京工作、学习还是旅游，必然少不了的就是打卡北京的名胜古迹。影片《城南旧事》就取景在老北京的城南胡同里。生长在老北京胡同里的人们习惯了老北京地道的京腔京韵，浓厚的文化气息便融入日常生活的点点滴滴中，一事一物，都展现了老北京独特的京味儿。而珠市口站的《老城故事》再现了一幅饱含着浓郁京味儿的北京人的生活画卷。在永定门外站，我们可以看到民间燕京八景中还依旧存在的一景——“石幢燕墩”，将永定门外边的景色搬到了地铁的文化墙上，在宣传了当地文化的同时，也起到了指路的作用；在大红门站，在站内可以看到一幅《红门印象》的壁画，它依据史料记载的大红门形制抽象而成。

图3 《古都记忆》

（三）京味儿声音记忆

“晨钟暮鼓”可谓是老北京人最抹不掉的声音记忆。钟鼓楼在元、明、清代是北京城的报时设备。“晨钟暮鼓”使全城变得井然有序，1924年后停止。从1990年起，每年除夕恢复鸣钟击鼓。虽然我们现在不常听到，但是地铁8号线的鼓楼大街站将“鼓”的元素融入了地铁公共空间的设计中。站内吊顶是将“鼓”作为主要元素设计成吊顶灯，与鼓楼相呼应（见图4）。《晨钟暮鼓》的雕刻设计作品将“鼓”作为设计元素，把中国古代十二时辰的计时哲学和节气习俗印记在鼓面上，用这样的方式纪念着属于北京的独特记忆。

图4　鼓楼大街站吊顶设计

结语

北京作为我国的首都，是我国的政治中心、文化中心、国际交往中心、科技创新中心。随着我国的经济发展和国际地位的提高，北京必然会面临越来越多外来文化的冲击。那么，在地铁这样一个特殊的公共空间中展示北京传统的京味儿文化以及“新京味儿”的加入，是十分必要且重要的。地铁8号线这样一条贯穿南北中轴线的地铁线路，具有重要的战略地位。在其公共空间内设计体现京城古韵和现代多元化的文化，有助于把地铁打造成为推动文化传承、展示城市魅力、塑造城市名片的综合宣传平台，为北京的城市品牌形象做出巨大贡献。

浅谈民间艺术的法律保护

解　嵩*

【摘要】鉴于我国《著作权法》以及相关法律对于民间艺术规定的内容比较笼统，保护作用有限，我国应当在现有《非物质文化遗产保护法》的基础上，从明确权利主体、明确保护程度、明确收费范围以及建立传承制度等方面不断完善立法，使我国的民间艺术在更有力的法律保护下百花齐放。

【关键词】民间艺术　法律保护　著作权法

2001年，家住陕北的一位民间剪纸艺人因《辛巳年》生肖邮票使用其作品中的素材，将国家邮政局诉至法院，要求赔偿100万元人民币。本案先后经过北京市第一中级人民法院和北京市高级人民法院的两次审理，在一定范围内引发了公众的热议。

2010年3月，“安顺地戏”的保护单位——贵州省安顺市文化局向北京市西城区人民法院提起诉讼，称被告张艺谋等在电影《千里走单骑》中将“安顺地戏”传统剧目《战潼关》和《千里走单骑》内容剪辑到了影片中，并在影片中将以上内容称为“云南面具戏”，侵犯了“安顺地戏”相关权利，应承担法律责任。最后，该案经过两审终审制裁判，法院认为“安顺地戏”是剧种，不是作品，不受《著作权法》保护，从而判决原告败诉。该案引发了学者以及公众对于民间艺术保护的广泛讨论。

诚然，保护中华民族的非物质文化遗产是我们每个人的责任，民间艺术属于非

*　解嵩，硕士，北京联合大学讲师；主要研究方向：传播法规、文案写作。

物质文化遗产的重要组成部分。关于我国民间艺术的法律保护问题，从20世纪60年代起就开始讨论研究。随着国民经济的不断增长、国际形势的不断发展，建立健全民间艺术法律保护制度已刻不容缓。我们今天所讨论的是如何从立法的角度对民间艺术加以保护。

一、我国现行法律对民间艺术保护的局限

1.对于民间艺术的法律规定比较笼统

早在20世纪60年代，韩国就通过了《文化财保护法》，后又经过多次修改，规定了它的调整范围，包括有形文化财、无形文化财、民俗资料以及纪念物等四类。其中，无形文化财主要包括比较有学术价值的历史艺术或者戏剧、舞蹈、音乐以及工艺等，其中相当一部分属于民间艺术。对于无形文化财，政府根据其价值分为不同等级，给予相应的保护和扶持政策。①

《中华人民共和国著作权法》(简称《著作权法》)于1990年9月7日第七届全国人民代表大会常务委员会第十五次会议通过，2001年和2010年两次修订。《著作权法》的第六条规定："民间文学艺术作品的著作权保护办法由国务院另行规定。"经国务院授权，相关国家机关多次尝试启动《民间文学艺术作品保护条例(草案)》，但因种种原因一直没有出台，只有个别地方出台了地方性法规，对此类问题加以规范。由此可见，我国的《著作权法》对于民间艺术的保护只做了比较笼统的原则性的规定，对于民间艺术的概念、界定、分类等均没有涉及，民间艺术保护的全国性法律法规亟待完善。

2.著作权归属在民间艺术问题上规定不清

我国《著作权法》第十一条规定："著作权属于作者，本法另有规定的除外。"而民间艺术的一个显著特征就是它的群体创作性，虽然我们并不排斥一项民间艺术在创作初期是由一个人所作，但在这项民间艺术的发展过程中，又经历了无数人的加工、修改、补充、升华才得以形成。民间艺术的作者到底是谁，很多时候这是一个根本无法界定和判断的问题。由此可见，《著作权法》以及现行其他法律法规的

① 王鹤云.外国民间艺术保护的法规与政策研究[J].民艺，2021(1)：75-80.

相关规定对民间艺术作品的归属问题，出现了明显的“水土不服”。

3.著作权权利保护期限在民间艺术问题上不尽合理

我国《著作权法》第二十三条规定：“自然人的作品，其发表权、本法第十条第一款第五项至第十七项规定的权利的保护期为作者终生及其死亡后五十年，截止于作者死亡后第五十年的12月31日；如果是合作作品，截止于最后死亡的作者死亡后第五十年的12月31日。法人或者非法人组织的作品、著作权（署名权除外）由法人或者非法人组织享有的职务作品，其发表权的保护期为五十年，截止于作品创作完成后第五十年的12月31日；本法第十条第一款第五项至第十七项规定的权利的保护期为五十年，截止于作品首次发表后第五十年的12月31日，但作品自创作完成后五十年内未发表的，本法不再保护。”

不难想象，由于民间艺术拥有其延续性、传承性和动态发展性的特点，如果按照保护五十年的计算标准来说，必然会造成对珍贵的民间艺术的侵权及滥用，甚至会导致我国优秀的民间艺术被无偿侵吞，成为某些经济文化发达国家赚取巨额经济利益的手段。[①]

二、加强对民间艺术保护的法律对策

由于通过著作权的方式对民间艺术进行保护作用有限，我国于2011年出台了《中华人民共和国非物质文化遗产保护法》。该法对民间传统文艺的知识产权保护方面做了三条原则性的规定：民族民间传统文化知识产权的保护期不受限制；公开使用时应标明其来源民族、群体或区域；国家机关和自治机关应当维权并可提起诉讼。

上述规定从保护民间艺术的角度来看显然是一个进步，但是我们认为这样做还远远不够，应当从以下几个方面继续加以规范。

1.进一步明确民间艺术的权利主体

民间艺术的权利主体到底应当归属于谁，这是关乎民间艺术作品保护的一个最基本的问题。从我国目前的实际状况分析，由某一群体或相关的社团组织作为相应的权利主体更恰当。由于民间艺术的创作本来就具有群体性，民间文学艺术是某一

① 赵农.民间艺术的权益和保护［J］.民艺，2021（1）：60-63.

群体在长期生产、生活过程中的文化沉淀，因此，绝大多数的民间艺术可以由其来源的群体行使权利，当然，也可以由各群体都认同的社团组织来行使这项权利。只有明确了民间艺术作品著作权的权利主体，才能够对民间艺术作品做到切实、有效的保护。

2.进一步明确民间艺术的保护程度

对于民间艺术的保护程度，可以说是一个非常难以界定的问题。如果对民间艺术保护得过于严格，必然会使民间艺术家在使用创作民间艺术的时候畏首畏尾，这样做的结果无疑会限制民间艺术的发展。如果规定得过于宽松，又难以对这些民间艺术家的权利予以有效保护。我们认为，作为拥有公权力的国家，应当承担起这项义务。对于具有重要历史价值和艺术价值的民间艺术，应当对做出贡献的人员进行国家奖励，但相关贡献者不能把民间艺术据为己有，而应将其变成群体的、民族的共同财产。

3.进一步明确民间艺术的有偿使用问题

所有使用民间艺术成果的行为，一般都可以分为营利性质的使用和非营利性质的使用。一般认为，以非营利为目的使用民间艺术的，原则上不需要取得许可并支付费用（即使获得一定的利益，也属于合理使用，无需支付费用）；但是，以营利为目的使用民间艺术的，应当支付一定的费用，这是合情合理的。明确民间艺术的有偿使用问题，能够更大程度地激发相关民间艺术传承团体以及个人的创作、完善民间艺术作品的积极性，对民间艺术的发展大有裨益。

4.进一步完善受法律保护的民间艺术传承制度

大家知道，任何一项民间艺术的形成、发展和繁荣，都经历了相当长时间，少则上百年，多则上千年。在中华民族的历史长河中，这些民间艺术是非常珍贵的财富与宝藏。但是，随着社会经济的发展和社会文化的变迁，特定的民间艺术可能会因此丧失继续流传下去的内在动力。因此，在制定《中华人民共和国非物质文化遗产保护法》之后，通过立法继续完善一套相对完备的民间艺术传承制度是非常重要且紧迫的。只有通过国家、社会、团体、个人的合力，从物质和精神层面上加大对民间艺术的保护和扶持力度，我国的民间艺术才能够得到更好和更健康的传承与发展。

社交媒体语境下泰国公益广告的戏剧主义修辞分析

刘　丽*

【摘要】公益广告是服务于社会公共利益的传播形式，能够唤起人们对社会问题的关注，改变大众的观念或行为，是一种典型的修辞活动。如今一些影视公益广告在社交媒体上受到了网民们的追捧，成为一种文化现象。本研究以肯尼斯·伯克的戏剧主义修辞理论为框架，对我国社交媒体上较热门的泰国公益广告进行分析，发现了泰国公益广告在戏剧元素分布组合和认同策略方面的特征。泰国的公益广告重视动作、执行者和目的，呈现出鲜明的戏剧风格；在认同策略上注重使用同情认同和对立认同，有较强的情绪唤起作用。在社交媒体时代，泰国公益广告文本是传播者开展有效传播的一个成功参照。

【关键词】社交媒体　泰国公益广告　戏剧主义　修辞

一、社交媒体与公益广告

所谓社交媒体，也常被人称为社会化媒体，是伴随Web2.0技术出现的新的媒介形态[①]。目前国外影响力较大的社交媒体主要包括YouTube、Facebook、Instagram等，

* 刘丽，博士，北京联合大学应用文理学院新闻与传播系讲师；主要研究方向：新媒体传播。

① KAPLAN A M, HAENLEIN M. Users of the world, unite! The challenges and opportunities of social media[J]. Business horizons, 2010, 53(1): 59-68.

国内有代表性的社交媒体包括微博、微信、大众点评等。除了技术因素，用户之间存在特定的社会关系以及大量的用户生成内容是社交媒体的典型特征。中国由于人口众多，人们自古以来比较注重人际间的礼仪和社交，因此社交媒体在传播活动中占据了更加重要的位置。麦肯锡发布的《中国社交媒体铸就新消费时代》调研报告显示[①]，中国拥有全球最活跃的社交媒体用户群，中国用户登录社交媒体的比例比日本、美国、韩国的用户都高，社交媒体对中国消费者购买决定的影响也比其他国家和地区更大。

随着网络和社交媒体的广泛应用，很多公益广告也成为网民们乐于观看和分享的内容，特别是一些影视公益广告的戏剧性和文化消费价值得到了社交媒体用户的认可，一些公益广告甚至引发了社交媒体上的流行现象。2012年澳大利亚的公益广告《蠢蠢的死法》引发了全球性关注，在全球流行度排行榜上超过了欧美当红歌手蕾哈娜和全球风靡的《江南Style》。[②]2019年泰国公益广告成为我国社交媒体上的热门内容，一些学者也开始对此现象进行研究。公益广告作为一种工具性的文本，是各个国家为了维护社会公德，帮助改善和解决社会共同利益问题组织开展的广告活动。[③]公益广告的核心在于“不以营利为目的，维护公共利益，针对社会问题，改变大众的观念或行为，促进社会问题的缓解或解决”[④]。因此，公益广告是一种有着积极社会意义的修辞活动，其目的在于使用各种语言、文字、音乐、声响、视觉等符号以及比喻、拟人等各类手法，强化对社会问题的描述，引起人们对公共利益受损问题的关注，从而改变公众的观念和行为，即“用话语使别人形成观点或诱使别人做出行动”[⑤]。而那些能够在社交媒体上引发流行的公益广告文本，在修辞、表现方面也有一些共同特征，如议题的广泛适用性、戏剧性强、内容简单有趣等。因此，对热门公益广告的修辞行为进行分析，可以探索文本的说服机制，并寻找提高社交媒体语境下吸引用户关注和互动，传播自身理念和价值观的有效路径。

① 《社交媒体与新消费时代》编委会.社交媒体与新消费时代［R］.上海：上海交通大学出版社，2012：7.

② 胡晓云.创意为先 多效合一：澳大利亚公益广告《蠢蠢的死法》解读［J］.中国广播电视学刊，2013(8)：18-20.

③ 倪宁.试论公益广告及其传播［J］.新闻界，2000(3)：26-27.

④ 初广志.公共视角的公益广告概念：溯源、反思与重构［J］.山西大学学报（哲学社会科学版），2020(3)：48-55.

⑤ BURKE K. A rhetoric of motives［M］. CA: University of California Press, 1969: 41.

二、肯尼斯·伯克的戏剧主义修辞理论

肯尼斯·伯克是西方新修辞学的领军人物，被西方誉为亚里士多德以来最伟大的修辞学家。“戏剧五位一体”是肯尼斯·伯克修辞思想的一个标志，是研究人类象征性行为和动机的一种方法，也被称为戏剧主义。肯尼斯·伯克认为人生或世界就是一个大舞台，透过语言中介观察认识世界和人生与通过戏剧舞台来观察认识世界和人生没有本质的区别。①任何修辞活动都可以看作一出戏剧，因此可以借助戏剧五要素来对修辞活动进行结构性分析，这五个要素分别是“场景”（scene）、“执行者”（agent）、“行为”（act）、“方法”（agency）、“目的”（purpose）。“在解释动机时，你必须有一些词来命名行为，即发生了什么事，另外一些词能命名场景，即行为发生的背景，还有一些词能指明什么人或什么类型的人实施了这一行为，他运用了什么方法或工具，以及行为的目的。”②这五个要素两两组合，可以形成20种关系对子，如“场景—行为”“执行者—行为”等。研究者可以通过审视这五个要素之间的关系对子，来揭示修辞行为的动机。虽然一件事情或一个场景是客观存在的，但是修辞者出于不同的目的，对五要素的描述和定位会不尽相同，因此通过对描述的进一步分析可以发现五要素之间的逻辑关系，从中能够投射传播者对环境的看法、传播活动的目的、态度和价值观等，反映传播者的真正动机和传播内容的深层结构。修辞者对戏剧性要素的展示也能折射他的哲学观，“如果场景决定行动，是唯物主义的观点；如果凸显方法，是实用主义观点；如果凸显目的，是神秘主义观点……”③

戏剧主义修辞的终极目的是认同，即受众与传播者享有某些共同特质，取得了“同一”④。肯尼斯·伯克认为，“劝某人时，只有用他那样的语言说话，使用同样的手势，运用相同的语序与比喻，持有相同的态度和观点，在以上诸多方面与他同一，才能劝说他”⑤。“同一”是修辞活动的起点，也是修辞活动的目的。无论修辞者如何组织戏剧要素，其目的都是希望受众能够在思想、情感和行动上与自己达成一

① 刘亚猛.西方修辞学史［M］.北京：外语与教学研究出版社，2008：340.
② BURKE K. A grammar of motives［M］. CA: University of California Press, 1969: XV.
③ 邓志勇.修辞理论与修辞哲学［M］.上海：学林出版社，2011：63.
④ 鞠玉梅.肯尼斯·伯克修辞学思想研究［M］.北京：中国社会科学出版社，2017：9.
⑤ BURKE K. A rhetoric of motives［M］. CA: University of California Press, 1969: 55.

致。肯尼斯·伯克提出了三种方式来取得认同，即同情认同、对立认同与误同。同情认同是通过强调人与人之间的共同情感、思想、观点等来获得认同；对立认同是传播者和受众因为拥有共同的敌人或对立面而形成认同；误同也被称为无意识认同，使用将受众包括在内的词语或手段，如“我们”“大家”等用语，来获得受众的认同。

本研究借助肯尼斯·伯克的修辞理论，使用“戏剧五位一体”的分析法和认同理论来对三则热门的泰国公益广告进行分析，试图揭示文本中各要素的分布和关系，进而探讨广告传播者的说服动机和说服策略，以发现泰国公益广告能够获得社交媒体上跨文化受众认同的原因。

三、泰国公益广告的戏剧主义修辞分析

本研究挑选了微博平台较为热门的三则泰国公益广告，分别是《用智慧看见那些看不见的事》、《别让香烟继续霸凌你》和《付出的回报》。网络数据显示，这三条公益广告的单条微博链接视频播放量都超过了10万，如2017年12月21日用户“成都服务”转发的《用智慧看见那些看不见的事》，视频播放量为4341万；2021年8月6日用户“广尔告知”发布的《别让香烟继续霸凌你》，视频播放量为11.8万；2017年3月1日用户“橙报官微”发布的《付出的回报》，视频播放量为897万。如果考虑社交媒体的大量用户转发和跨平台转发，这些广告的播放量更多。

（一）戏剧五要素及对子关系分析

从戏剧主义的角度来看，广告就是一场戏剧表演，每一则广告都包含“场景”、“执行者”、“动作”、“方法”和“目的”。修辞者在创作广告时，为了突出或掩盖某些意图，达到特定的传播效果，这几个要素会形成不同的组合，构建不同的动机，折射不同的态度。这源于人类语言的选择性，人们选择了一种表达，就意味着放弃了另外一种表达，而这种选择就反映了修辞者的价值取向、态度和动机。

三则公益广告的戏剧五要素分布及对子关系如表1和表2所示。

表1 三则公益广告的戏剧五要素

戏剧五要素	《用智慧看见那些看不见的事》	《别让香烟继续霸凌你》	《付出的回报》
场景	卖场，街头	办公室，天台	路边、小吃摊、老人家门口、公交车等
执行者	看起来很凶，但是实际上很善良的卖场房东	刚入职场的年轻人	年轻男子
动作	房东遭遇了网络暴力	在诱惑之下养成吸烟习惯，但最终与坏习惯决裂	帮助他人，最后也得到了回应
方法	房东对卖场小贩的帮助从很早就开始了，没有人关注。而最近房东在收租时的一些激烈举动被网民截取后大量传播，遭到了攻击	最初友好、亲切、有趣的朋友，发展到后来变得凶残、令人恐惧，给人带来伤害	把干枯的花盆挪到有水的地方，帮助小摊贩推车，给乞丐母女施舍……
目的	眼前看到的故事不是全部的真相	坏习惯就像坏的朋友，要与之决裂	要相信善良和美好的存在

对这三则公益广告进行五要素对子关系的分析可以发现，“动作”在三则公益广告中都有着较为核心的作用。“动作”塑造了“执行者”的性格和特征，与“目的”有着自然而然的因果联系，同时也约束了广告“场景”的选择和表现。因此在与“执行者”、“目的”和“场景”的关系中，“动作”的主导性更明显，是影片中的核心元素。“执行者”在广告中的重要性也非常突出，在“执行者—方法”的关系上，“执行者”的角色设定决定了故事的细节展开，人物的性格、经历、情感、价值透过这些具体的情节得以呈现。“场景”在这三则公益广告中的主导功能都不突出，“场景”与“方法”的关系比较紧密，但是更多的是呈现出“方法—场景”的关系。“目的”与其他要素的关系相对较疏离，尤其与“场景”没有明显的直接关联，因此，人们在最初看到广告的时候，不能直接推断传播者的意图。但是“目的”与“动作”的关联是直接的，当影片结束、动作完整呈现的时候，观众看到影片最后的广告语，会有一种恍然大悟的感觉，产生认知上的冲击。

表2 三则公益广告的五要素对子关系

五要素对子关系	《用智慧看见那些看不见的事》	《别让香烟继续霸凌你》	《付出的回报》
场景—执行者	是	是	否
场景—动作	否	是	否

续表

五要素对子关系	《用智慧看见那些看不见的事》	《别让香烟继续霸凌你》	《付出的回报》
场景—方法	是	否	是
场景—目的	否	否	否
执行者—场景	否	否	否
执行者—动作	否	否	否
执行者—方法	是	是	是
执行者—目的	否	否	否
动作—场景	否	否	否
动作—执行者	是	是	是
动作—方法	否	否	否
动作—目的	是	是	是
方法—场景	是	是	是
方法—执行者	是	否	否
方法—动作	是	是	否
方法—目的	是	是	否
目的—场景	否	否	否
目的—执行者	否	是	否
目的—动作	否	否	否
目的—方法	否	否	否

（二）认同策略分析

从认同策略的角度来看，这三则泰国公益广告都使用了同情认同策略，其中两则广告同时使用了对立认同的策略，误同策略在这三则广告中都没有体现。

《用智慧看见那些看不见的事》的前半部分展示的是房东收租时对小贩们发火的情景，观众因此会产生对立认同的情绪：房东这样做是不对的，如果自己在生活中遇到这样霸道的管理者，也会感到愤慨。因此，当房东发火的视频被传上网、房东遭遇网络暴力的时候，观众会与网暴者产生同情，觉得这样做没什么不对，是人们遭遇不公后的正常反应。但是影片又出现了第二次转折，时光倒转，这个看起来凶巴巴的房东其实是个热心人，曾经在小贩们最困难的时候伸出援手，为他们提供摊位、减免租金，帮他们渡过难关。这时，观众又会产生第二次同情认同，这次是与房东产生了共情，感受到房东遭遇网络暴力的委屈，从而最终认同广告的倡议——眼前看到的故事不是全部的真相，不要轻易发起网络暴力。

《别让香烟继续霸凌你》的前半段主要采用的是同情认同策略，新入职场的年轻人面对陌生的环境会感到孤独，渴望得到别人的认可、接纳，因此，当一个热情、富有魅力的“大哥”出现，年轻人自然而然地会向“大哥”靠近，与他成为朋友，这种友谊带来的温暖和快乐会引发人们的广泛共鸣。在后半段，原本热情友好的“大哥”突然变得面目狰狞，殴打、虐待刚入职场的“小弟”，“小弟”的身心饱受煎熬。此时，影片会激发人们的对立认同，这样的朋友不是真正的朋友，只是在最初隐藏了自己真面目的“魔鬼”，应该与他分道扬镳。此时，广告倡议的谜底揭开——吸烟就像“魔鬼”一样的坏朋友，要及时与它“分手”。

《付出的回报》也分为前后两段，在前半段，主角不计回报地做好事，帮助别人，但是他并没有得到什么回报，这部分唤起的是人们的同情认同，因为生活中帮助别人确实未必能得到回报，这也是人们心中共同的疑问：为什么要做好事？在后半段，主角看到了穿上校服的小姑娘，得到了老人的拥抱，看到了花开，他帮助的人也在帮助别人……这种情感上的满足就是做好事的回报。这部分也在唤起人们的同情认同，做好事不一定会有回报，但是一定会让自己获得心灵上的安慰。

四、结论与讨论

（一）“动作”主导，“目的”深刻

通过以上分析可以看出，泰国的公益广告在戏剧要素的分布上更加强调“动作”、“执行者”和“目的”。整个影片以“动作”为核心进行设计，“动作”要通过全部的广告内容才能完整呈现，并且“动作”最终指向“目的”。“执行者”在广告中也是一个重要的推动力，广告的情节设计与“执行者”的角色性格设定密切相关并充分展示“执行者”的特点。“目的”与其他要素的关系较疏离，但是与“动作”直接关联。“目的”就是眼前的“执行者”在各种不同的“场景”下采取一系列“动作”所导致的结果。因此，“目的”是隐藏在现实迷雾深处的永恒真相，是

带有哲理性思考的发现。整个广告的叙述就是为了最终真相的揭晓，人们看到最后也会有谜底揭晓的愉快感和满足感。

（二）擅长情绪的唤起

泰国的公益广告比较擅长通过同情认同和对立认同来唤起人们的情绪反应。三则广告中的场景都是人们非常熟悉的日常处所，人物也都没有特殊的地位和身份，就是普通的老百姓，且性格特点鲜明，这样的场景和人物很容易快速将观众带入广告的情节之中，让观众与剧中人物产生同情认同。对立认同策略的使用更能唤起一些强烈的情绪，《用智慧看见那些看不见的事》和《别让香烟继续霸凌你》这两则广告都使用了对立认同策略，这与广告的主题有关，两则广告都在呼吁人们抵制一些不良行为，因此广告也通过展示一些负面元素来激发人们的反对情绪，如粗暴的言行、殴打和虐待等。而在网络环境下，也有研究发现，负面信息的扩散速度和影响力更强①，因此这种对立认同策略的使用可能更适应当前的社交媒体环境。这三则广告都没有使用误同策略。误同策略一般是通过使用“我们”“大家”等用语来获得受众的认同，是一种将受众包含在内的词语手段，这种修辞方式更适合受众众多的场合，如传统媒体时代的“广播”模式，而社交媒体更多的是一对一的互动传播，使用“我们”“大家”等用语并不符合这种语境的特点，因此也不能获得受众的广泛认同。

借用肯尼斯·伯克的戏剧主义修辞理论对以上三则热门泰国公益广告的分析可以发现，泰国的公益广告有较强的“动作”驱动特征，“动作”贯穿整个广告。在这样的广告中，人物角色一直处在运动当中，人物与人物、人物与其他事物的关系在不断发生变化，观众的感知也随着剧情的变化而起伏，因此不会感到剧情枯燥沉闷、缺乏吸引力。同时，泰国公益广告体现出较强的哲理意味，“目的”源于影片又高于影片，能够带给人认知上的提升。此外，这些公益广告能够通过同情认同和对立认同唤起人们的情绪反应，较适合社交媒体的传播语境，有利于“同一”目标的实现。也正是由于戏剧性方面的突出特色，泰国公益广告才能在社交媒体时代获得大量网民的认可，因此泰国公益广告文本是当前环境下传播者开展有效传播的一个成功参照。

---

① 金立印.网络口碑信息对消费者购买决策的影响：一个实验研究［J］.经济管理，2007（22）：36-42.

专业硕士课程思政的特点与实践
——以新闻与传播专业为例

赵伊纯*

【摘要】“立德树人”的根本任务被提出后，课程思政在高校人才培养体系中频繁出现，然而学界少有对专业硕士课程思政的思考。事实上，专业硕士的培养模式有其自身特殊之处，因此课程思政的设计也彰显出了新特点。这些特点正是高校教师和课程思政设计学者不应忽视的要素。在明晰差异和特点的基础之上，再进行与专业硕士的年龄、心理和培养模式相适配的课程思政设计，方能事半功倍，从而培养合格的社会主义建设者和接班人。

【关键词】专业硕士　课程思政　新闻与传播

近年来，课程思政在高校学科建设中被频繁提及，但更多运用于本科教育，尚未在更高学位培养方案中得到重视。相比于本科生，硕士阶段的高校生在思辨、学习能力和阅历方面都较为成熟，对于课程思政会有更为理性的认识，更容易理解、消化思想政治理论。因此，重视硕士研究生的课程思政建设，对于推动高校整体课程思政建设将起到事半功倍的作用。与学术硕士的培养方案略有不同，专业硕士重点强调实践属性。相比于强硬的理论灌输，将课程思政的元素潜移默化地融入丰富的实践过程中进行软性传播，更加具备作为空间。新闻与传播专业是实践性极强的专业，其特殊性在于，其具备强烈的政治性和意识形态性，在思想导向和舆论引领方面发挥巨大作

* 赵伊纯，北京联合大学应用文理学院新闻与传播系2020级硕士研究生；主要研究方向：网络文化与新媒体。

用，因此将课程思政设计到新闻与传播专业的硕士人才培养体系中是必需的。

一、专业硕士课程思政的特点

在硕士学习阶段，对于学生的培养思路已经由本科阶段的知识传授转为鼓励学生自主思辨。研究生利用此前积累的专业知识，在更加细分的研究方向进行研究与思考，老师单方面的讲授少了，学生自主思辨和判断的机会增多了，而恰是在这样的学习过程中，课程思政的融入才更显效果。

（一）导师制使课程思政更具针对性

研究生学习最显著的特点便是导师制。与本科阶段的大班授课、大多数专业课教师仅停留于课堂见面有极大不同，研究生导师将会伴随着学生度过完整的硕士生涯，在学习、思想和生活各方面与学生展开一对一深入交谈。通过沟通，导师及时了解学生的思想动态，有针对性地为每一个学生制订培养方案，为课程思政的搭建提供良好氛围环境。时刻有导师的指导，学生在学期间的思想和行为方能得到规划，不至于走偏。

在搭建课程思政体系中，导师是教学链条能否顺利进行的首要因素。导师作为与研究生接触最多的教师，在教学过程中会对学生产生潜移默化的影响。积极有效的沟通对于创建良好的师生氛围大有裨益，有了沟通的前提，导师针对学生展开思政教育便能及时见效。2021年4月19日，习近平总书记在清华大学建校110周年校庆日即将来临之际来到清华大学进行考察时，再次强调了高校教师“要坚持把立德树人作为根本任务”“培养德智体美劳全面发展的社会主义建设者和接班人”。良好的品德对于学生的发展至关重要，同时也是对于高校教师为人师表的职业要求。导师做到以德育人，为学生作出了身体力行的亲身示范，更加诠释了思政理论在塑造个人德行方面的力量，使思政理论更具现实说服力。习近平总书记指出，教师“既是学问之师，又是品行之师”，教师应该自觉“以人格魅力引导学生心灵”，把育人目标落实到自己的言传身教中，理直气壮地用思政力量滋润学生，引导学生把爱国情、强国志、报国行自觉融入对建设社会主义现代化强国、实现中华民族伟大复兴的奋斗之中。①

① 曲升刚.课程思政：新时代高校新闻传播人才培养的优化路径［J］.传媒，2020（18）：81-83.

（二）研讨式授课模式使课程思政更易见效

充分利用好研究生的思辨能力。课程思政在实施过程中，面临着不少现实问题，其中比较典型的是如何避免用生搬硬套的方式强硬灌输思政理论，如何不造成学生的反感心理等。而在研究生的教学中，“一言堂”式的知识宣讲正逐步被研讨式授课模式取代。“研讨”便意味着课堂不再单纯由教师主导，而是学生针对问题发表观点，展开讨论。任课教师将课堂下放，让学生运用思辨能力，在观点交锋中领略道理。

良好的课堂氛围是学生有效吸收思政理论的重要因素。研讨式授课充分调动了学生主动思考的积极性，创建了健康和谐的课堂氛围，这也正是课程思政得以扎根发芽的“沃土”。学生只有勤于动脑、克服懒惰心理，通过自身较强的思辨能力，才能验证思政理论在当今的时代价值。例如，部分学生秉持着“学史无用”的观点，在课堂上任课教师通过为学生罗列中国历史进程中的重要节点，引导学生自主思考其中的逻辑关系，帮助学生树立正确的历史观。研讨式授课模式打破往常的知识单向传输模式，增强了学生的课堂参与感，使课程思政在学生中更加入脑入心。

（三）重视社会调研使课程思政更贴近现实

作用于校外调研的“输出”是课程思政的归宿。高校学生时常遭遇的困境是无法将课堂所学与现实生活相联系，这种断裂感也在消磨着学生的积极性。而研究生阶段的学习，重在调研；专业硕士的培养，重在实践。通过鼓励学生在科研过程中进行社会调研，学生将课堂输入与校外输出有机结合，在调研中获得真实情况，在实践中寻求真知。进行课程思政的目的正在于将学生培养为社会主义和共产主义的接班人，而具备社会调研的能力是一名合格的高校毕业生所必需的。

社会调研的反馈也将促进课程思政更加具备现实意义。初期，导师起到引领和带动作用，主动为学生提供选题，让学生“敢于”迈出校门，接受社会环境的“拷问”。随着调研次数增多，以往以学术研究见长的高校研究生对现实社会会有更真实深入的体会。无论这种体会好坏与否，都会对学生自身掌握的专业知识和接受的思政理论洗礼产生一定程度的影响和改变。经过反复的外出调研和自我思考，研究生阶段的高校生的思辨、认知和判断能力都得到进一步强化，也将会逐渐形成内在深刻的理论支撑以及外在娴熟的专业能力的双丰收。学生的社会调研作品便是课程思政的初步成果，以此发轫也可以找到课程思政建设在未来发展中如何与现实贴近的改进路径。

二、新闻与传播专业硕士课程思政的实践

关于新闻与传播在政治属性和意识形态属性的特殊性，前文已有所提及，因此需要充分发挥新闻传播战线的战斗堡垒作用，保持新闻人才队伍的纯洁性。同时新闻与传播又是一门实践性极强的学科，随着媒介技术的更新迭代，新闻学子需要不断适应新时代的新产物，除了学习传统的“采写、编评、摄录播”，也要在接触新媒体和新传播环境中得到锻炼，这样丰富的实践过程也为课程思政的落地提供了切口。

（一）立足实际，将政策法规融入课堂

政策法规学习是课程思政方向之一，有利于学生熟悉国家发展大势。推进国家治理体系和治理能力现代化需要构建与之相应的现代化传播体系，这就要求将新闻与传播专业硕士的培养置于更广阔的背景和需求中来考量，在学生了解世情、国情、社情、民情的基础上，培养其综合运用全媒体知识技能和跨学科思维解决现实问题的实践创新能力。[①]新时代的高校研究生应该具备对国家发展局势的洞察和研判能力，由此方能了解所学专业如何与国家的发展同向发力，以长远的眼光反推自身的成长，服务于国家发展战略大局。

党的十八大以来，中央明确了北京作为全国文化中心的城市战略定位。2020年4月，中共北京市委印发的《关于新时代繁荣兴盛首都文化的意见》指出，北京市文化建设将以古都文化、红色文化、京味文化和创新文化四大方面推动繁荣兴盛首都文化建设。[②]对于新闻与传播专业而言，文化传播是课程体系中的重要组成部分，关注国家和本地区的文化发展也是教学应有之义。专业教师在授课中将城市发展的实际情况以及相关的政策法规一同融入课堂，让学生在校园中也能及时了解城市发展最新战略政策，将课堂所学与现实生活对标，课程思政的渗透在其中也尽数体现。

① 王洋，王琳.新闻与传播专业硕士实践培养模式探析［J］.传媒，2021（15）：88-90.

② 中共北京市委关于新时代繁荣兴盛首都文化的意见［N］.北京日报，2020-04-10（4）.

（二）重视历史，以正确“历史观”育人

重视历史学习是课程思政方向之一，有利于学生从正确的“历史观”中汲取养分。作为新时代青年，大学生是国家兴盛的关键力量，大学生的思想教育工作是国家长治久安的关键一步。其中，新闻与传播专业学生的思想教育工作更需引起重视。在新闻传播专业中，以辩证唯物主义和历史唯物主义为基础的马克思主义新闻观是课程思政的最佳体现。新闻的基本理论问题，应该是得到辩证唯物主义和历史唯物主义的支撑的；而新闻精品力作，则是充分体现了辩证唯物主义和历史唯物主义精髓的。①

2020年1月8日，在“不忘初心、牢记使命”主题教育总结大会上的讲话中，习近平总书记强调，“要把学习贯彻党的创新理论作为思想武装的重中之重，同学习马克思主义基本原理贯通起来，同学习党史、新中国史、改革开放史、社会主义发展史结合起来，同新时代我们进行伟大斗争、建设伟大工程、推进伟大事业、实现伟大梦想的丰富实践联系起来”。②通过学习历史，剖析推动中国从“站起来”到“富起来”，再到“强起来”的内在精神动力和逻辑链条，高校生得以深刻理解马克思主义为什么“行”、中国共产党为什么“能”、中国特色社会主义为什么“好”。拥有对中国历史扎实的理论认识，青年人方能汲取健康养分，树立正确思想导向，明确个人与国家的关系，在复杂的舆论环境中坚定站位，保持新闻人的理性思考。目前我国处于“两个一百年”奋斗目标历史交汇的关键节点，积极引导青年大学生学好“四史”对统筹中华民族伟大复兴战略全局具有重要意义，对开启全面建设社会主义现代化国家新征程具有重要意义。

新闻与传播专业一直以来的人才培养要求便是培养“文史哲”均有涉猎的全才型新闻人才，因此新闻与传播专业中涉及历史学科的科目并不少，如中国新闻事业史、外国新闻事业史、马克思主义新闻观和传播与政治等课程。新闻事业在中国属于舶来品，在进入我国之初充满着西方色彩。共产党成立后新闻事业便成为党的有力喉舌，直到今天确立了中国特色社会主义的新闻传播事业。新闻史的进程同样是党史、新中

① 丁柏铨.新闻学科课程思政：特殊性、有效性及实施路径［J］.当代传播，2020(6)：9-13，30.

② 习近平.在“不忘初心、牢记使命”主题教育总结大会上的讲话［N］.人民日报，2020-01-09(2).

国史、社会主义史和改革开放史的生动写照，通过学习我国新闻事业的发展，从中即可深入了解我国社会发展的历程。由此，专业知识的传授便带动了课程思政的融入，使得学生正确理解我国选择马克思主义、选择社会主义道路的历史必然性。

（三）关注课外，引导学生进入“社会大课堂”

参与课外社会实践是课程思政方向之一，有利于学生尽早与社会接轨，培养职业能力。高校生在校期间学习的知识最终要应用于具体的实践层面，在新闻传播专业表现为社会调研、田野调查、人物采访、专业实习等内容。华中科技大学张昆教授提出“大实践观”——以培养适应社会发展的“全人”为目的，统合理论概念、哲思批判与技术技能的实践教育观念，具体而言是实现学界与业界、技术技能与理论学术、专业实践与社会实践、传媒素养与人格塑造的融合与平衡的一种新闻传播专业实践教育观念。[①]课程思政的最终育人效果也将借由社会实践成果和学生就业后的发展得以体现。

三、专业硕士课程思政的问题

课程思政虽已在国内各大高校的人才培养体系中形成共识，但是囿于地区差异、高校师资水平和教学设备差异以及学生资质差异等因素，专业硕士研究生的课程思政建设仍存在一些问题。

（一）对专业硕士课程思政的重视程度有待提高

知网显示，与课程思政相关的文献共计2万余篇，与研究生课程思政相关的文献仅有153篇，而以“专业硕士课程思政”为主题或标题的学术期刊文章则缩减至7篇。由此可见，学界普遍对硕士研究生阶段的课程思政建设的学术探讨和思考较少。

（二）方案设计“一刀切”，没有意识到专业硕士的特殊性

前文已经提及，专业硕士重点强调其实践属性。然而在课程思政的设计中，专

① 张昆，张晶晶.“大实践观”：对新闻传播专业实践教育的思考［J］.中国编辑，2020（12）：117-123.

业硕士的培养极易陷入“空谈理论，不讲实际”的状况。部分教师对专业硕士的培养思路与本科生并无二致，忽视了专业硕士特殊之处在于对实践方面的需求以及思辨能力的优势，导致学生的主观能动性未能调动起来，在思政学习方面自然也无法产生良效。

结语

在课程思政的建设中，以专业硕士研究生作为主体的设计与思考仍然有较大的发展空间。思考专业硕士的课程思政问题时，首先，明晰专业硕士课程思政与其他学段相比的差异和特点，不可“一刀切”地将课程思政当作一项强硬的任务去对待和应付，随意拿出一套方案进行套用。而只有了解专业硕士学段的特殊性，方能“对症下药”，设计出与专业硕士的年龄、心理程度和培养模式相适配的课程思政方案。其次，思考专业硕士的课程思政实践从何处入手。本文以同样具备一定特殊性的新闻与传播专业为例，作为兼具政治性和意识形态性的专业，新闻传播学科的课程思政可以从政策学习、历史学习和社会实践三个维度出发。我国的社会主义新闻事业对新闻媒体作出了“党媒姓党”的意识形态要求，新闻媒体必须紧密围绕在党中央周围，坚守党性原则。因此我国的新闻传播专业教学也天然具备了思政属性，那么进行课程思政的融入便更具合理性。政策学习和历史学习既是对新闻专业教学的要求，也是课程思政的具体体现，有助于学生培养严密的理论逻辑和塑造“大局观”的理性思维。而社会实践层面则是理论输入之后体现的输出层面。对学生而言，在校内学习了大量的理论知识，那么如何运用于真正的实践是最为关键的，这也是课程思政是否见效的试金石。因此，高校的专业硕士培养不应放弃社会实践的设计思路，要实现校内校外双抓手的培养。目前，学界对专业硕士的课程思政关注度仍然较低，导致一些问题仍然存在。专业硕士作为新时代我国实现高质量发展不可忽视的后备人才力量，在课程思政的深入思考和接续改进方面仍然有较大作为空间。

“盲盒经济”的文化特征、消费逻辑和价值提升

肖　迅* 金　韶**

【摘要】盲盒作为一种新型消费品，具有惊喜感、神秘感、二次元等文化特征，已成为当下年轻人生活中不可缺少的一部分。在互联网时代，盲盒不仅为众多品牌带来了巨大的成功，也为青少年消费者带来了情感上的满足。各行业不断契合潮流时尚，采用盲盒式营销，为IP运营注入新活力。然而，火热的“盲盒经济”也引发了青少年非理性的消费行为。一方面，相关责任主体需要积极引导青少年群体形成正确的消费观。另一方面，盲盒产品设计应增加其文化内涵，打造国潮顶级IP，让盲盒成为青少年群体走进传统文化的有效方式。

【关键词】盲盒　青少年　文化特征　消费逻辑　价值提升

“盲盒经济”是一种潮流文化，是一种营销模式，更成为青少年的社交方式。在传统文化日益兴起的当下，盲盒产品增加传统文化内涵，不断打造出国潮IP，让盲盒成为青少年群体接近传统文化的有效方式。我们既要发挥盲盒的潮流优势，又要理性看待盲盒消费背后的负面效应，积极引导青少年形成良好的消费观、正确的价值观。

---

*　肖迅，北京联合大学应用文理学院新闻与传播系，2019级本科生；主要研究方向：文化产业。

**　金韶，博士，北京联合大学应用文理学院新闻与传播系副教授；主要研究方向：影视传播、新媒体。

一、“盲盒经济”的火热

盲盒源于日本，早期的产品形式有两种，即19世纪日本明治时期的福袋和20世纪 90 年代的扭蛋机。直至2005年，日本玩具公司Dreams推出一款名叫Sonny Angel天使宝宝的系列儿童玩偶产品，真正意义上的盲盒才开始出现。2012年，我国开始出现与盲盒有关的讨论话题。2016 年，我国的潮玩文具杂物零售商泡泡玛特（POP MART）将大量盲盒商品推向市场，才让盲盒在我国开始被大众认知，并受到青少年群体的喜爱与追捧，成为风靡一时的亚文化景观。

盲盒是潮玩玩具的主要表现形式之一，其细分类别主要包括盲盒、手办、艺术玩具、成人组装玩具等。最近几年，潮流玩具市场迅速成长，销售渠道也在持续拓展。2015年至2020年，我国潮玩市场的规模从63亿元增加到了294.8亿元，复合年增长率高达36%，预计市场规模在2024年达到763亿元，2030年将突破1100亿元。截至2021年，中国潮流玩具新注册成立企业数量已经达到506家。①

盲盒受到年轻人的喜爱，迅速风靡，成为诸多行业尤其是文化行业走进年轻人的潮流方式。例如，博物馆行业，国潮品牌故宫推出“故宫猫祥瑞”和“宫廷宝贝”系列盲盒，2020年7月开始在“故宫淘宝”进行线上销售，7月16日，两个系列的盲盒占据“故宫淘宝”销售综合榜单的前两位，综合销售量达15 500件以上；河南博物馆推出“探秘河南博物院”考古盲盒，线上销售仅5天，销售量就超过了5000件，销售额超过50万元；2022年2月17日，电视剧《乡村爱情》盲盒上线2.0系列，再次成功吸引了用户的注意力；2022冬奥会吉祥物“冰墩墩”“雪容融”盲盒也迅速火出了圈。②

二、“盲盒经济”的文化特征

（一）惊喜心理和刺激体验

盲盒的特点之一在于“盲”盒，商家将手办放在大小适宜、质地较硬的包装盒

① 史学峰.中国潮流玩具的价值分析与发展探究［J］.现代商业，2022（11）：67-69.

② 张振中.“盲盒热潮”下博物馆文创产品开发的思考［J］.中国博物馆，2021（4）：44-49.

内，并挑选合适的配重币放入其中，包装上不体现内容物的信息。这样一来，无论消费者摇盒、捏盒还是称重，都难以辨别盒内的款式。

盲盒的“盲”还在于多样的款式。盲盒产品如果款式单一，那么盲盒就失去了意义，“盲盒经济”也不会出现。[①]正因为盲盒多样的款式，消费者才不断购买“惊喜”，实现心理上的满足。

随着生活节奏的不断加快，压力已经成为现代人难以避免的问题。目前，大量的研究表明，人际关系压力与学业压力已成为青少年群体情绪困扰和心理健康问题的主要原因。[②]在这些压力之下，青少年群体苛求安全，寻求刺激与激情，于是以购买“惊喜”为特点的盲盒消费方式，成为青少年群体的首选。

天猫于2019年发布的“95后”玩家剁手力榜单显示，在“95后”最“烧钱”的爱好中，潮玩手办排名第一，盲盒收藏的人数呈几何倍数猛增，有超过20万的玩家一年消费盲盒超过2万元，最硬核玩家甚至高达100万元。[③]

（二）形象打造和情感共鸣

随着科技的不断进步，人们的生活变得更加便利，品质不断提高，设计也得到了同样的进步。从精神文化的角度来看，盲盒产品的设计成功地打动了消费者的内心，使他们产生了情感共鸣。

盲盒内装的大多是动漫、影视作品的玩偶手办，它们有一定的故事背景，经过时间的沉淀，拥有巨大的粉丝群体。根据消费者心理学理论，消费者在产生购买行为时一定程度上也取决于所处的社会文化环境。因此，这类盲盒一经上市往往能掀起消费者的购买热潮。

2020年6月19日，国内知名潮玩公司泡泡玛特获得了华纳的授权，推出了经典电影“哈利·波特”系列毛绒公仔盲盒。设计师在高度还原人物的同时，采用Q版设计风格，放大电影中各角色的萌态。《哈利·波特》作为一部陪伴“80后”“90后”长大的系列电影，现今仍能获得许多年轻人的喜爱与支持，该系列盲盒一经推

① 王帝钧，周长城.盲盒消费：当代青少年消费生活方式的新现象［J］.甘肃社会科学，2021（2）：120-126.

② 姜晓文，姜媛，田丽，等.青少年压力与主观幸福感的关系：一个有中介的调节模型［J］.心理与行为研究，2018，16（3）：349-354.

③ 曾昕.情感慰藉、柔性社交、价值变现：青年亚文化视域下的盲盒潮玩［J］.福建师范大学学报（哲学社会科学版），2021（1）：133-141，171-172.

出便引发粉丝踊跃购买。

2021年3月5日，农村青春偶像剧《乡村爱情》宣布推出潮玩盲盒。《乡村爱情》依靠年轻人群体已持续播出15年，号称中国最长寿的电视剧IP。设计师以剧中5位人气角色为原型，精准把握人物气质、表情、服饰，设计出了5款时尚潮的盲盒。在盲盒发布后，第一批预售产品上线6小时后就全部售空，相关话题也迅速登上了热搜潮物榜第二名。[①]

随着消费的不断升级，盲盒消费者实现了心理与现实的双重满足。消费者一般在开奖的瞬间获得惊喜感，完成心理期待，但是由于层出不穷的系列型产品，且每一系列还设置了隐藏款，因此极大地激发了盲盒深度爱好者"集齐整套"的期待，甚至收藏系列盲盒成为玩家所热衷的一种"仪式"。

马斯洛需求层次理论认为人类对于社交的需求仅次于安全。盲盒消费具有不确定性、价格亲民的特点，其主要消费者是一群成长于各种新媒体社交软件发展下的年轻群体，他们不仅愿意为自己的爱好和兴趣喜好买单，更愿意分享自己的生活与喜好。

在线上空间中，由于盲盒限量款、隐藏款的设置，玩家们乐于在各种社交平台上分享拆盲盒的战果、相互交流、炫耀、交易，于是盲盒迷群在各大社交平台上组建社群，甚至形成了圈内语。例如，他们把玩偶叫"娃"，"吸欧气"指借助好运气抽盲盒，"端盒端箱"指一次性购买整盒全套产品。这体现出玩家们在圈内找到了"同人"，形成了天然的话题与情感共鸣。

在线下空间中，其因小巧的体积、适中的价格、别致的造型，被年轻群体作为礼物赠送，有助于增进交往的亲密感与趣味度。在生活中，人们逐渐发现，在手机普及势不可挡的背景下，庞大的数据网络在使人际交往多元化、快捷化、全球化的同时，也使人情关系更加淡薄，人与人之间关系的连接更加薄弱。[②]大家明明面对面，却沉迷于手机上与朋友的交流，忽视了现实中的感情。然而，现实生活中的人际关系并不是静态凝固的，需要面对面的情感交流与沟通、维持和更新，从而保持其生机与活力。盲盒玩家将抽到的盲盒赠予好友，无形之中增加了与好友交流的频次，为彼此之间的友谊注入了活力。

---

① 赵杨馨萌. 4R营销理论视角下探究《乡村爱情》IP持续火爆的原因［J］.视听，2021（7）：108-109.

② 闹曼草.浅析手机媒介影响下的人际关系［J］.视听，2019（1）：186-187.

（三）精巧设计和“二次元”审美

近年来，以动漫、动画、游戏等为代表的“二次元”文化在青少年群体中流行，其具有虚拟性、拟人化、萌化、少女化等特征，是现实人虚构出来的用来补足现实世界缺陷的完美“异托邦”。[①]随着“二次元”文化的深入传播，青少年中逐渐形成一种“二次元”审美倾向，因此，青少年对潮流有高敏感度和高消费欲望[②]。

盲盒迅速火爆，原因之一便是其产品设计具有“二次元”特征，符合年轻人的“二次元”审美。以泡泡玛特“Molly Zodiac”盲盒为例，设计师采用黄色、蓝色为主基调颜色，设计出一个个嘟着嘴巴、长着湖蓝色大眼睛的倔强孩子形象。这独特的造型传递着生活的美好，不禁让消费者联想到生活中的小倔强，深受消费者喜爱。该产品在天猫旗舰店上线当天，200套预售产品在4秒内全部售罄。[③] 2019年，作为泡泡玛特旗下的自主IP，Molly为其带来超过4.5亿元人民币的收益。[④]

三、“盲盒经济”的消费逻辑

（一）制造惊喜和期待，提升体验消费

鲍德里亚在其《消费社会》中指出：“人们所购买的物品不仅只用作工具，消费的同时也应该带来舒适和优越感。”在体验经济时代，消费者更加注重情感与个性化需要的满足，而非其生产时的标准化价值，接收到商品时的感受也是影响消费者是否购买该商品的重要因素之一。[⑤]盲盒在年轻群体中流行的原因之一在于其趣味性的销售方式，不仅能满足消费者对美的需求，还能为年轻人营造惊喜感和稀缺性，让消费者在购买、使用中获得愉悦体验。另外，在众多IP的加持下，年轻消费者认为盲盒不仅能彰显自身个性，还能带来精神上的慰藉，于是将情感赋予盲盒，

---

① 陈栩琦，侯寒冰，梁列峰.二次元破壁三次元原因研读［J］.艺术与设计（理论版），2020，2（12）：29-32.

② Alice.盲盒经济背后的心理学启示［J］.中国眼镜科技杂志，2020（7）：56-61.

③ 班晨雪.探析“盲盒经济”背后的年轻消费心理［J］.大众心理学，2021（9）：42-43.

④ 戎荟锦.消费文化视角下“盲盒经济”的营销策略分析：以泡泡玛特为例［J］.美与时代：创意（上），2022（1）：52-55.

⑤ 张小满，王慧灵.新消费背景下盲盒行业的发展机遇与挑战［J］.新经济导刊，2021（3）：78-81.

体验情感上的满足感。

集精美和IP属性于一身的盲盒既能让消费者体验精心设计的拆盲盒环节带来的情感宣泄，又能体验稀缺性带来的成就感，促使消费者反复购买该商品，体验拆盒的快感，从而不断赋能体验经济。

（二）角色扮演和互动，赋能社群营销

盲盒在社群中不只是信息承担者，更多的是扮演社交货币的角色。在互联网时代，盲盒消费者借助各种新媒体平台组建社群，满足彼此的多元需求。例如，泡泡玛特建立的潮流玩具社交平台“葩趣”，盲盒玩家可以在平台上交流分享，晒出自己珍藏的盲盒、交易盲盒、修改创作等，同时获得好友，从而使盲盒玩家产生对自己和群体的身份认同。传统二手交易平台咸鱼上建立的“Molly鱼塘”也可以满足消费者交换和购买二手的需求。许多消费者在购买后还会开展线下的同城好友交流活动，从而加强个体间的感情。

在社交媒体时代，不少拥有庞大粉丝量的自媒体用户也借助盲盒实现流量变现。抖音平台显示，其用户“拆盒潘多拉”拥有50万粉丝，橱窗中两类盲盒价格分别为59元、69元，截至2022年3月总共售出50件盲盒产品。这些自媒体用户对产品本身及其外延形式的传播，不仅对在虚拟社区中建构稳定且具有黏性的趣缘群体起到了重要作用，也提高了盲盒的购买量。

（三）契合潮流时尚，创新IP运营

盲盒产品的IP是其核心价值，是吸引消费者购买的主要因素。盲盒IP不限于动漫动画等“二次元”IP，还通过与国潮、传统文化、冬奥吉祥物等跨界融合，用潮流设计活化经典IP，赋予IP新的表达方式。

故宫博物院也给故宫猫注入了传统文化的灵魂，给予故宫猫“祥瑞”的意涵，推出“故宫猫祥瑞”系列盲盒。其中葫芦形象的故宫猫寓意着多子多福、吉祥好运、驱妖除魔；青铜形象的故宫猫反映了中国古代的工匠精神。“故宫猫祥瑞”系列盲盒不仅让消费者感受到了故宫猫形象本身的外在刺激，更深层次迎来了精神程度的冲击感受。[①]

① 吕伶玉，滕芳.再设计视角下的博物馆盲盒文创设计［J］.艺术研究，2022（1）：152-155.

在互联网时代，这种以创新IP为核心、盲盒为辅的新兴营销模式，实现了“盲盒经济”与IP经济之间的双向赋能。

四、“盲盒经济”的价值引导和提升

（一）避免盲目和过度消费

盲盒作为一种情感消费品，是商家对青少年群体怀念童年的心理洞察，也是商家对青少年渴望释放自我的心理洞察。虽然盲盒给商业带来了巨大的利润，但也引发了青少年毫无节制购买盲盒的非理性消费行为。

青少年群体具有猎奇心理，内心丰富、感觉敏锐，容易接受新鲜事物。心理学研究表明，不确定的刺激会加强重复决策，因此一时间盲盒成了让人上瘾的存在。

针对盲盒消费中的非理性行为，青年家庭成员与朋辈群体应通力合作，加强与青少年的交流，积极引导城市青年群体形塑健康、科学、合理的消费生活方式。盲盒商家应在广告上增加关于理性消费的告示，公开抽中盲盒的概率，以帮助消费者了解购买此类商品的基本风险。政府应增强对盲盒商家的管控，如降低向青少年推送盲盒宣传广告或相关信息的频率，线上平台要求实施实名制购买，要求购买平台设置青少年模式。

（二）增加文化内涵

目前，国内“盲盒热”盛行，诸多行业都将盲盒作为一种营销手段，进行“盲盒式”营销，但盲盒消费的本质是不断变化和更新的产品。消费者在开盒的瞬间获得的惊喜感与满足感，实际上寄托在盒内那个富有丰富魅力和创意设计的内容物上。

对此，企业更应该从弘扬中国传统文化与社会主义核心价值观出发不断丰富产品内涵，让盲盒不再“盲”，成为好的有文化的潮流产品，从而引领青年休闲文化的整体走向。①

结合青少年审美，将文化加以活化利用。首先，相对于盲盒一类的潮玩，民族文化资源更可细分为众多的文化IP。其次，盲盒作为一种文创产品，其创新形式

① 杨发祥，李安琪.成年童话：城市青年盲盒消费研究［J］.江西师范大学学报（哲学社会科学版），2021，54（6）：65-74.

可以表现为技术的创新、形式的创新及内容的创新。技术和形式的创新主要依托科技的发展和设计理念的进步，内容的创新在于对文化的深度挖掘、拆解、精炼和细分。最后，当代社会强调可持续发展，不仅注重产品在环保、健康等方面的影响，同时也更加关注产品对人生理和心理上的影响，以及设计的使用功效和体验。因此，盲盒产品设计应从传统文化历史背景出发，秉持可持续发展的理念，结合青少年审美需求，对文化进行解构和重组，赋予传统文化新的当代表现形式，从而丰富盲盒产品文化内涵。①

（三）打造独特国潮IP

当下，盲盒与各类IP的跨界联动拓宽了IP衍生的类型，实现了衍生品带动IP“出圈”的效果，这说明盲盒可以成为传统文化走进青少年的有力方式。

在多元文化时代，国潮文化作为传统文化与潮流文化融合的新兴亚文化，主要流行于青年群体中，掀起一股消费热潮。国潮文化的盛行反映出青少年群体对传统文化情感的认同，折射出强烈的文化自信与文化自豪感。可以看见，当下竞争激烈的盲盒市场上已涌现出许多国潮盲盒，如博物馆盲盒。然而，随着消费的持续升级、消费者的迭代更新，消费者的需求也在不断发生变化。在双重背景下，国潮盲盒亟须打造独特的国潮IP，为这一代年轻人留下独特的青春记忆。

走多元融合的运营路径，打造独特的国潮IP。前面提到，盲盒产品设计需要立足于传统文化、创新表现形式，为盲盒产品增加文化内涵。而成为独特国潮IP还需后续精心运营。一方面，从受众的角度出发，深度融合媒体，加强与消费者之间的心理与情感互动，依托国潮IP的价值理念为消费者提供独特的情感体验。另一方面，积极完善国潮IP运营产业链，线上线下双重发力，拓展变现途径，推动国潮IP焕发持久生命力。②

① 赵星晨，陈庆军. 盲盒设计理念对文创产品的借鉴意义探究［J］. 包装工程，2021，42（20）：375-380.

② 赵含笑. 媒体深度融合背景下IP创新运营路径思考：以迪士尼集团为例［J］. 传媒论坛，2022，5（7）：56-59.